EU	European Union	欧州連合(従来のECに共通外交・安全保障政策、司法・内務協力を加えた呼称)
FAO	Food and Agriculture Organization of the United Nations	国連食糧農業機関
FTA	Free Trade Agreement	自由貿易協定
FTAA	Free Trade Area of the Americas	米州自由貿易地域
G8	Group of Eight	先進主要国(日、米、英、仏、独、加、伊、露)
GATS	General Agreement on Trade in Services	サービスの貿易に関する一般協定
GATT	General Agreement on Tariffs and Trade	関税及び貿易に関する一般協定
GDP	Gross Domestic Product	国内総生産
GEF	Global Environment Facility	地球環境ファシリティー
GII	Global Issues Initiative	地球規模問題イニシアティヴ
GNP	Gross National Production	国民総生産
HDI	Human Development Index	人間開発指数
HIPCs	Heavily Indebted Poor Countries	重債務貧困国
IAEA	International Atomic Energy Agency	国際原子力機関
IBRD	International Bank for Reconstruction and Development	国際復興開発銀行(世銀グループ)
ICBM	Intercontinental Ballistic Missile	大陸間弾道ミサイル
ICC	International Criminal Court	国際刑事裁判所
ICCPR	International Covenant on Civil and Political Rights	市民的及び政治的権利に関する国際規約(自由権規約)
ICESCR	International Covenant on Economic, Social and Cultural Rights	経済的、社会的及び文化的権利に関する国際規約(社会権規約)
ICISS	International Commission on Intervention and State Sovereignty	介入と国家主権に関する国際委員会
ICJ	International Court of Justice	国際司法裁判所
ICPD	International Conference on Population and Development	国際人口・開発会議
ICRC	International Committee of the Red Cross	赤十字国際委員会
IDA	International Development Association	国際開発協会(世銀グループ)
IDB	Inter-American Development Bank	米州開発銀行
IEA	International Energy Agency	国際エネルギー機関
IFAD	International Fund for Agricultural Development	国際農業開発基金
IFC	International Finance Corporation	国際金融公社(世銀グループ)
IIC	Inter-American Investment Corporation	米州投資公社
ILO	International Labour Organization	国際労働機関
IMF	International Monetary Fund	国際通貨基金
INF条約	Treaty on Intermediate-Range Nuclear Forces	中距離核戦力全廃条約
IOM	International Organization for Migration	国際移住機関
IPCC	Intergovernmental Panel on Climate Change	気候変動に関する政府間パネル
IPPF	International Planned Parenthood Federation	国際家族計画連盟
IRA	Irish Republican Army	アイルランド共和軍
IRC	International Red Cross	国際赤十字

エティック 国際関係学

Pour une éthique des relations internationales

奥田宏司　佐藤 誠　原 毅彦　文 京洙 編

東信堂

はしがき

　本書は本格的な国際関係学の入門書として 4 冊目のテキストである。立命館大学国際関係学部は、これまでに国際関係学への導入をはかる入門書として『プロブレマティーク　国際関係』(東信堂、1996 年)、『クリティーク　国際関係学』(同、2001 年)、『ニューフロンティア　国際関係』(同、2006 年) を刊行してきた。

　『プロブレマティーク　国際関係』の「はじめに」に記されているように、私たちの学部では、基礎演習（1 回生科目）担当者を中心にして集団的な討議を重ね、1994 年に自前のテキストを学内向けに作成し、それをもとにさらに検討と推敲を重ね、96 年に初版のテキストを完成させるに至った。それ以後も、私たちは世界の新たな事態、新たな事象、理論の進化を反映させるべくテキストを改定してきた。これらのテキストづくりに携わってきた教員は、のべで 50 名以上になろう。

　国際関係学のテキストづくりのむずかしさは、第一に、いまなお発展途上にある国際関係学の体系性、総合性をいかに確保するかということ、第二に、日々ダイナミックスに変化する国際社会の事象を的確に反映させること、第三に、1 年次の学生諸君にも理解できるわかりやすい表現をとることにあろう。今回の改訂版が、これらの困難性を克服しえているかどうかは、まず、基礎演習で学んでいる学生諸君の意見を待たねばならない。

　さて、1980 年代中期以降今日までの地球規模におけるグローバリゼーションの進展によって、国際関係学が取り扱う分野や方法はいちじるしく多様化し、かつ、深化してきた。ほぼ 5 年ごとに改定を重ねてきた私

たちのテキストの内容もそうした時代の変遷を映し出している。今回の改訂版は以前のわれわれのテキストと比べても、また、同名の他のテキスト、著書と比べてみてもさまざまな分野を包括するようになってきていると思われる。とくに、この5年間の世界の諸情勢の変化、学問分野の広がりを考慮して、本書では私たちのこれまでのテキストにもなかったいくつかの章を設定している。

　グローバル化された現代国際社会を総合的に把握する目を養うことを目的とする点では私たちのこれまでの3冊と変わらないが、本書の特色を記すと以下の諸点が指摘できよう。

　第一に、2006年以降、この5年間の世界の状況の変化に注目した。アメリカ発の世界的な金融危機は、アメリカ、EU、日本、アジア等の世界の金融・経済分野だけでなく、アメリカのオバマ政権の登場をはじめ各国の政治、諸政府の政策、BRICsなどの新興諸国の発言力の拡大、さらには豊かさのあり方等の考え方にも大きな影響を与えている。また、この5年間の地球環境問題をめぐる新たな論議、情報「革命」のさらなる進展も重要である。さらに、東アジアにおける地域「統合」の議論もかつてなく盛んになってきている。

　第二に、国際関係学の理論的深化を反映させるように本書では心がけている。平和論、戦争に関連する国際法、国際機関の把握、環境問題、市民社会のあり方、社会運動、エスニシティ、多文化主義、統合論、情報分野における新たな進展、工業化と開発問題、経済成長の視点の見直し、東アジアにおける歴史認識などの分野において、私たちのこれまでのテキストよりも深化させた論点が提示されていると思う。

　第三に、前テキスト（ニューフロンティア）と同様に、国際関係学の諸分野の総合的、基本的視点が把握できるように第1、2、3章を配置した。これらの章においても、この間の事象の展開に対応する新たな視点が示されている。

　第四に、本改訂版ではすべての章において、執筆に際して利用した文献等を脚注で表記した。テキストでは注が簡略化されることが多いが、

レポート、卒業論文の作成に際し、学生諸君にぜひとも参考にしてもらいたいと考えたからである。

　以上が今回の改訂版の特色であるが、本書が私たちの学部だけでなく、全国の大学において国際関係学を学ぼうとしている学生諸君に広く読まれることを期待している。

　編集は、政治・法律関連の諸章については佐藤が、経済関連の諸章については奥田が、文化関連の諸章については原が主に担当した、全体の調整を奥田と文が行った。

　今回の改訂版においても東信堂に出版をお願いした。下田勝司社長、編集の向井智央氏には支援と助言をいただいた。記して謝意を表したい。

2011 年 2 月

編集委員一同

目次／エティック国際関係学

はしがき ………………………………………………… i

第1章 変わりゆく国際社会と国際関係学の課題 …… 安藤 次男 … 3
　本章のねらい (3)
1 国際社会の成立 ……………………………………… 4
　1 ビリヤードモデルの世界？ (4)
　2 冷戦の終焉、噴出する地域紛争 (6)
　3 グローバル化の時代へ (8)
2 9・11事件で国際社会が変わった ………………… 9
　1 テロとの戦い (9)
　2 アフガニスタン戦争、イラク戦争、戦争の民営化 (10)
　3 多極世界？　それともアメリカ帝国？ (12)
3 新しい国際社会へ …………………………………… 15
　1 多様なアクター（行為主体）が活躍する時代 (15)
　2 グローバル市民社会の可能性 (17)
　3 国家中心の発想を乗り越える (19)
　推薦文献 (20)
　用語解説 (21)

第2章 世界の資本主義体制の変遷 …………… 奥田 宏司 … 23
　本章のねらい (23)
1 IMF・GATT体制の成立 ………………………… 24
　1 1930年代のブロック経済 (24)
　2 第二次世界大戦の性格 (25)
　3 ブレトン・ウッズ会議と戦後の国際諸機関の設立 (26)
　補論：冷戦とドル危機 (28)
　4 植民地体制の崩壊（南北問題）と冷戦構造 (29)

2　多国籍企業、多国籍銀行、NIEs ……………………………29
　　1　多国籍企業、多国籍銀行と世界経済（29）
　　2　途上国開発問題とNIEsの登場（33）
　3　現代の世界経済 ………………………………………………35
　　1　世界経済のグローバリゼーション（35）
　　2　アメリカ経済——ITバブルと住宅バブル（36）
　　3　ヨーロッパ経済——EUの拡大とユーロの導入（38）
　　4　東アジア経済、BRICs（39）
　　推薦文献（41）
　　用語解説（42）

第3章　「文化」とは何だろう ………………………原　毅彦… 43
　　本章のねらい（43）
　1　ことばと文化 …………………………………………………44
　　1　「文化」ということば（44）
　　2　ことばという文化（48）
　2　文化の観方（1） ………………………………………………50
　　1　ギリシャ古典時代から大航海時代（50）
　　2　ルネサンス（54）
　3　文化の観方（2） ………………………………………………57
　　1　啓蒙時代から近代へ（57）
　　推薦文献（62）

第4章　戦争と平和から見た国際関係……佐藤誠・西村智朗… 63
　　本章のねらい（63）
　1　戦争と平和 ……………………………………………………64
　　1　平和とは何か（64）
　　2　正戦論（66）
　　3　平和の思想（69）
　　4　積極的平和と人間の安全保障（71）
　　5　「平和な心」（72）

2　戦争違法化とその影響 ……………………………………73
　　1　武力行使禁止原則（73）
　　2　自衛権（75）
　　3　平和維持活動（78）
　　4　武力紛争法（国際人道法）（81）
　　推薦文献（83）

第5章　グローバル化時代の政府間関係………**足立　研幾**… 85
　本章のねらい（85）
1　国際協力の進展と限界 ……………………………………86
　　1　国際協力の進展（86）
　　2　勢力均衡（87）
2　国際連盟と国際連合 ………………………………………89
　　1　国際連盟の設立（89）
　　2　集団安全保障の強化と機能主義（91）
3　国際関係における制度化・法化の進展 …………………94
　　1　国際機関・国際条約に対する需要の増加（94）
　　2　地域レベルの制度化・法化の進展（96）
4　国際機関・国際条約増加の逆説 …………………………98
　　1　国際機関・国際条約間の衝突（98）
　　2　二国間・少数国間条約の増加（100）
　推薦文献（102）

第6章　地球環境問題と国際関係……………**大島　堅一**… 103
　　　──環境政策のグローバル化
　本章のねらい（103）
1　現代の環境問題の特徴 ……………………………… 104
2　ケーススタディー1：究極の地球環境汚染─気候変動問題　107
　　1　気候変動問題の科学的知見（107）
　　2　必要とされる対策（109）
　　3　ポスト京都の国際的枠組み（110）

補論：地球をリンゴにたとえると（112）
　3　ケーススタディー 2：軍事と環境問題 …………………… 113
　　1　軍事基地建設と環境（114）
　　2　軍事基地の日常のオペレーションによる環境破壊（115）
　　3　戦争準備による環境破壊（116）
　　4　実戦による環境破壊（117）
　　5　平和で持続可能な社会への課題（118）
　4　まとめ——地球環境ガヴァナンスの形成に向けて ……………… 118
　　推薦文献（120）
　　用語解説（121）

第 7 章　民主主義の民主化と越境する ………松下　洌… 123
　　　　　市民社会／社会運動
　　本章のねらい（123）
　1　グローバル化時代の民主主義再考 ………………………… 124
　　1　グローバル化と民主主義（124）
　　2　民主主義を民主化する（125）
　　3　ローカル・ガヴァナンスと参加型民主主義（128）
　2　リージョナル／ローカル・レスポンス：自律的リージョナリズムへの可能性 …129
　　1　現代リージョナリズムの役割（129）
　　2　非伝統的安全保障と非政府組織（130）
　　3　リージョナリズムとガヴァナンス（131）
　3　越境する市民社会：新しい社会運動と NGO の展開と可能性 … 134
　　1　論争空間としての市民社会の拡大（134）
　　2　重層的で開かれた地域空間の構築に向けて（135）
　　3　世界社会フォーラム（WSF）の意義と潜在性（138）
　　おわりに …………………………………………………… 141
　　推薦文献（144）

第 8 章　移民、エスニシティ、多文化社会…南川　文里… 143
　　本章のねらい（143）

1 国際移民の時代 …………………………………… 144
  1 国際移民とグローバル化 (144)
  2 国際移民とはどのような人々か？ (146)
  3 国際移民の女性化：ジェンダーと移民 (148)
2 エスニシティと多文化主義 ……………………… 149
  1 移民からエスニック集団へ (149)
  2 多文化主義と「多文化共生」(152)
  3 多文化主義の国際的背景と課題 (155)
3 トランスナショナリズム：国境を越えるエスニシティ … 157
  推薦文献 (160)
  用語解説 (161)

第9章　ヨーロッパの統合 ……………… 益田実・星野郁 … 163
  本章のねらい (163)
1 ヨーロッパ統合の政治的起源とその歩み ………… 164
  1 ヨーロッパ統合とは何か？ (164)
  2 ヨーロッパ統合の2つの起源：ドイツ問題と東西冷戦 (165)
  3 共同市場の形成 (167)
2 ヨーロッパ統合の歩み：60年代から冷戦終焉後まで ……… 168
  1 停滞、拡大、新たな展開 (168)
  2 冷戦後のヨーロッパ統合の進展 (171)
3 金融危機とヨーロッパ統合の行方 ………………… 176
  1 金融危機とEU (176)
  2 金融危機を踏まえたヨーロッパ統合の行方 (179)
  推薦文献 (181)
  用語解説 (182)

第10章　情報とメディア ………… 清本修身・岡田滋行 … 185
  本章のねらい (185)
1 情報化と社会変動の構図 …………………………… 186

1　情報の価値体系（186）
2　情報公共圏の変容（188）
3　ネット社会の諸相（189）

2　グローバル化時代のメディア ………………………… 191
1　情報戦略（操作）（191）
2　報道と国益（193）
補論：パブリック・ディプロマシー（195）
3　メディア・リテラシー（196）

3　情報通信（IT）革命と国際政治 ………………… 198
1　変革の波（198）
2　新聞の衰退、ネットの興隆？（200）
補論：デジタル・ネイティブ（202）
推薦文献（203）

第11章　近代工業化のあゆみと南北問題 …森岡　真史… 205
本章のねらい（205）
1　国際的な格差の現状 ………………………………… 205
1　一人あたりGDPの分布（206）
2　世界の諸地域間の格差（207）
3　先進国と発展途上国（210）
2　近代工業化のあゆみ ………………………………… 211
1　ヨーロッパ人の大航海（211）
2　産業革命と資本主義（213）
3　帝国主義と植民地支配（215）
3　南北問題の展開 ……………………………………… 216
1　国連における南北交渉（216）
2　経済開発政策の転換（218）
3　債務危機と構造調整（221）
4　政府開発援助（222）

むすび ………………………………………………………… 225
推薦文献（227）

第12章　世界の中の日本経済 ……………………高橋　伸彰… 229
　　本章のねらい（229）
　　1　新自由主義 VS ケインズ ……………………………… 230
　　　　1　貨幣欲に阻まれた非経済的な目的（230）
　　　　2　市場は効率、政府は非効率というドグマ（232）
　　　　3　賃金の引き下げと物価下落の悪循環（233）
　　2　成長だけでは実現できない豊かさ ………………… 234
　　　　1　一人あたり GDP 1 万ドルの転機（234）
　　　　2　豊かな社会の条件（236）
　　　　3　幸福にグローバル・スタンダードはない（237）
　　　　4　縮小しない世界の所得格差（239）
　　3　成長の限界と先進国の責務 …………………………… 240
　　　　1　平均からは見えない日本の貧困（240）
　　　　2　大きな政府と小さな政府はどこが違うのか（241）
　　　　3　それでも成長に固執する新自由主義（243）
　　　　4　成長の限界と地球の掟（244）
　　推薦文献（245）
　　用語解説（246）

第13章　国際社会のなかの日本と東アジア… 文　　京洙… 247
　　本章のねらい（247）
　　1　近代日本の国民国家形成とアジア ………………… 248
　　　　1　黒船と吉田松陰（248）
　　　　2　近代日本の自立――"脱亜"への道（250）
　　　　3　侵略と戦争の時代（252）
　　2　戦後日本の歩みと歴史認識 …………………………… 254
　　　　1　冷戦体制下の日本（254）
　　　　2　歴史認識の到達点――グローバル化とナショナリズムの相克（256）
　　3　グローバル時代の日本と東アジア ………………… 259
　　　　1　環日本海経済圏（259）
　　　　2　東アジア経済統合への模索（262）

3 "脱亜"を超えて——岐路に立つ日本 (264)
推薦文献 (266)

索　引 ……………………………………………… 268
執筆者紹介 ………………………………………… 277

エティック国際関係学

第1章　変わりゆく国際社会と国際関係学の課題

安藤　次男

───〈本章のねらい〉───

　かつて人々は、1つの国の中でうまれ、働き、生活していた。国民の生活は国(政府)が統括し国によって規律され、その代わりに、国は国民の安全を保証する責任を負っていた。しかし、現代は、ヒト、モノ、カネ、情報が日常的に国境を超えて行き交う「グローバル化の時代」である。グローバル化は、世界全体で見れば生産活動と金融活動を発展させたが、残念ながら、その発展が安全の面でも生活の面でも国際社会の安定をもたらしたとは言い難い。むしろ不安定な時代を生み出してしまった。なぜだろうか。

　グローバル化は、1つの国の中でも、また、国家と国家の間でも、新たな貧困を作り出し貧富の格差を拡大して、自分の生命を維持することも難しい人が大量に発生した。グローバル化は、核の脅威や環境破壊に対応するものでもなかった。

　よりよき国際社会を目指すためには、さまざまな問題を生み出している国際社会の構造とルールを正確に理解する必要がある。国際社会のリアルな実態を、多様な側面から総合的に捉えて諸問題を解決する道筋を見つけてゆくことが、国際関係学の主要な関心である。

　本章では、まず、現代の国際社会が生まれてきた歴史的なプロセスを辿りながら、グローバル化時代のもつ意味を考える。その上で、国家中心の世界が大きく変わって市民や企業などが国際社会の中で重要な役割を果たすようになっている現実を明らかにし、これからの国際社会のあり方を見据えて、国際関係学が直面している課題を考えることとする。

1　国際社会の成立

1　ビリヤードモデルの世界？

　かつて人々は、1つの国の中で暮らし、生まれてから死ぬまでその国の外へ出たことがない、というのがごく普通のことだった。だから、身体の安全とか、飢餓や貧困とかの問題は、1つの国の中で解決されるべきものとされ、「国を守る」（国家の安全保障）ことが最優先の課題となっていた。

　現代では、ヒト、モノ、カネ、情報が、国家の壁を超えて日常的に行き交っている。だから、国々の単なる集まりにとどまらない、1つの「国際化された社会」が世界レベルで存在しているように見える。

　こうして地球上の69億人がみな平和で豊かな生活を送っているのならばよいのだが、現実はそれからひどく遠い。核兵器の弾頭数はなお8000発以上、政治難民が1500万人（うち500万人はパレスティナ人）、国内避難民も2700万人。ジンバブエの平均寿命は42歳（日本は83歳）、マリでは15歳以上で字の読める者は26％しかいない。水質汚染や海水面の上昇など地球環境の悪化が、生活の基盤を失わせてきている。（国連などの調査）。

　では、「国際社会」は、どのような構造をしているのだろうか、その構造はどのようなルールによって動かされているのだろうか。その構想とルールを正確に認識して初めて、国際社会とうまく調和して行動することができるし、また、好ましくない構造とルールを変えてゆく道筋を発見することが可能になる。

　国家がばらばらに存在するのではなくて、国家が集まって1つのまとまりすなわち「国際社会」を形成している、という見方は古いものではない。この見方が早い時期に生じたのは、戦争の絶えなかった西ヨーロッパだった。30年戦争を終結させるために1648年に結ばれたウェスト

ファリア条約¹は、「対等な主権国家からなる国際社会」を作り出し、それはウェストファリア体制とか西欧国家体系とか西欧国際体系（European state system）とかと呼ばれたが、主権をもつ国家間の平等性を前提とするこのような見方は現代国際社会でも基本的な原則となっている²。

30年戦争は、信条の違いを超えて戦争を回避する合意（ルール）を生み出した。軍事大国であれ軍事小国であれ、「主権国家としては互いに対等である」ことを承認しあうことで、西ヨーロッパという狭い範囲ではあるが「共通のルールをもつ国際社会」が誕生した。共通のルールである国際法を作る試みは、すでにグロティウスらによって進められていたが、自然法を重視するプーフェンドルフや実定法を重視するヴァッテルらによってさらに発展させられていった。互いの力の差が小さければ他国に対して軍事力を行使しようとはしないだろうと考えて、「勢力の均衡（balance of power）による戦争の防止」が対外行動の重要な指針となった。小国で軍事的に弱い国々は、連合してより大きな力の単位を作り出して強国に対抗することを考えた（同盟）。国家間の平等な関係は、植民地体制が崩壊して「国民国家の時代」³になった20世紀半ばには、アジアも含めて世界全体に広がった。

国家の対外行動の目的は、「国益の実現」にあるとされてきた。A・B2つの国が領土をめぐって争う場合、A国がその領土を獲得すれば、B国は何も得られない。国益は、互いに対立するものであり、ゼロかサム（すべて）かの点数を争うスポーツと似ている（ゼロ・サム・ゲーム）。独立性をもつ主権国家が、互いの国の内部問題には干渉することなく、敵対したり連合したりしながら1つの「国際社会」を形成している関係

1　30年戦争とウェストファリア条約については、次を参照。吉川直人・野口和彦編『国際関係理論』勁草書房、2009年、34－36ページ。
2　「国際社会」が成立した歴史やその概念がもつさまざまな意味合いについては、次が詳しい。篠田英朗『国際社会の秩序』東京大学出版会、2007年、2－16ページ。
3　国民国家の誕生については、次で簡潔に説明されている。坂井一成編『グローバリゼーション国際関係論』芦書房、2006年、22－24ページ。

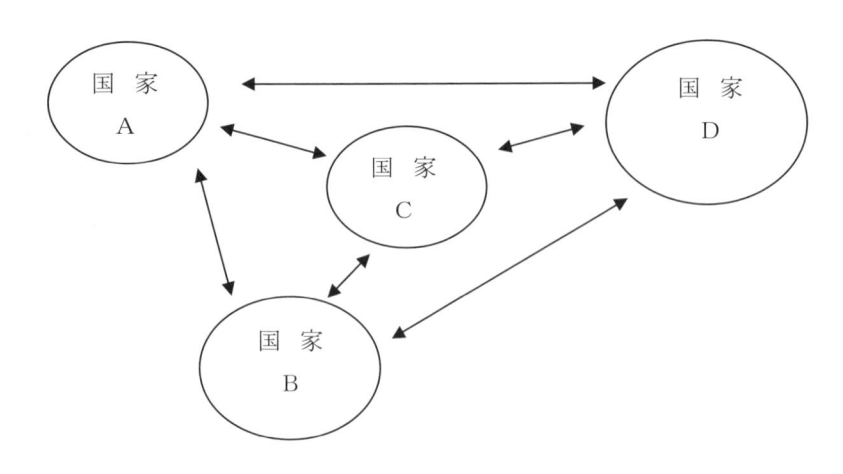

図1-1　ビリヤードモデルの世界

は、ビリヤードゲーム（玉突き）に似ているので、「ビリヤードモデル」と呼ばれる。

　このような見方は、「リアリズム」（realism、政治的現実主義）と呼ばれ、西欧国家体系をよく説明するものである。古典的現実主義と呼ばれることもある。しかし、20世紀末から21世紀にかけて、国際社会の構造とルールが大きく変わり、古典的現実主義では説明できない現実が生じてきている。

2　冷戦の終焉、噴出する地域紛争

　第二次世界大戦が終わると、「パクスアメリカーナの時代」（Pax Americana アメリカによる平和）になった。それは同時に、米ソの対立を軸とする「冷戦の時代」でもあった。

　ドイツや日本の奇跡的な経済復興、EC（現在のEU、欧州連合）の発

4　ビリヤードモデルについては、次を参照。須藤季夫『国家の対外行動』東京大学出版会、2007年、49－51ページ。
5　次がリアリズムの考え方を手際よく説明している。坂井一成編、前掲書、55－58ページ。

展、発展途上国の力の上昇を世界中に知らしめた 1973 年の第一次石油ショック（先進国への石油輸出の制限によって、パレスチナ問題の解決を迫る）などによって国際秩序が動揺すると、先進国間の経済的関係を調整するために 1975 年にフランスのランブイユで第一回サミット（先進国首脳会議、米、仏、英、伊、西独、日）が開かれた。その後、カナダ、ロシア、EU などへ参加国を拡大しながら、平和や文化の問題についても協議するシステムとして機能するようになった。アメリカ一国によって国際秩序が形成され維持された時代から、経済的先進国が協力して集団的に対処する「パクス・コンソーシャムの時代」（Pax Consortium、共同覇権体制）に入ったと表現する論者もいる。国際社会がまとまりを保つには国際貿易システム、国際金融システム、平和維持システムなど多様なレベルのシステムが必要であるが、アメリカ一国の力ではそのような「国際公共財」を提供できなくなったのである。

　1989 年のマルタ会談（米ソの首脳会議）で冷戦の終焉が宣言されたが、冷戦の終焉が平和で繁栄した世界を作り出すことにはつながらなかった。なぜだろうか。そこには、主要に 2 つの原因があった。第一は、地域紛争の噴出であり、第二は、新自由主義経済のグローバル化に伴う新たな貧困と格差の創出である。

　自由主義か共産主義かを問われることがなくなると、ロシア連邦内のチェチェンや北オセチアの独立運動、ユーゴ紛争などの地域紛争が民族紛争の形をとって多発した。クルド人は、2000 万人がトルコなど中東の 4 カ国以上の国々に分散させられて（全世界では 3000 万人）各国で少数民族として抑圧されており、「国家を持てない世界最大の少数民族」と呼ばれる。地域紛争の多発は、それまで自分たちの権利を主張できなかったマイノリティ（人種的、宗教的、経済的な少数派の人々）が、自己主張した結果でもある。その観点から見ると、紛争の噴出がもたらす不安定は、意味のある不安定だともいえる。異議を申し立てる人々を抑圧するだけの対応ではなく、貧困や人権抑圧など紛争を生み出している根源をなくしてゆく国際的な合意づくりとそれに基づく行動が必要に

なるだろう。20世紀末に多くの若者の共感を呼んだ Think Globally, Act Locally（世界的な視点に立って考え、自分の住む足元から行動を起こそう）という言葉も、そのような協同の取り組みへの意欲を表現したものだった。（第4章を参照）。

3　グローバル化の時代へ

　国際社会の構造もルールも大きく変わった。変化をもたらした最大の要因は、グローバル化にある。

　グローバル化という言葉が頻繁に使われるようになった理由は2つある。第一は、国家間の壁（国境）が薄くなって、とくに貿易や金融の分野で国家の壁を越える共通のルールが形成され、「国家と国家の間のつながり」が強まったこと。第二に、国家と国家の間だけでなく、企業や市民などの民間レベルでも日常的な交流が活発になって、「市民と市民の間のつながり」が強まって、相互理解が深まり、問題意識が共有されるようになってきたこと、である。国家（政府）は、グローバル化が国際社会にもたらした独自なルールによって制約を受けるようになって、国家の主権が「何ごとをもなしえる」という万能な力を失い、制限される時代になった（第2章を参照）。

　核兵器の破壊力の向上は、平和の創造を国際社会の共同の責務として再確認させた。経済成長に伴う水質汚染や地球温暖化などの環境破壊は、一国レベルでは対応できない「地球的問題群」になった。航空機など移動手段の飛躍的進歩やインターネット社会化の進展は、地球を物理的にも心理的にも小さくした。国境を超えて拡大する麻薬密売や人身売買あるいは海賊行為などの「国際犯罪」を取り締まるには、国際協力が欠かせない。

　国家や地域の間の「相互依存関係」が強くなったが、相互依存とは「相手なしには生きられない」関係でもあり、強い国が弱い国に対してより強力な影響力・支配力を発揮することを可能にする。だから、グローバル化がただちに共通の利益で結ばれる対等な国家間関係をもたらすわけ

ではない。

2 9・11事件で国際社会が変わった

1 テロとの戦い

　21世紀が明けた2001年9月11日の早朝、ハイジャックされた2機の民間航空機がニューヨークの中心地マンハッタンに聳える100階建て高さ415mの世界貿易センタービルに激突してビルを崩壊させ、そこに働いていた者だけでも3000人近い人々が犠牲になった。同じ時刻に、別の航空機が首都ワシントンDCの国防総省（五角形の建物なのでペンタゴンと呼ばれる）に突入した。この自爆攻撃は、「同時多発テロ」と命名された。その後も世界各地でテロが頻繁に起きている。

　9・11事件は、世界中の人々に大きな衝撃を与え、国家安全保障の重要性が強く意識されるようになった。アメリカでは、愛国心を疑われないように、家の門口や窓に星条旗を掲げる人がそれまでにもまして増え、政府レベルでは、建国以来はじめて本土が攻撃されたという危機意識から、「本土防衛」の強化のための取り組みが2つの方法で始まった。第一は、同年10月に制定された「愛国者法」。正式名称は、「テロリズムを防止しそれを阻止するために必要な適切な手段を整備することによってアメリカを統一し強化する法律」。同法は、電話やインターネットの盗聴、告知なしの家宅捜索（本人の知らないうちに家宅を捜索してしまう）などを警察が簡略な手続きで行うことを許可するものである。

　第二は、テロによる脅威はアメリカ一国だけの問題ではなくて、世界各国に共通するものだとして、それを「テロとの戦い」と名づけて各国に協同行動を呼びかけ、国際的な協力体制が出来上がったこと。世界の多くの国々が、国家間の戦争とは異なる「テロとの戦い」を最優先の政策課題に設定した。テロリストを封じ込める新たな条約も提案され、そこには、核物質防護条約、爆弾テロ防止条約、テロ資金供与防止条約、

核テロリズム防止条約などが含まれる。日本はすでに基本的な条約すべてについて署名・批准を終えている。

これらテロ対策のための国際協力の主たる内容は、テロ資金の移動の抑止、テロリストの捜索と拘束、核物質の管理強化、大量破壊兵器のテロリストへの拡散の防止などである。しかし、誰がテロリストかを識別することはきわめて難しい作業であり、通信の自由や身体の自由あるいは営業の自由などの市民的自由権を侵害する場合が少なくない。アメリカは、テロリストの疑いのある者をアフガニスタンやイラクで逮捕した際に、その国の法で裁く道を拒否して、彼らをキューバのグアンタナモ米軍基地内の収容所に連行して長期にわたって拘束し、拷問を加えるなど過酷な取調べをしており、国際社会から厳しく非難されている。最大の問題は、「戦争による捕虜ではないから国際法は適用されない」として、国際法に基づく人権保障を拒否する一方、「アメリカ国内で起きた犯罪ではないからアメリカ国内法は適用されない」として、刑事被告人がもつはずの「軍事法廷でない法廷で裁判を受ける権利」や「弁護士による弁護を受ける権利」を拒否していることだろう[6]。

テロを軍事的に封じ込めることだけに集中したり、テロと特定の宗教を直結して考えるのではなくて、「テロを生み出す原因」をなくす発想が必要だろう。9・11事件のあとにウェルフェンソン世界銀行総裁は、「貧困とテロは直接には関係しない。ただ、貧困や不平等の中で生きるか死ぬかのぎりぎりの生活を強いられたとき、人々は希望を失い、テロリストを生む温床にはなる」と述べていた。

2 アフガニスタン戦争、イラク戦争、戦争の民営化

アメリカが「テロとの戦い」を呼びかけた際に、諸外国の反応が注目された。ロシアと中国は、アフガニスタン戦争への協力はともかくとして、ただちにブッシュ提案に反応して協力体制をとった。それぞれの国

6　堤未果『アメリカから自由が消える』扶桑社、2010年、84－88ページ。

にとってもアメリカとは別の事情で「テロとの戦い」が切実に必要な課題になっていたからだった。たとえば、「上海協力機構」のもつ意味を考えてみよう。ソ連・東欧の社会主義体制の崩壊を背景に、2001年に、中国、ロシア、カザフスタン、キルギス、タジキスタン、ウズベキスタンが集まって、上海協力機構が設立された（のちに、モンゴル、インド、パキスタン、イランがオブザーバー参加）。2002年には対テロ機構も設置され、合同軍事演習を行うなど軍事機構としての性格も強まっているが、もともと地域の不安定要因となっている分離独立運動や麻薬・武器密輸に対応するためにできた協力機構である。チベット問題や東トルキスタン独立運動を抱える中国や、北オセチア独立運動やチェチェン独立運動に悩むロシアは、民族的な権利の主張や運動を「民族自決権の行使ではなくテロだ」と決め付けることによって、それらを警察力・軍事力で封じ込めることを正当化することを狙っているように見える。

　アメリカは国際的な協力関係が自国に不利な傾向が強まることにいらだって、他の国々との協調を拒否する単独主義への傾斜を強めた。アメリカ単独主義外交は、民主主義に沿って独裁政権を作り変えることが世界とアメリカの安全を保証するという「民主化論」と、自国の安全が危うい場合には先制攻撃が許されるという「先制攻撃論」によって支えられていた。ブルース・ラセット（『パクス・デモクラティア』東京大学出版会）や遠く18世紀にイマヌエル・カント（『永遠平和のために』岩波文庫）が主張したように、民主主義が広がれば戦争防止につながるとする理想主義的な考え方には、それなりの背景と根拠がある。しかし、それをイラク戦争の開戦理由の1つにしたアメリカは、イラクや北朝鮮の核兵器開発を非難しながら、盟友であるイスラエルがNPT（核拡散防止条約）に加盟していないことは不問に付して核兵器保有の疑いを放置するなど、相手によって異なる基準を適用するという「外交の二重基準」を採っていて不公平だと、多くの国々とくに発展途上国から疑いの目で見られている。

　20世紀は「戦争の世紀」と呼ばれたが、21世紀もそう言われかねない。

2001年10月、アメリカは9・11事件の背後にいるとされたビン・ラディンらを逮捕することを目的にアフガニスタンとの戦争を始め、2002年以降は亡命していたカルザイを大統領に据えて、アフガン人による統治の形にした。しかし、カルザイ政権の統治能力の欠如と政治腐敗が国民からの信頼を失わせている。

2003年3月、アメリカのブッシュ政権は、イラクのフセイン政権が大量破壊兵器（核兵器）を不当に所有していると非難して、侵攻を提起した。フランス、ドイツ、ロシア、中国などが強硬にイラク侵攻に反対したが、イギリス、スペイン、ギリシャなど少数の国の戦闘参加を得て、「有志連合」の形で戦争を開始した。9ヵ月後の12月にフセイン大統領を拘束し、シーア派住民殺害の罪などでイラクの国内裁判にかけて死刑を宣告し執行した。ブッシュ政権は「間違いなく核兵器がある」として戦闘に入ったのだが、捜索しても核兵器貯蔵の痕跡も見つからなかった。すると、「フセイン政権によって重大に人権を侵害されていたイラク国民を救済し民主主義を回復するためであった」と、正当性根拠を変更したが、なお、「戦争の大義」への疑問は消えていない。

イラク戦争は、これまでの「政府が行う戦争」とは性格の違う戦争になった。戦争の民営化である。アメリカのブラックウォーター社など兵器で武装した民間軍事会社（PMC、Private Military Company）が武器・軍需品の運搬や施設警備を請け負う「戦争のビジネス化」が導入された。外国兵の死者数の25％にも相当する死者が出ているともいわれる。イラク戦争は、「傭兵による戦争」の性格を帯びることになった。このような外注による「戦争の下請け」現象が戦争の大義をいっそう失わせている。

3　多極世界？　それともアメリカ帝国？

冷戦終結と9・11事件で、国際社会は大きく変化したが、そこには「国家の復権」ともいえる現象が伴っていた。

アメリカは、それまで「覇権体制」とよばれてきたものとは違う「ア

メリカ帝国」と呼ばれるにふさわしい新たな世界のあり方を作り出した。帝国という言葉は、「他の権力に制約されない世界権力という意味と、他の民族を支配し国民国家としては捉えることのできない国家という意味の2つがあるが、どちらの意味でも冷戦後のアメリカは帝国に相当するといってよい」[7]。このようなアメリカ帝国を、経済的なグローバル化を政治的に支えるものとして肯定的に受け止める論者もいる。

　アメリカ帝国とも呼ばれるようになったのは、ブッシュ政権が単独主義外交へ傾斜した結果である。ABM条約（弾道弾迎撃ミサイル制限条約）から一方的に脱退し、地球温暖化の防止に重要な役割を果たすことが期待されている京都議定書の批准を拒否し（のちにオバマ政権のもとで批准）、ICC（国際刑事裁判所）条約への署名を撤回して、世界レベルでの協調に背を向けた。ICC条約が米兵の軍事行動を犯罪とみなすのではないか、京都議定書がアメリカの経済発展を重大に阻害するのではないかと危惧して、国際益よりも国益を優先させたのである。このような「国家の復権」ともいえる現象は、他の国々にも広く見られるようになった。イラク戦争に反対したフランスなどは、戦争をするかしないかは国家主権の問題であって他国の利害によって戦争に巻き込まれることは主権侵害であると主張し、それを「共和国の思想」だと表現した。

　世界各地における国家の復権は、「ナショナリズムのグローバル化」でもある。グローバル化の進展は、少数民族集団などのマイノリティがその国の政府を経由せずに、直接に世界各地の人々と結びつくことを可能にすることから、ナショナリズムが後退すると予測する向きもあったが、フランスやドイツなどでは、EU統合の進展によって「EU市民権」が誕生したにもかかわらず、トルコなどからの移民労働者やイスラム教徒などを排斥する動きがかえって強まった。法的な定義が国によって異なるので正確な比較は難しいが、外国人比率は、およそフランス7％、ドイツ9％（日本は1.7％）で、外国人排斥やEUからの脱退を主張する

---

[7]　藤原帰一『テロ以後』岩波新書、2002年、22ページ。

国民戦線（フランス、得票率10％程度）や外国人取締り強化を重点政策に掲げる自由党（オーストリア、2008年選挙で下院183議席中34議席）などの右翼政党が、少しずつ選挙での支持を伸ばしている。フランスでは、公的な場でスカーフやブルカなど宗教的な色彩の強い服装をすることを禁じようとする風潮が強まっている。2010年にはサルコジ大統領が、不法キャンプや犯罪行為を行ったロマ人からフランス国籍を剥奪して他国へ強制送還する措置を提起して、「市民の自由な移動の権利」を重視するEUの欧州委員会と対立する事態を引き起こした。日本でも、領土問題や靖国問題などに関わって、日本の歴史や権利を強く主張すべきだとする国家主義的な考えが強まってきている。多くの国で、多様な文化的背景を相互に尊重しつつ国家統合を進める多文化主義政策が追求されてきたが、21世紀になって、かえって同化政策への後退がみられる。

　アメリカとロシアやフランスとの対立は、イラク戦争に限った一時的なものとみる見方もあるが（その後、新しく政権を握ったドイツのメルケル政権、フランスのサルコジ政権は、イラク戦争支持を表明した）、EUの統合の拡大による経済的政治的な力の増大を背景にして、欧州がアメリカ中心の国際秩序に異議申し立てを始めたという側面がある。**表1-1**によると、ソ連が孤立していた1970年ごろまでは拒否権行使の大部分はソ連によるものだったが、世界が多極化していった1970年代以降はアメリカとその盟友であるイギリスが拒否権発動の主役となり、その傾向は現

表1-1　国際連合の安全保障理事会における拒否権の行使

	1946 − 1971	1972 − 1991	1992 − 2010	合　計
アメリカ	1	67	20	88
ソ連（ロシア）	111	8	6	125
中　　国	1	2	4	7
イギリス	6	26	0	32
フランス	4	14	0	18

注　1971年、台湾に代わって中華人民共和国が議席を獲得
　　1991年、ソ連が崩壊してロシアに

在まで続いている。アメリカの拒否権行使の大部分は、イスラエル問題である。国際社会の中で政治的に有利な立場にある国は拒否権の行使に追い込まれることが少ない。したがって、拒否権行使の増大は、アメリカの世界的な立場の相対的な後退をうかがわせる。21世紀に入って、BRICs（ブラジル、ロシア、インド、中国）などと呼ばれる新興経済大国が台頭して、先進国首脳会議だけでは世界を運営することが難しくなり、新興諸国を含むG20などの国際会議に世界経済を調整する機能がゆだねられるようにもなった。出資額に応じた加重表決制をとるIBRD（世界銀行）は、2010年に、発展途上国の議決権を42％から47.19％に拡大したが（その分、先進諸国の議決権が減少する）、これも途上国の世界的なステイタスの高まりを反映している。帝国的な世界から、有力な大国が共同で世界を運営する「多極世界」へ向かっていると見ることもできる。アメリカ一極覇権体制から共同覇権体制への変化だと説明することもできる。

3　新しい国際社会へ

1　多様なアクター（行為主体）が活躍する時代

　国際社会を動かしているのは誰だろうか。国際社会で行動する権利と責任をもち、国際社会の生み出す結果を享受するものを「アクター」（行為主体）と呼ぶならば、国際社会のアクターは何よりもまず主権国家（政府）であり、現代国際関係は基本的に「国家間の関係」として存在している。国際連合は、対等で平等な主権国家が集まった国際組織である。だから国連総会では、加盟国の人口や国力の違いを考慮することなく、人口13億人の中国にも人口11000人のツバルにも、同じく「一国一票の原則」が適用されている。このようなアクターを、「国家的行為主体」と呼ぶ。

　しかし、現代では、「非国家的行為主体」と呼ばれる民間レベルのア

クターが国際社会で大きな役割を果たしている。第一に、企業など営利団体の活動。ヒト、カネ、モノ、情報が国境を越えて日常的に行き交う現代国際社会で、その活動を主要に担っているのは国家ではない。貿易や金融活動を行っている企業、とりわけ多国籍企業（MNCs）である。第二は、さまざまなNGO（非政府組織）。地球温暖化防止や水質汚染防止などの環境保全のためには、国境を超えて共通目標のために協力しあわなければならないが、国家（政府）は国内社会からの圧力で国益優先になりがちである。アムネスティ・イナターナショナルは人権擁護で、国境なき医師団は保健衛生問題の解決で、高い信頼を得てきている。女性や児童の権利の拡大を求める団体や労働組合もNGOである。営利を目的とせず公益性の高いNGOをNPO（非営利法人 Non Profit Organization）に認定して法人格を与え、その団体に課税などに関わる優遇措置を与えるためにNPO法を制定する国もある。日本でも、1998年に「非営利活動促進法」が制定された。第三は、個人である。市民と呼んでもよい。観光、労働、学術文化交流、婚姻、亡命など、個人が国境を超えることが日常的になった。1989年の中国の天安門事件（民主化を求めて天安門広場に集まったデモ隊を政府が武力で弾圧した事件）の際には、政府の報道規制にもかかわらず、外国のテレビ放送などのメディアを通して、国内で起こった事態を世界に向けて発信することによって、運動を前進させた。インターネット社会化は、個人が国家を媒介とせずに外国の人たちと直接に情報をやり取りする新たな行動形態を生み出した。

　このように国際社会を動かす行為主体が国家だけでなくなったことは、国家中心の「国際社会」の理念ではとらえきれない時代に入っていると言うこともできる。

　私たちは、権力的な組織としての「国家」の中に住んでいるのだが、それと同時に、私的な「社会」の中で働き、娯楽を楽しみ、文化を交流するという生活を送っている。前者の国家が権力という上下の関係で構成されているのに対して、後者の社会は、互いに自由で対等な関係の上に「合意に基づいて行動する」という「契約による人間関係」であり、

それを「市民社会」と呼んでいる。これまで１つの国家の中で考えられてきた市民社会が、今や、国家の壁を超えて世界レベルでも形成されつつあるように見える。それを「グローバル市民社会」と呼ぶことができる。市民が、国益に縛られた国家の壁を越え、共通の価値観に支えられて、共通のルールのもとで活動するトランスナショナルな社会としてグローバル市民社会が生まれてきているのではないか。国家（政府）が公益を代表し、市民は私益を追求するものだという二分法的な発想は、一方で価値観が多様化し、他方でグローバル化にともなって共通利益が拡大する時代にあっては、通用し難い。

2 グローバル市民社会の可能性

国際社会の変化を、２つの点から考えてみよう。第一は、国家の役割と位置が変わったことである。それを象徴するのが、EU（欧州連合）の発展だろう。このような国家を超えた地域的な連合を、リージョナリズム（regionalism 地域主義）と呼ぶ。27カ国からなるEUは、単なる経済的共同体の段階を超えて、欧州市民権などの共通の政治枠組みと共通外交政策を目指す政治的共同体へ進化してきており、政策決定における多数決制の拡充と欧州議会の権限の拡大が進んでいる。2012年には、欧州憲法条約が発効して、現在のような国家連合から連邦国家のような強いまとまりをもつ組織に少し近づくことが予定されている。アジアでは、TPP（環太平洋戦略的経済連携協定）の取り組みが進み、日本が東アジア共同体を模索しており、世界的にも、共同体構想の前段階として、FTA（自由貿易協定）、EPA（経済連携協定）などが急増しているが、これらもリージョナリズムの現れである。リージョナリズムが進むと、個別の国家による経済活動への規制が後退して、住民は国家を媒介させずに経済活動ができる。

8 　地域主義の具体的な現れとその意味については、次を参照。高田和夫編『新時代の国際関係論』法律文化社、2007年、の第8章「地域主義と国際関係論」、180－207ページ。

他方で、個々の国では、マイノリティの自己決定権を尊重する必要もあって、地方分権への志向がみられる。これをローカリズム（localism 地方主義）と呼ぶ。地方が国家を押しのけて直接的に地域に結びつくと、国家からマイノリティへの圧力が小さくなると予想されている。ローカリズムとリージョナリズムの中間には、当然、主権国家の存在を主張するナショナリズムがある。現実の国際社会は、国連が主権国家の集合体であることに見られるように、主としてナショナリズムの集合という性格が強い。それはインターナショナリズムと呼べる。現在まで、国際社会がリージョナリズムの連合として形成されたことはないが、将来的には、ありえない構想ではないだろう。ローカリズム－ナショナリズム－リージョナリズム－インターナショナリズム、という連関が成立し、国家はその中で主権の行使に制約を受けるようになっている。市民社会レベルでのグローバル化を意味するグローバル市民社会という理念は、国家という単位を超えるという意味でそのような連関からは独自のものとして、したがって国家や地域の集合としてのインターナショナリズムを超えたより一体性をもったものとして、考えられている。

　第二は、国際社会が、個別の国家の領域の中で生活する住民の生命や人権のあり方について、積極的に関わる必要があるとする新しい常識が生まれたことである。それは、人道的介入と人間の安全保障という新たな理念を生み出した。人道的介入については第4章で取り上げるので、ここでは人間の安全保障の課題を考えてみよう。UNDP（国連開発計画）は、1994年の報告書「人間開発報告」で、領土を守る安全保障から、病気、犯罪、人権、環境などの脅威から人々をまもることを重視する「人間の安全保障」へ転換すべきだと主張した。そこでは恐怖からの自由と欠乏からの自由の2つが重視され、経済の安全保障、食糧の安全保障、健康の安全保障、環境の安全保障、個人の安全保障など7つの分野の安全保障が考えられていた[9]。主権国家の存在と役割を重視した伝統的な安全

9　佐藤誠ほか編『人間の安全保障』東信堂、2004年、7ページ。

保障観が軍備による安全を志向するのに対して、維持可能な人間開発による安全保障を志向する人間の安全保障は、国家を超える枠組みとして国際的な市民社会の発展を見通す点で、グローバル市民社会の考え方と共通するものをもっている。国際社会の調整と統治を主権国家だけが担う時代は終わった。国境を超える普遍的な価値が生まれてきている。

デイビッド・ヘルドは、国連改革に関連して、現在の国家代表（政府代表）からなる「一国一票制」の国連総会に加えて、市民団体、労働団体、経営者団体、少数民族などのマイノリティから選出される、いわばNGO代表を集めた「第二国連総会」の設置という興味深い提案をしている。[10] 政府代表からなる第一議会だけに決定権を与えて、第二議会の役割は協議機能だけにするという現実的な提案である。当面の実現可能性は小さいが、二院制の国連総会が具体化した場合には、ウェストファリア以来の国家中心主義を変えてゆく可能性があり、それはまた、グローバル市民社会の形成を促進することにもつながるだろう。

3　国家中心の発想を乗り越える

国家中心だった国際社会は、その構造とルールの両面で大きく変わってきている。

ビリヤードの球のように、相互に衝突する国益の実現を目指して国際関係をとり結んで、無政府的な状態だった国際社会は、グローバル化の進展とともに、共通のルールが増大して、1つのまとまりを形成するようになった。経済に始まるグローバル化は、政治、軍事、文化などあらゆる側面で進行し拡大した。経済面で共通のルールとして出されたのが市場原理であるが、それが国家レベルでの政府による独自な政策決定を許さないことから、一国レベルでの政策調整（労働権の保障、企業への規制、外国為替レートの決定など）によって成立していたイギリスやスウェー

10　Daniel Archibugi and David Held, eds., Cosmopolitan Democracy, 1995, pp.121-162.

デンの福祉国家が維持できなくなった。また、中国やブラジルなど一部の新興の大国を除けば、第三世界の経済が先進諸国との市場競争に負けて国家間の貧富の格差が拡大したために、グローバル化に反対する運動が第三世界を中心に強まっている。

　経済のグローバル化が、人々の生活を豊かにしてきた面は否定できないが、グローバル化の内容そのものを再点検するとともに、グローバル化がもたらした負の側面を克服する努力が必要になっている。ここで重要なのは、市民社会の力を国際社会の発展にどう生かすか、であろう。そのための1つの理論的な努力を「グローバル・ガバナンス論」に見ることができる。

　市民社会を構成するさまざまなNGOが、国家の運営にも参加して、公と私の協力によってよりよき統治を目指す試みが各国で取組まれてきた。その努力が国際社会のレベルにも押し広げられたときに、それは結局、極を形成するような大国の行動を制約してすべての国の利益の実現を可能にする規範を求めることとなった。そこに、ガバナンス（governance）という概念が生まれた。「統治なきガバナンス」（governance without government）という言葉が示しているように、権力的なものに頼らない新しい統合の可能性が注目されている。一国レベルのガバナンスではなく、地域レベルのガバナンスでもなく、グローバルな（地球規模での）ガバナンスを実現するために、国家（政府）と非国家的要素が協力し合う新しい国際社会のあり方を見出してゆく努力が求められている。

〈推薦文献〉
1　坂井一成『**グローバリゼーション国際関係論**』芦書房、2006年
　　国際関係論の形成過程、およびアメリカやヨーロッパなど5つの地域から見た国際関係について論じており、さまざまな国際関係理論の潮流が簡潔に説明されている。
2　篠田英朗『**国際社会の秩序**』東京大学出版会、2007年
　　国際社会とは何かを、国家主権、国民国家、国際組織、安全保障、民主主義、人権、平和などから検討する。欧米中心の国際社会の見方に批判的。

3　高田和夫『**新時代の国際関係論**』国際書院、2009年
　国際関係論にかかわる問題を、理論、環境、アクターの三部構成でバランスよく説明している。7章が国際機構、8章が地域主義、9章がローカリズム。

4　ジョセフ・S・ナイ（山岡洋一訳）『**ソフト・パワー ― 21世紀国際政治を制する見えざる力**』日本経済新聞社、2004年
　軍事力や経済力などのハードパワーに対して、相手国から共感されるような力をソフトパワーと呼んで、その源泉となりうる各国の文化や学術を詳細に分析している。

5　正井泰夫監修『**今がわかる時代がわかる 2011年版　世界地図**』成美堂出版、2011年
　国際政治、社会、産業経済、交通・情報、環境・自然、文化・スポーツについて、その実態を示す詳細な統計資料が、分かりやすい図表にして示されている。

6　最上敏樹『**国連とアメリカ**』岩波新書、2005年
　アメリカが国連に敵対的な態度をとり続ける原因を歴史を振り返りながら検討し、国連中心の世界をどのようにして作ってゆけるかを論じている。

用語解説

国際公共財　international public goods

　社会を運営するには、道路とか学校制度とか、「誰でも使えるが、その使用によって他の人の使用が妨げられることのない財・サービス」（公共財）が必要。市場（企業）ではなくて政府がそれらを提供する。公共財の概念を国際社会に広げ、安全保障システムやWTOなどの経済システムを「国際公共財」と呼ぶ。国際社会では誰がそのコストを負担するのか。リアリストには、国際公共財を提供する国を「覇権国」と定義する者が多い。

相互依存　interdependence

　貿易は、輸出国にも輸入国にも利益をもたらす。双方が利益を得るから、「ノン・ゼロ・サム・ゲーム」の関係である。貿易や金融あるいは環境保護や通信システムなど、国家を超えて協力関係が緊密化している現代は、「相互依存の時代」と呼ばれ、世界の安定を支える一要因とみられている。しかし、たとえば、石油を輸入するA国は輸出するB国の意向によって自国の安全を左右されるという脆弱性を抱えているので、相互依存はかならずしも対等な国家間関係を意味しない。

第2章　世界の資本主義体制の変遷

奥田　宏司

──〈本章のねらい〉──

　この章では、1930年代から今日までの世界の資本主義体制の変遷を論じる。そうは言っても、歴史的な諸事実を列挙するのではなく、論理的な整理が出来るように、以下の3点に絞りながら論じることにしよう。

　第一に、今日の世界経済の枠組みを形作っているIMF・GATT（WTO）体制が生まれてくる歴史的な経緯を、30年代のブロック経済、第二次世界大戦の性格、植民地体制の崩壊、冷戦構造の形成と関連させて論じる。

　第二に、IMF・GATT体制が出来あがった1960年代から70年代にかけての世界経済において、その主役となった多国籍企業、多国籍銀行の概要を論じ、あわせて、IMF・GATT体制下において途上国開発戦略は変化を余儀なくされ、「輸出指向工業化」戦略の展開の中でNIEsと呼ばれる諸国が誕生してきたことを解明する。

　第三に、1990年代以降の急速な世界経済のグローバリゼーションがどのようにもたらされたのか、そのグローバリゼーションの先導役を果たしたアメリカ経済、また、グローバリゼーションの中でのEUの拡大、ユーロの登場、さらには、アジア通貨危機からBRICsの登場を論じよう。

　これらの3点を、概略的にであれ、把握することにより今後の資本主義の世界体制がどのように変容していくのか関心を持ってもらえれば、筆者にとっては望外の喜びである。

1　IMF・GATT 体制の成立

1　1930 年代のブロック経済

　1929 年のニューヨーク株式市場における大暴落は、30 年代の世界恐慌の先触れになるだけでなく、最終的には第二次世界大戦につながるものであった。1929 年から 33 年に世界の工業生産は約 40％低下した（**表2-1**）。アメリカでは 1200 万人、ドイツでは 550 万人の失業者が出たといわれる。また、各国の主要輸出品の価格は 2 分の 1 から 3 分の 2 以上低落し、輸出量も第一次世界大戦前の水準を 10％下回るまでに落ち込んだ。

　こうした深刻な恐慌から抜け出すために各国は、差別的な関税制度の導入、輸入割当（輸入数量または金額を相手国別に割当）等の貿易制限によって貿易赤字を減らし、また、民間人が獲得した外貨は当局への売却を義務付け、輸入業者等へは許可制によって外貨を供給するなどの「為替管理」を強化して外貨の節約をはかろうとした。さらに、意図的に自国通貨の為替相場を下げること（＝平価切下げ）によって輸出を伸ばし輸入を抑制しようとした。しかし、ある国が平価切り下げを行うと他国も対抗的に切り下げを行うから 30 年代に世界の為替関係は大混乱をきたした。

　一方、列強諸国はこれらの諸策を講じながら、植民地や半植民地を販売市場と原料資源として囲い込むためにブロックを作り始めた。1932年のオタワ会議による「英帝国特恵関税制度」は、英帝国内の各地域内

表 2-1　恐慌前の最高点と恐慌中の最低点の比較

(％)

	アメリカ	イギリス	フランス	ドイツ
生産減退率	54	24	38	47
物価下落率	39	39	41	36

出所）牧野純夫『円・ドル・ポンド』岩波新書、1960 年、50 ページより。

の貿易には関税を免除するか低率とし、帝国外諸国との貿易における関税との間に差別を設定するものであった。イギリスはこうして帝国内市場を排他的に独占しようとした。さらに、イギリスは英帝国内の貿易などの対外取引についてはもっぱらポンド・スターリングで行うようにしていった（スターリング・ブロック）。イギリスにならってフランス、アメリカや日本、ドイツ等も植民地や勢力圏を囲い込んでいった。フランスは関税引き下げや輸入割当の撤廃によりブロック内での貿易拡大をはかった。日本はすでに植民地にしていた台湾、朝鮮に中国の東北地域（「満州」）、インドシナを加え、「大東亜共栄圏」なるものを形成しようとした。このようにして、列強はブロックを形成していったから世界経済は30年代にいくつかのブロックに分裂していった。[1]

2　第二次世界大戦の性格

　以上のように、1929年から32年の世界恐慌とそれ以後の長期不況の中で列強は排他的なブロック経済圏の拡大強化をはかっていったが、それは不可避的に軍事的対立へと発展していった。そして、第二次世界大戦へとつながっていった。

　第二次世界大戦は、いくつのかの性格をあわせ持つものであった。なによりも、大戦はファシズムに対する民主主義の闘いであった。また、大戦中の植民地においては独立運動が盛んになり、さらに、ソ連の参戦によりソ連にとっては社会主義の「防衛」という性格をもち、第二次世界大戦の性格はさらに複雑になっていった。しかし、経済的基本要因として大戦はブロック間の市場、経済的権益をめぐる厳しい対立以外のなにものでもなかった。東欧の権益をめぐってイギリス、フランスとドイツは厳しく対立し、39年にドイツがポーランドに進攻することによって第二次大戦が勃発していった。また、アジアにおいては中国、インド

---

[1]　牧野純夫『円、ドル、ポンド』岩波新書、1960年、50ページ以下、大崎平八郎、久保田順『世界経済論』青木書店、1970年、第4章の第4、5節。

シナ半島における植民地、権益をめぐって日本とアメリカ、イギリス、フランス等が激しく対立し、日本は中国などへ軍事的に進攻していたが、41年12月に日本軍が真珠湾を攻撃することにより太平洋戦争が勃発した。こうして、列強諸国は連合国と枢軸国に分かれて第二次世界大戦を戦うことになった。

3 ブレトン・ウッズ会議と戦後の国際諸機関の設立

　第二次世界大戦は45年に連合国の勝利に終わるが、連合国の間では大戦中から大戦後の構想をめぐって対立がはっきり芽生えていた。大戦をともに戦う米英は軍需品の相互貸与等のために42年に「相互援助協定」を結んだ（これによって、アメリカは連合国の兵器廠となっていった）。その米側原案に「特恵関税制度」を廃止することが盛りこまれており、このことをめぐって両国は対立した。結局、米はそれを撤回したが、この対立は戦争中の44年に開催されたブレトン・ウッズ会議において再燃した。

　ブレトン・ウッズ会議は連合国が第二次大戦の勝利を確信したうえで、大戦後の国際通貨制度を構築しようとする会議であった。この会議において米英は戦後構想をめぐって鋭く対立した。イギリスは大戦によって国富の約4分の1を失い、植民地等においてもドイツ、日本によって大きな打撃を受けていた。イギリスはスターリング地域を維持しつつアメリカから多くの援助を受けて経済再建を図ろうとした。それに対して、真珠湾以外には国土の被害を受けなかったアメリカは、戦時中に経済力を飛躍的に高め、それを背景に貿易等の対外取引の「自由、無差別、多角主義」を標榜し、ブロック経済の解体をめざそうとした。

　この対立を受けて戦後の国際通貨制度構想をめぐる議論も紛糾した。国際的な金本位制が崩壊しているなかで、アメリカ財務省は海外の通貨当局（財務省または大蔵省および中央銀行）が保有しているドルに対しては金1オンス＝35ドルでもってドルを金に交換することを約束していた（34年）が、アメリカの構想はこれを利用して国際通貨制度の中心に

ドルを据え、戦後復興期が終われば為替管理を撤廃して自由に諸通貨が交換されるようにしようとするものであった。また、加盟国（当初は連合諸国）が資金を出し合って基金を作り、国際収支の不安定を抱えた加盟国は、基金から借入を行えるようにしようとするものであった。

このプランに対してイギリスはポンドの国際通貨としての地位が低下すること、スターリング地域の保全がはかれないことなどを理由に反対したが、難航の末、ブレトン・ウッズ会議ではアメリカの国際通貨基金（IMF）案でもって連合諸国間で合意が成立した。その後も、イギリスは反対を続けたが、アメリカが米英金融協定（45年12月）に基づきイギリスに37.5億ドルの援助を与えることでイギリス議会も批准を行った[2]。

なお、ブレトン・ウッズ会議においてIMFとともに連合国の戦後復興を目指す機関として世界銀行（国際復興開発銀行――IBRD）の設立が合意された。IMFは国際収支の安定化のために短期資金を供給する機関として、IBRDは復興、開発のための長期資金を扱う機関として設立されることになった。

アメリカはさらに45年に国際貿易機構（ITO）設立の提案を行い、48年の国際会議で合意される（ハバナ憲章）が、各国によって十分な批准が得られず（アメリカ議会も反対）、ITO自体は流産する。その草案のうち関税と貿易に関する事項だけを抜き出してまとめたものが「関税及び貿易に関する一般協定（GATT）」である。ガットは種々の限界をもちながら30年代のブロック化の弊害を乗り越え、IMFとともに自由貿易の実現に貢献し戦後の貿易拡大に貢献した。IMF、GATTが第二次大戦後の世界経済秩序を規定していることから、戦後国際経済秩序を指してIMF・GATT体制と呼ばれる。

2　牧野純夫『円、ドル、ポンド、第2版』岩波新書、1969年、44ページ以下。

補論

冷戦とドル危機

　米財務省は30年代から外国通貨当局に対しては、金1オンス＝35ドルでドルを金に交換することを約束していた。これをもとに、IMF協定は各国通貨の平価をドルに対して決め、この平価を中心に為替市場では上下1％で相場が変動することを規定していた。たとえば、1ドル＝360円、1ドル＝4マルクなどである。つまり、ドルを中心とする国際通貨体制（IMF固定相場制）が1971年のニクソンショックまで続いたのである。

　このIMF固定相場制の崩壊に冷戦の深まりが関わっていたのである。アメリカは、冷戦の深まりの中で世界各地に軍事基地を設け、そのための海外支出を増大させていった。また、アメリカはソ連や東欧諸国に敵対する諸国に対して軍事援助等を与えてきた。加えて、60年代にはベトナム戦争が激化していき軍事支出が増えていった。以上のほかに、もう1つアメリカ国際収支構造を悪化させる要因があった。それは直接投資の増大である。アメリカ企業は冷戦対抗の中で開発された軍事技術の利用によって国際競争力を高め、それを武器に海外に進出し、多国籍企業化していったのである。

　以上の海外軍事支出、海外援助、資本輸出は、貿易黒字等による経常黒字額を上回り、基礎収支赤字を生み出していった。この赤字がドル安を生じさせ、アメリカ以外の通貨当局は自国通貨売・ドル買の為替市場介入を余儀なくされ、ドル準備を増やしていった。ドル買介入を行ったいくつかの通貨当局はそのドルを金に替え、アメリカの金準備は次第に減少していった。そして、各国当局の保有ドルがアメリカ保有の金準備を上回り、金1オンス＝35ドルでの交換が危ぶまれ、金市場では金価格が35ドルを超えていった（ドル危機）。そして、ついに、1971年8月、ニクソン大統領は、金ドル交換を停止し（ニクソンショック）、1年あまりの「スミソニアン協定時代」を経て、今日までの変動相場制の時代に入っていく。まさに、冷戦構造がIMF体制を動揺させていったのである。

4 植民地体制の崩壊（南北問題）と冷戦構造

IMF、世界銀行、GATT が生まれる時期、世界では 2 つの別の事態が発生していた。1 つには、第二次大戦中から植民地体制の動揺がはじまり、戦後、多くの植民地が政治的に独立していき（いくつかの植民地においては解放戦争を経て）、植民地体制が崩壊していった。もう 1 つの事態は、ソ連に加えて東ヨーロッパ諸国が社会主義陣営に属することになり、アメリカを盟主とする資本主義陣営との対立が深まっていった（冷戦構造の発生）。第二次大戦後の世界の資本主義体制は、植民地体制の崩壊（＝途上国開発問題の発生）と冷戦構造の深まりという 2 つの影響を受けながら進展していくことになる。

2　多国籍企業、多国籍銀行、NIEs

1　多国籍企業、多国籍銀行と世界経済

大戦後の復興期を経て IMF・GATT 体制が現実のものになり、第二次大戦後の諸特徴をもつ世界経済の状況が醸成されてくるのは 1960 年前後からである。この時期からアメリカ企業のヨーロッパへの直接投資が本格的にはじまっていく。直接投資とは、利子、配当を目的とする証券投資と異なり、企業が海外に子会社等の拠点を設置し、生産・販売活動を行い、利潤獲得を目的とする第二次大戦後の新しい対外投資である。この直接投資をグローバルに展開しさまざまな国際事業活動を行う企業体が多国籍企業である。

表 2-2 にアメリカの直接投資の推移が示されている。これによると、アメリカの対外投資のうちに直接投資が占める比率は 1960 年代前半期に 50%前後、後半期にはそれが 70%近くになって対外投資の主流になっていることがわかる。また、**表 2-3** には各国別の直接投資残高が 67 年と比較しながら 73 年の数値が示されている。これによると、アメリカの地位がきわめて高く、次いでイギリス、西ドイツなどとなっている。

表2-2 アメリカの対外投資

(単位：100万ドル)

	1960	1964	1968	1972
直接投資	-2,940	-3,760	-5,295	-7,747
証券投資	-663	-677	-1,569	-618
非銀行企業の系列外海外企業に対する債権	-394	-1,108	-1,203	-1,054
銀行の対外債権	-1,148	-2,505	233	-3,506
計	-5,144	-8,050	-7,833	-12,925

注) - は対外投資、＋は米国への投資
出所) Department of Commerce, *Survey of Current Buisiness*, June 1987, pp.54-55 より。

表2-3 主要国の直接投資残高

(単位：100万ドル)

	1967年	1973年	1967-73年平均増加率（％）
日本	1,458	10,270	38.5
アメリカ	59,486	107,268	10.3
イギリス	17,521	29,183	8.9
西ドイツ	3,005	11,926	25.8
フランス	6,000	10,934	10.5
カナダ	3,728	6,911	10.8

出所) 通産省『通商白書』1975年版、412-413ページ、ただし坂井昭夫『国際財政論』有斐閣、1976年、226ページより。

日本もこの間に残高を急激に伸ばしていった。

表2-4は、多国籍企業の経済力を示す1つの指標として多国籍企業の売上高と各国のGNPを比較している（1993年）。これによると、GMの売上高はデンマーク、インドネシア、トルコのGNPに匹敵し、トヨタ、日立、松下等の日本企業の売上高もポーランド、ポルトガル、マレーシアのGNPに匹敵する。多国籍企業の世界経済における力量の大きさが窺い知れよう。また、表2-5には主要多国籍企業の海外資産比率と海外雇用比率があげられている。これによると、アメリカ系を中心に海外資産比率、海外雇用比率が50％を超えている多国籍企業があり、日本の企業も30％を越えているものがある。多国籍企業は、まさに戦後世界経済を動かしていく1つの主役であり、国境を越えてグローバルに展開

表2-4 主要国のGNPと多国籍企業の売上高（1993年）

（単位：億ドル）

順位	国名・企業名		順位	国名・企業名	
1	アメリカ	63,887	36	フィンランド	962
2	日本	39,267	⋮		
⋮			38	ポーランド	873
23	デンマーク	1,376	39	トヨタ（日）	853
24	インドネシア	1,370	40	ポルトガル	777
25	GM（米）	1,336	⋮		
26	トルコ	1,263	43	日立（日）	686
⋮			44	IBM（米）	627
29	タイ	1,202	45	松下（日）	614
⋮			46	GE（米）	608
31	ノルウェー	1,135	47	マレーシア	601
32	フォード	1,085	48	D.ベンツ（独）	591
⋮			⋮		
35	エクソン（米）	978	53	日産（日）	538

注）杉本・関下・藤原・村松編『現代世界経済をとらえる Ver.3』東洋経済新報社、1996年、62ページ。原資料は *Fortune, The World Bank Atlas 1995*

表2-5 多国籍企業の海外資産比率と海外雇用比率（1990年）

順位	企業名	国籍	業種	海外資産比率（％）	海外雇用比率（％）
1	Royal Dutch Shell	英・蘭	石油	65.0	72.3
2	Ford	米	自動車	31.8	51.0
3	GM	米	自動車	29.2	32.7
4	Exxon	米	石油	58.8	62.5
5	IBM	米	コンピューター	52.2	44.9
⋮					
8	Nestle	スイス	食品	－	96.5
⋮					
15	Sony	日	エレクトロニクス	－	55.0
16	Volks Wagen	独	自動車	－	53.7
⋮					
29	Toyota	日	自動車	23.2	11.7
⋮					
46	Nissan	日	自動車	－	23.2

注）－はデータなし。
出所）前表と同じ、65ページ。原資料は U.N., *World Investment Report*, 1993.

していることがわかる。

　多国籍企業は、資源へのアクセス、豊富で安価な労働力、市場性等の立地条件を加味しながら世界中に子会社のネットワークを形成し、中間財から完成品まで親会社の統括下にグローバルに生産活動を行っている（＝「企業内国際分業」）。したがって、親会社と子会社、子会社どうしで部品や完成品の取引が不可避となり、それは実体的には同一企業内の移動にすぎないが貿易として表われてくる。それゆえ、多国籍企業が主役となる時代には部品等の中間財貿易の比重が高まってくる。また、企業内国際取引の盛行によって次ぎのような事態が発生してくる。多国籍企業は利潤の極大化をはかるために税率の低い国に利益を大きくするべく、恣意的な価格を設定することがある（＝「振替価格」）。同一企業内の取引だからそれができるのである。[3]

　このように、多国籍企業の出現とともに、貿易や国際収支、さらには国民経済のあり様は変化を余儀なくされていった。多国籍企業の時代にはもう１つの主役がある。それは多国籍銀行である。多国籍企業の活動には当然のことながら外国為替、送金、信用供与等の銀行業務を必要とする。子会社の利益の親会社への送金、企業内貿易の決済、親会社と子会社、子会社相互間の相互融資、余剰資金の国際金融市場での運用等、多国籍企業はこれまでとは異なる銀行業務のグローバルな展開を必要としてくる。したがって、多国籍企業の成長とともに、主要国の銀行も国際的な進出を余儀なくされていく。

　表 2-6 にアメリカの銀行の海外店舗網の推移が示されている。アメリカの銀行の海外店舗網は 1960 年代後半期から急速に拡大し、60 年代末から 70 年代初めにアメリカの主要銀行は多国籍化を完成させたと言ってもよい。米系銀行に対応しつつ、また、対抗しつつヨーロッパ諸国の主要銀行、日本の主要銀行も多国籍化を遂げていく。それは、米銀より

3　杉本昭七、関下稔、藤原貞雄、松村文武編『現代世界経済をとらえる Ver3』東洋経済新報社、1996 年、第 4 章。

表2-6 アメリカの銀行の海外活動

	1960	1965	1968	1970	1973	1976
進出銀行数	8	13	26	79	122	127
海外支店数	131	211	375	536	697	731
同資産総額（10億ドル）	3.5	9.1	23.0	59.8	121.9	219.4

出所）関下・鶴田・奥田・向『多国籍銀行』有斐閣、1984年、20ページ。原資料はBoard of Governors of Federal Reserve System.

少し遅れ、70年代中期から末にかけてである[4]。

2　途上国開発問題とNIEsの登場

　第二次大戦の直後から60年ぐらいまでに世界のほとんどの植民地は政治的に独立していったが、経済構造は植民地時代の構造をそのまま残していた。つまり、旧宗主国から工業製品を輸入し、旧宗主国へ特定の一次産品を輸出するというモノカルチュア的構造である。途上国は政治的独立のみならず、一次産品の輸出に依存するモノカルチュア経済から脱却して工業化をはかり経済的自立を達成することが求められたのである。

　1950年代から60年代中期まで主力となった工業化戦略は「輸入代替工業化」（従来先進国から輸入していた工業品を国内で生産するための工業化）と呼ばれるものである。しかし、この工業化戦略はいくつかの要因により手詰まりになっていった。途上国の市場の狭さから輸入代替生産が非効率であること、資本財の輸入のために一次産品輸出が必要であるが、一次産品価格が安定せず国際収支難をもたらす等であった。しかも、IMF・GATT体制と呼ばれる戦後の自由貿易体制が工業化の阻止要因となっていた。

　IMF・GATT体制下における自由貿易は自由主義経済の「優勝劣敗」を必然化させ、競争力をもたない途上国には不利であった。したがって、

4　関下稔、鶴田廣巳、奥田宏司、向壽一『多国籍銀行』有斐閣、1984年、第2〜4章

途上国は新しい国際経済秩序の形成を標榜し、IMF・GATT体制の変革を迫るようになる。1964年に第一回国連貿易開発会議（UNCTAD）が開催されることになった。これは途上国の要求によるものであるが、先進国、社会主義国も含め140カ国以上が参加することになった。この会議で以下の主張を盛りこんだ報告がまとめられた。①先進国の途上国からの商品輸入数量目標の設定、②一次産品価格安定のための国際商品協定の締結、③途上国からの製品輸入に際して関税の引き下げ等である。しかし、この報告は強制力を持たず、先進各国は無視し、ほとんど実現していかなかった。

こうした状況の下で1973年に勃発したオイルショックは途上国側からの新たな動きを起こすきっかけとなった。この時に発動されたのが石油戦略である。すなわち、原油価格の引き上げ、石油事業の国有化、資源ナショナリズムの高揚であるが、これは74年の国連「新国際経済秩序宣言」につながっていった。基本思想は64年のUNCTADと変わらない。自国の富や天然資源に対する恒久主権、途上国に不利な貿易体制の改善、多国籍企業の規制・監視等を内容としている。途上国のIMF・GATTに代表される体制に対する挑戦は最高潮に達した。しかし、先進国側はまたもや「宣言」を無視、拒絶しつづけ、その後事実上この「宣言」は空文化していった。

それとともに、「輸入代替工業化」戦略が見なおされ、新たな工業化戦略が脚光をおびるようになってきた。一次産品価格の変動に影響されない工業化を目指そうとしたのである。すなわち、低賃金労働力を大量に使った労働集約的な工業製品の輸出を指向する工業化である（＝「輸出指向工業化」）。それは必然的に多国籍企業の国際分業の中に組み込まれる形での工業化である。東アジア諸国、ラテンアメリカ諸国等は欧米、日本から外資を受け入れ、外国資本の主導の下、資本財と中間財を輸入し、それを加工して先進各国へ輸出する形で高い経済成長を達成してきた。1970年代以降のNIEs（新興工業経済地域——NICsと呼ばれた時期もあった）の登場である。

しかし、NIEs の登場とともに途上国世界は大きく分裂することになった。東アジアや中南米等の NIEs とサハラ以南のアフリカ、南アジア諸国の「最貧国」と呼ばれる国々へである。こうして、独立時から 64 年の UNCTAD の発足、74 年の国連「新国際経済秩序宣言」に見られた途上国の大同団結は崩れてしまった感がある。

3 現代の世界経済

1 世界経済のグローバリゼーション

1990 年代から今世紀に入っての世界経済を概観するとき、グローバリゼーションに言及せざるを得ない。グローバリゼーションをもたらしたのは、全世界的規模での政府の諸規制の緩和・撤廃＝市場経済化と IT 革命という技術的な条件であった。前者については、80 年代中期から 90 年代にかけて先進各国だけでなく途上国も巻き込んで諸規制の緩和・自由化が進展していたことに加えて、冷戦の終結＝ソ連・東欧の社会主義体制の崩壊によって地球規模での市場経済化が一挙に進んでいった。

アメリカではレーガン大統領のレーガノミクスと呼ばれる経済政策によって、イギリスではサッチャー首相、日本では中曽根首相のもとで規制緩和が推し進められた。途上国に対しては「ワシントン・コンセンサス」と呼ばれる政策的処方箋が、IMF・世界銀行の融資に際して適用され、NIEs、ASEAN 諸国などの貿易・金融の自由化が 90 年代に急速に進展していった。

また、1980 年代末から 90 年代初めにかけてのソ連、東ヨーロッパの社会主義体制の崩壊はそれらの諸国の市場経済への転換につながり、ソ

5　杉本、関下、藤原、松村編、前掲書、PART Ⅳ。
6　石田修、板木雅彦、櫻井公人、中本悟編『現代世界経済をとらえる Ver 5』東洋経済新報社、2010 年、第 1 章など。

連を除く多くの東ヨーロッパ諸国は EU に加盟していった。EU は経済支援とともに西欧の諸制度の移植を求め、また、IMF・世界銀行は融資の見返りに前述のワシントン・コンセンサスに基づく、対外開放と民営化を要求していった。

　以上のような、全世界を巻き込んだ諸規制の撤廃＝自由化、対外開放が世界経済の 90 年代以降のグローバリゼーションの根底的条件であるが、IT 革命という技術的条件がなければそれは実現しなかったであろう。ハードウェアとしてのコンピュータの技術革新、インターネットなどのソフトウェアに関する情報産業の急速な進歩、これらが情報伝達のスピードと質を飛躍的に高め、多様な情報が世界中に一瞬にして伝わることを可能にした。IT 革命は生産システム、流通システム、金融システムに産業革命(英においては 1760 ～ 1830 年)以来の大変革をもたらした。IT 革命は、多国籍企業の国境を越える生産と多国籍企業を中心とする貿易のあり方を一層グローバルなものに、また、デリバティブなどの金融技術を生み出し、ヘッジファンドなどの国際的な機関投資家が闊歩する世界を作り出した。

　ところで、上に述べてきた世界経済のグローバリゼーションは多分にアメリカン・グローバリズム（イデオロギーとしての新自由主義）の影響を受けたものであることを忘れてはならない。先進各国における規制緩和の発信はレーガン大統領によるものであったし、ワシントン・コンセンサスも文字通りアメリカで生まれたものである。また、IT 革命もアメリカから始まった。その意味で、グローバリゼーションは世界のアメリカ化という一面を強くもち、パクス・アメリカーナを再構築するものでもあったといえよう。それだけに、世界的な格差の創出という負の側面をもちあわせている。

2　アメリカ経済——IT バブルと住宅バブル

　1980 年代にアメリカ経済は競争力を失っていたが、90 年代に入りアメリカ経済は「復権」を遂げてくる。その中心的役割を果たすのがア

メリカにおける IT 革命であった。パーソナル・コンピューターの普及、91 年からのビジネス用インターネットの開始によって個人、企業、政府機関における通信の大きな変化、IT 技術の導入による企業経営の根本的な変化、これらが IT 革命の内容であった。IT 革命の中で IT 関連の個人消費、設備投資が急速に増加し、これがアメリカ経済を引っ張っていった。IT 設備投資は企業組織の変革をもたらしながら、高度なオートメーション、コンピュータ制御を可能にして急速な生産性の上昇が実現した。95 年までの約 20 年間のアメリカの労働生産性の伸びは年平均 1.39％であったのが、90 年代後半期にはそれが 3.01％に高まった[7]。また、IT 技術を駆使したデリバティブという金融商品が開発され、ヘッジファンド、投資銀行などの金融機関が伸びていった。

こうして IT 化によってアメリカ経済は 90 年代に生産性の上昇と相対的に低い労働コストを実現し、国際競争力を高めていった。これを背景にニューヨーク株式市場では 90 年代に驚異的な株価上昇が続いていった（図 2-1）。株価上昇は企業には投資拡大、個人には消費拡大の効果を持つものであった（＝「資産効果」）。さらに、企業の投資拡大、個人の消費拡大はアメリカの経常収支赤字の増大を招き、そのファイナンスの持続性が問題とされるようになった。

IT バブルは 2000 年代初頭に崩壊したが、これに対処するために連邦準備制度理事会（FRB）は低金利政策を採用し、それは、今度は住宅バブルを生み出した（図 2-1）。住宅バブルを背景にリスクの大きいサブプライム・ローンが拡大され、そのローンが IT 革命と結びついた金融技術によって新たな証券化商品が開発されていった。しかし、住宅価格の上昇は 06 年にピークを迎え（住宅バブルの崩壊）、サブプライム・ローンの破綻、証券化商品の急速な価格下落がおこり（2007 年）、2008 年 9 月には投資銀行の 1 つであるリーマン・ブラザースの倒産とそれをきっかけとするアメリカ発の世界的規模での金融危機が発生した。

7　同上書、46 ページ。

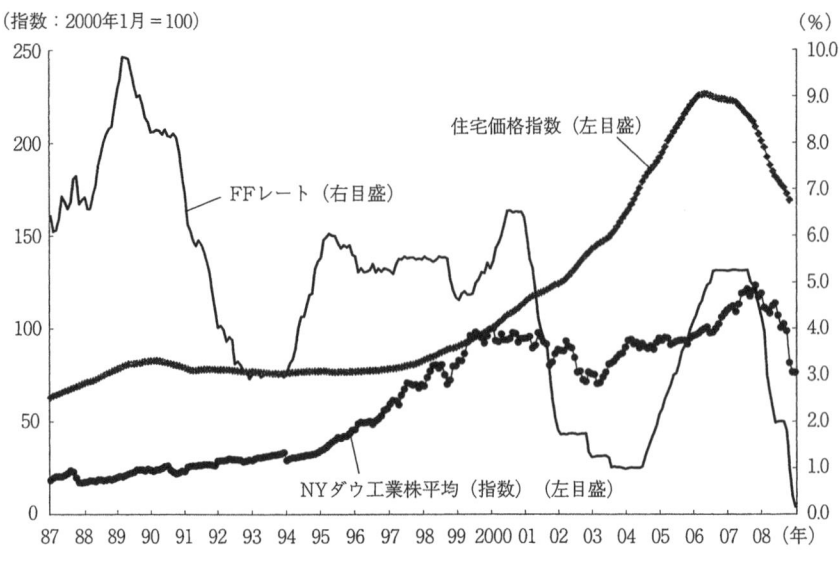

図 2-1　金利と株価・住宅価格

注）NY ダウ工業株平均は、ニューヨーク証券取引所のダウ・ジョーンズ工業株 30 銘柄の平均。住宅価格指数（S&P/Case-Shiller（r）Home Price Index: 季節調整済み）は、Composite-10（CSXR-SA）を使用。
出所）FRB, S&B Standard & Poor's, CEA のデータより。
※ただし、この図は、石田修、板木雅彦、櫻井公人、中本悟編『現代世界経済をとらえる Ver 5』東洋経済新報社、2010 年、50 ページより引用。

3　ヨーロッパ経済──EU の拡大とユーロの導入

　1993 年 11 月のマーストリヒト条約の発効によって EC は EU（European Union、欧州連合）に発展した。93 年は EU 全域で商品、資本、人が自由に移動する単一市場がスタートした年である。これによって、すでに撤廃されていた域内関税に加えて非関税障壁（関税以外の工業規格の違い、運輸、保険等の規制の違い等に基づく貿易障壁）が撤廃されて、経済統合は急速に進展していった。

　これを背景に通貨統合の機運が高まり、マーストリヒト条約は通貨統合の道筋を明確にさせた。条約は遅くとも 99 年 1 月 1 日までに通貨統合を行うことを規定していた。そして、99 年 1 月に EU11 カ国（ドイツ、

フランス、イタリア、スペイン、オランダ、ベルギー、オーストリア、フィンランド、ポルトガル、アイルランド、ルクセンブルグ）がユーロを導入した。この時期にはユーロ紙幣は流通せず、ユーロは企業、金融機関等の銀行口座の振り替えにだけ利用される「帳簿上の通貨」であったが、02年1月からユーロ現金（紙幣、硬貨）が流通するようになった。その後、ギリシャ、スロベニア等がユーロに参加した[8]。

90年代のEUにはもう1つ重要な事がらがあった。それは、91年のソ連の崩壊によりそれまでソ連に所属していたバルト3カ国や東欧諸国がEUに加盟していったことである。これによってEUは西欧の組織から中東欧を含む組織に拡大され、4億6千万人の人口をもつ巨大共同体へと発展していくことになった。

2008年9月のアメリカ発の世界的金融危機にEUも巻き込まれたが、これを契機にEUのいくつかの国においても生じていた住宅バブルの崩壊、ユーロの統一通貨を通じてギリシャ、ポルトガル、アイルランドなどに流れ込んでいた資金の引き揚げが生じ、PIIGSと呼ばれる諸国の金融危機が深刻化していった[9]。

4 東アジア経済、BRICs

1980年代末から90年代初めにかけて途上国のうちの10数カ国（ほとんどはNIEsと一部市場移行国）は、IMFや世界銀行の奨励（ワシントン・コンセンサス）を受けて金融や資本流出入の自由化を行った。自由化によってこれらの金融市場は限界的ながら国際金融市場に統合されていき、これらの市場はエマージング市場と呼ばれるようになった。

エマージング市場国は海外から多くの資本をとり入れることによって、より早いテンポでの経済発展をはかろうとした。また、先進国の機関投資家などの金融機関はこれらの国に投資することによって多くの利

---

[8] 奥田宏司、神澤正典編『現代国際金融　第2版』、法律文化社、2010年、第8章。
[9] 同上書、第12章。

益を獲得できるようになった。とくに、東アジアでは 80 年末以降海外からの資金をうけて「東アジアの奇跡」（世界銀行）とも呼ばれるような経済発展を遂げてきた。

　しかし、エマージング市場に流れ込んだ外国資金は何かのきっかけによって流出するものである。1997 年にタイでの貿易赤字の増大、不動産バブルの崩壊をきっかけに、外国資金は一挙にタイから流出していった。これがインドネシアや韓国などのアジア諸国に波及し、アジア通貨危機が勃発し（ワシントン・コンセンサスの破綻）、東アジアにおける高い経済成長は中断した。

　アジア通貨危機に対して IMF が各国へ提示した処方箋（コンディショナリティ）はかえって危機を深めることになり、日本は IMF とは別個の国際融資機関をアジアにおいて設立しようとする構想（「アジア通貨基金」構想）をうちたてた。この構想はアメリカの反対に加えて、中国も支持しなかったことから挫折したが、形を変えて実質化していった。二国間協力にもとづく日本の 300 億ドルの支援計画（「新宮沢構想」98 年）を経て、2000 年 5 月の ASEAN ＋日中韓の蔵相会議において、アジアで経済危機が発生したときに備えて、資金のスワップ網を構築することが合意され（チェンマイ・イニシアティブ）、それが拡大しながら今日に至っている。[10]

　アジア通貨危機の後、今世紀に入って BRICs と呼ばれる中国、インド、ブラジル、ロシアの経済成長が著しい。2008 年のリーマン・ショックを契機とする世界的な経済危機に対して、これまで世界をリードしてきたといわれる G7 は機能しなくなり、先進主要国のみだけでなく BRICs などの先進諸国以外の主要国も含めた G20 に移っていかざるを得なくなってきている。世界はまた新たな段階に入っていっている。中国は資本取引の自由化に対しては強い規制を残し、海外との資金流出入が制限されていたためにアジア通貨危機を免れ、90 年代末からずっと高い成

10　同上書、186 － 187 ページ。

長率を維持してきた。また、中国は巨額の貿易黒字を記録していることからアメリカなどから人民元相場の引き上げ、弾力化が要求されている。中国の存在感が増してきたことを受けて「東アジア共同体」構想が打ち出されているが、この構想の実現には種々の困難があるとともに、その実現には日中間の協力体制が欠かせない。さらに、2010年秋になってTPP（環太平洋戦略的経済連携協定）の論議がクローズアップされてきた。アメリカ、カナダ、オーストラリア、ロシア等も含む環太平洋地域全体で関税を引き下げ、自由貿易を目指そうとする構想である。「東アジア共同体」構想と絡みながら、この協定がどのように論議されていくか注目されるところである。

〈推薦文献〉

1　牧野純夫『円・ドル・ポンド』岩波新書、1960年、第2版、1969年
　　古い新書であるが1930年代のブロック経済からブレトンウッズ会議におけるIMF合意までの経緯が知れる。60年版と69年版とがあり、30年代については旧版が詳しい

2　石田修・板木雅彦・櫻井公人・中本悟編『現代世界経済をとらえるVer5』東洋経済新報社、2010年、とくに第1章、第3章、第4章。
　　現代世界経済の各分野をまんべんなく把握するのに便利なテキストである。現在、第5版まで出版されているが、第5版だけでなくこれまでの旧版（編者は異なる）においても参考になる章が多い。それらも参照されたい。

3　井上博・磯谷玲『アメリカ経済の新展開』同文舘出版、2008年
　　アメリカ経済の現状が全般にわたって把握できるだろう。アメリカ経済に関心がある学生諸君には一読を薦めたい。

4　奥田宏司・神澤正典編『現代国際金融　第2版』法律文化社、2010年
　　後半に2007年のサブプライム・ローン問題の顕在化以降のアメリカ発金融危機、そのヨーロッパ、全世界への波及、今後の基軸通貨ドルの行方が記述されている。

5　相沢幸悦『ユーロは世界を変える』平凡社新書、1999年
　　やや古くなってきているが、ユーロ登場に至る過程がわかりやすく述べられており、ユーロに関する入門書として薦めたい。

6　上川孝夫・李曉編『世界金融危機──日中の対話』春風社、2010年
　　日中の専門家により、世界金融危機との関連で円、人民元、アジア通貨協力について対話のように論じられている。

用語解説

ワシントン・コンセンサス

　ワシントンに本拠を持つアメリカ政府、IMF、世界銀行が共通してもっている途上国に対する経済諸政策の基本合意のことである。新古典派の経済理論を基礎にしており、途上国における適切なマクロ経済政策の実施と貿易と資本の自由化を求める。IMF、世界銀行はその融資の際、融資条件（コンディショナリティ）としてそれらを課す場合が多い。しかし、緊縮的な財政・金融政策を伴うことから、融資を受ける途上国側からは反発が強いことも事実である。

エマージング市場

　1990年代に途上国の民間部門に向かって先進国の民間資金が大量に流れ込んでいったが、このような事態を指してエマージング市場の登場と言われることが多い。IMFなどでは全途上国、市場移行諸国に香港、中国、イスラエル、韓国、台湾を加えた諸国の市場をエマージング市場といっているが、大量の資金が流れ込んでいるのは香港、中国、イスラエル、韓国、台湾と途上国の中の10数カ国であり、中国を除くそれらの諸国の市場をエマージング市場と呼ぶのが適当であろう。これらの諸国では中国を除いて、1980年代末から世銀などの国際機関の「圧力」もあって「金融自由化」が進み、これが資本の流入・流出を促進し、アジア通貨危機などの新たな途上国危機を生み出す1つの大きな要因になっている。

第3章 「文化」とは何だろう

原　毅彦

─〈本章のねらい〉─

　本章では、私たちにとって最も身近にあるのに、意外と気がつかない「文化」について考えます。まず最初に「文化」という言い方自体がそんなに古くないということを学びます。以前は「慣習」や「生活の仕方」などと言っていました。ある時代にある地域で生まれ育まれる言い方、考え方です。そういう意味で「文化」ということば自体が特定の文化を背景にしているとも言えます。ことばを考えることは、その背後にある文化を考えることです。みなさんも英語やフランス語を習うことでその文化に触れているのですよ。もちろんあまり普段は考えない日本語についても考えなければ、日本の文化は見えません。次いで、この言い方、考え方を育んできた特定の地域、時代に目を向けましょう。ヨーロッパ史のおさらいです。ギリシャ古典の時代から、キリスト教が支配する中世、さらにはルネサンス、大航海時代、啓蒙時代とつづきます。その後の19世紀は「文化」という日本語が発明された明治時代ですね。「我々」とは異なる「彼ら」との出会いから、それぞれの時代に、どのような「文化」の観方が生まれたのかを順次見ていきましょう。国際化の時代、空間の中の異文化は考えやすいのですが、異文化は時間の中にもあります。歴史から学ぶとは、こうした時間の中の異文化と接して、そこから多様な考え方を学ぶことでもあるのです。だからこそ、地域とともに歴史への好奇心も大切なのです。文体はあえて他の章と違えました。より身近に感じてね！

1 ことばと文化

1 「文化」ということば

　「文化」って何だろう？　答えるのがむずかしいね。「ことば」も「宗教」も「文化」に含まれそうだね。「日本の文化」や「ロマの文化」（ローマじゃないよ！ロマって何だ？）と言うこともあるね。さしあたって、ここでいう「日本」は「国家」をさす場合もあるだろうし、「民族」（や「社会」）をさす場合もありそうだね。2つが必ずしも重ならないのは言うまでもない。じゃないと「多民族（社会）国家」なんていうことばの意味がなくなるよな。複数の国家にまたがって居住する「民族」もいる。「国家」と「社会」を混同してはいけないとは18世紀のトマス・ペインのことばだよ、「常識」！かな。「ロマ」の方は「民族」かな？　じゃあ、「民族」って何だ？　ことばは使えても、その意味を知っているとは限らないんだね。ひとたび意味に思いをめぐらすと、意外と知らない自分に気がついて不安になるよ。だから勉強するんだ！答えを急いじゃいけないよ。

　それでは「文化」の方はどうかな？　またまた難題だね。何となくわかっているようで、よく考えるとこれも常識にならないなあ。どうしてだろう？　実はあとで言うように、「文化」ってことばは明治時代の借り物なんだよ。自分の考えじゃない「文化」の意味がわからないのは仕方ないかな。どこから借りたのかって？　ヨーロッパからさ。明治時代に日本になかった考え、概念をヨーロッパから借りてきて、翻訳したんだよ。「文化」や「自然」、「社会」や「個人」、「権利」や「自由」、みーんな翻訳語なんだよ。今だって英語をそのままカタカナにした借り物がたくさんあるよね。漢字も大昔の借り物だって知ってるよね（どこからだ？）。漢字から仮名が生まれたのは常識？　かつては文字を持っていなかった日本、cha cha cha！日本の文化には漢字やら、英語やらいろんな借り物があるんだよ。

英語で「文化」を何ていうか知っているね。はい、君、答えて！そう、cultureだな。でも、ぼくたちが今日使っているような意味（たとえば「日本の文化」といった具合）になったのは19世紀、どんなにさかのぼっても18世紀後半なんだよ。時代が違えば同じことばの意味が、変わるのは知っているね。だから古語辞典が必要になる。意味が変わるばかりか、消えたり、生まれたりすることばもあるよ。レイモンド・ウィリアムズが『キイワード辞典』[1]で書いているように、cultureはラテン語のcultura（スペイン語にそっくりだね、何故だ？）に由来する単語なんだ。多くの英語単語がラテン語に由来するんだよ。語源は、住む、耕作する、守る、尊敬するなどの意味を持つ、ラテン語のcolereさ。「住む」はラテン語colonusを経て、colony（植民地）に、「尊敬する」はラテン語cultusを経て、cult（崇拝）になったんだ。この中で「耕作する」の系統が、大地の手入れのみならず穀物や動物の手入れ（世話）にかかわる語になる。なぜ農業を意味する英語がcultureと関わったのかわかったかな？口をあんぐり？他にもhorticultureやapicultureなんてcultureがあるよ、意味を調べてね！いつでも耕やすとは限らないよ！api（アビスパのアピだ、痛い！）は耕せない、養うもんだからね。16世紀初期には動植物から人間に範囲が拡大、人間の成長に関わる語になり、18世紀後期から19世紀初期には「心を耕す」という意味でも使われたんだよ。自分の畑を耕そう！

　19世紀には今日cultureとして使われるところにcivilityの語が見出され、フランスでは18世紀中葉から「洗練されたもの」を表す語として使われ、一方でcivilization（「文明」）の語も同じ頃に出てきたんだ。ドイツでは18世紀初頭にフランス語から借用されたculturが、19世紀後期からkulturと綴られ「文明」の同義語として、第一に「開化」「洗練」の過程、第二に人間の成長の過程の意味で使われた。1900年ごろまでにはcultureが精神的、civilizationが物質的という区別もなされているん

---

[1]　レイモンド・ウィリアムズ『キイワード辞典』（岡崎康一訳）晶文社、1980年、104－112ページ。原著は1976年刊。

だよ。こうした変遷を経て「文化」とは「(1) 知的、精神的、美的発展の一般的過程を表す独立した抽象名詞で、18世紀からみられるもの、(2) 独立した名詞で一般的に使われても、特殊な意味に使われても、ある国民や時代や集団の特定の生活様式を示し、ヘルダーおよび19世紀からみられるもの。(中略)(3) 知的、そしてとくに芸術活動の作品や実践を表す独立した抽象名詞」の3つに大別された意味になったとレイモンド・ウィリアムズは書いているね。ぼくたちがよく使うのは (2) の意味かな。この意味は1871年に出版されたエドワード・タイラーの著『原始文化』に始まるんだ。そこには「文化または文明とは、知識・信仰・芸術・法律・その他、社会の成員としての人間によって獲得された、あらゆる能力や習慣を含む複合的全体である」と書かれている。(3) は (1) から派生した新しい用法。(1) と (2) の大きな違いは発展過程を強調するか否かだね。ここに18、19世紀に大流行した社会（文化）の進化・発展図式の影響を見ることは簡単だけど、あとで考えよう。進んだ文化と遅れた文化、あるいは優れた文化と劣った文化、それに対して「文化相対主義」という考え方もあるね。悩みなさい！ぼくたちは長い歴史の上に立っているんだから、いろんな考え方が重なっているんだよ。もっともそれはヨーロッパの歴史なんだけどね。

　こんなこと、全然知らなかっただろう？　知っていたらごめんね。それじゃ「文化」の反対概念知っているかい？　culture に対しているのは何だ？　nature なんだよ。「自然」さ。これも明治以降のヨーロッパ語の翻訳さ。だからちっとも2つの単語が対にならないね。文化人に対して自然人なんて聞いたことないよな。自然勲章もないだろう。環境問題が盛んに論じられる今日でも、文化の日はあっても自然の日はないし、文化住宅があっても自然住宅は聞いたことないね。まさか洞窟じゃないし。まして文化畳や文化包丁に対するものは想像を絶するね。何でも「文化」がつくと「知的」にススんだ感じかな。それじゃ、日本語に「文化」

2　レイモンド・ウィリアムズ、前掲書、109ページ。

はいつ入ってきたんだろう。

　柳父章著『文化』を見てみよう。[3] 日本最初の英語辞書（1814年）には civility「謙譲、慇懃、丁寧」の記載はあるけど culture の項はないんだよ。前に言ったようなヨーロッパの言葉の歴史からも当然だね。1867年の『英和対訳袖珍辞書』には、culture「耕作、育殖、教導修繕」と書かれているだけ。まだまだ「文化」は遠い。明治初期には「文化」はもっぱら漢語的な意味で使われていて、culture とは何の関係もない。「文」は漢籍で、その渡来を意味していたんだ。漢字いっぱい書けるようになったかな？　漢検あるぞ！ 1886年のヘボンによる『和英語林集成』には「学問、教育、風雅」、1903年の『双解英和大辞典』には「耕作、稼植、栽培、培養、攻修、琢磨、練習、教化、開化、博雅、文雅」と「文化」はまだかいな！ 1900年の初頭には「文化」は「文明」と同義に使われだし、1910年代ドイツ語の kultur が「文化」と翻訳されて大流行！これで日本も「文化国家」だ！精神的な意味での「文化」は大正時代に文化住宅や文化村、文化主義と、なんでもかんでもブンカブンカ、どんどん。俗に言う大正教養主義だね。そもそも19世紀イギリス、ビクトリア朝華やかな時代に、自国の文化が最高！と誇らしげにマシュー・アーノルドが書いた『教養と無秩序』（1869）が流行った時代だよ。この教養の原語が culture なんだ。東南アジアやアフリカの無秩序を culture に！という掛け声さ。誰だい、これが本当の強要主義なんていう奴は？　自分たちが秩序正しく、彼らは無秩序と勝手に信じていた時代。のちに植民地主義やエスノセントリズム（自民族中心主義）と批判される考え方だね。明治時代には culture の訳語に教養はなかったのが、大正になると「修養、教養」が出現、昭和に入ると culture はドイツ語の Bildung と並び「教養」となったんだよ。ここにもヨーロッパにおける19世紀の大流行テーマ、「進歩」や「成長」「発展」が見て取れるね。教養を身につけて大人になったり、民族や国家が文化の進み具合で判断される考え方だね。「文

3　柳父章『一語の辞典　文化』三省堂、1995年。

化」という考え方自体が地域と歴史のなかで生まれ、育まれ、伝えられたのが分かった？

2 ことばという文化

「文化」ということばが住居や崇拝にも関わるし、飼育や栽培とも関係しているというのは、このことばを育んだヨーロッパの文化においてだね。ことばを通じて、そこの文化を考えることができるんだよ。人類学者のレヴィ＝ストロースは少年時代にラテン語を学んだことが、文化人類学の第一歩だったと言ってるね。君たちがフランス語やスペイン語、英語やドイツ語を、中国語、朝鮮語、あるいはロシア語、アラビア語を学ぶのは、ことばの背後にある文化を学んでいることでもあるんだよ！だから辞書をよく調べて、どんな意味が並んでいるのかを見てごらん。間違っても一番最初に出てくる意味で満足しちゃいけないよ。もちろん使われている時代と場所が違えば意味も異なる。オクスフォード大英語辞典（Oxford English Dictionary）で culture を調べてごらん。何ページにもわたっているからウンザリかな。でも、いつの時代にどんな意味がどこで使われたかまでわかるよ。economy や politics を調べてもいいね。あるいは society はどうかな。「社会」なんて当たり前？　じゃないよ。18世紀になってはじめて自覚されて、人間の共同生活を社会と名付ける習慣がはじまったんだからね。

　だから辞書、辞典は場所と時代の産物なのさ。前にも言ったように、場所や時代によっては、特定のことばが記載されていない。江戸時代の「文化」のように。あるいは別の意味を載せている。辞書は引かなきゃダメだけど、引いてそれで正解、おしまいと思っちゃいけないよ。ある場所と時代の中での答えだね。語の意味ばかりか、記載される語の選択も左右されている。むろん編纂者の意図にも左右されるね（赤瀬川原平著『新解さんの謎』を見なさい！とくに「恋愛」、「動物園」の項だな）。

　さて、ことばのうしろにはどんな意味があるんだろう？　「朝ごはん食べてきたかい？」と聞かれたら、どう答える？　パン食べてきた人、

シリアル食べてきた人、コーヒーだけとか、ジュースだけとか。ごはんだからと言って、必ずしも米の飯だけを考えるわけじゃないね。昼だって、夜だってそうだね。飯には米・麦などを炊いた食べ物だけでなく、食事一般の意味もある。今はパンだってご飯だよな。ヘンだけど。ごぱん？　江戸時代にはパンはほとんどあり得ないから、ややこしくなかったんだ。米は当たり前だけど、麦や、「など」に含まれる穀類（何でしょう？）は時代とともに、当たり前じゃなくなるよな。ヒエー！今の日本語では「ご飯」によって食事を代表させる文化があるんだよ。所ちがえば意味変わる！たとえば、南アメリカのペルー・アマゾン地域に住むマチゲンガ人のことばを見てみよう。彼らの主食はキャッサバ芋（タピオカはそのデンプンだよ）、焼き畑で栽培したキャッサバ芋を蒸かして、魚や肉といっしょに食べる毎日さ。もう分かった？「ご飯」の代わりにマチゲンガ語の「キャッサバ」かな。いい線いってるよ！彼らは「キャッサバする」という動詞で一般的な「食べる」を表わすんだ。「ご飯する」みたいなものさ。

　もう1つ例をあげよう。マチゲンガ人につきあってね。夜になるとアマゾンのジャングルからも天の川が見える。そりゃきれいに見える満天の星だね。でも星とは言わない、天にある川だね、流れだね。これが日本語の文化。英語では何て言う？　フランス語やスペイン語では何て言う？　ミルクと関わっている。日本の文化では考えられない。じゃ、ミルクって何だ？　ウシ？　ヒツジ？　ヤギ？　他にもあるかな？　牧畜文化だよな。アラビア語や他の言語でも考えて見よう。せっかく習っているんだもの。マチゲンガ語では天の川を「皮を脱ぎ捨てる川」という。人は死ぬと天に昇ぼっていき、その川で現世の人間の皮を脱ぎ捨て、あらたな存在になるんだ。同じものを見ていてもずいぶんと考えが違うね。ことばを知ることはこういう風に、その言語を使う人たちの考え方を知ることなんだよ。それが彼らの文化なのさ。もっとも、こうした民族の言語も徐々に失われていってるんだよ。国語（ペルー語はない！スペイン語だよ。何故だ？）による教育によって、子供たちは徐々に自分の母語

を失っていくのが今日の彼らの状況だ。でも失われていくのは言語だけじゃないよ。いままで話してきたように、ことばのうしろにある考え方が失われるんだよ。日本語だって同じ！

　言語を学ぶと言うことは、こうした複数の考え方を身につけることなんだよ。いろいろな考え方ができる方が便利だ。同じ対象に対して違った観方ができるほうが、対処の仕方を選べるだろう。こっちがだめならあっちがあるさ。こうやって人間はいろいろな試行錯誤をしてきたんだよね。それが先人の知恵といって歴史の中の教えになる。時間の中の異文化なんだよ！空間の中の異文化は言うまでもないね。あちら（過去）の文化、こちら（現在）の文化を、ことばを通じて学ぶんだよ。文化の多様性！モノカルチュアは自滅だね！

2　文化の観方（1）

1　ギリシャ古典時代から大航海時代

　前節では、「文化」ということば自体が、ヨーロッパのある時代の考え方、観方を意味していたことがわかったね。おかげで訳も分からず、「〇〇の文化」って言えるね。じゃ、それ以前は何と言っていたのかな？まさかそれ以前には文化がなかったわけじゃないよね。「慣習」「風習」「習俗」custom、manners、coutume、moeurs や「生活の仕方」way of life ということばが使われていた。隣は何をする人ぞ？　だね。興味津々、津々浦々。どこだって、いつだって、だれだって、「我々」じゃない「彼ら」に興味を持つんだよ。マチゲンガ人だって周囲にいるピーロ人やカンパ人、シピーボ人、ヤミナワ人に興味津々（みんな「ペルー人」だけどね）。言語の違いや、食べ物の違い、衣服の違い、土器の違いで彼らのことを説明してくれる。違いを示すにも、いろんなポイントがあるんだよ。身近にもあるよな。生で食べるか火にかけたものを食べるかの違い。和服に洋服。住居の違いもあるね。こうして区別して、自分たちのやり方が

最高で、彼らのは劣っていると差別することもある。「そんなの食べ物じゃないよ！」とか、「生で食べるなんて、なんて野蛮！」という具合。何でも自分（の文化）が中心（一番）というのがエスノセントリズムだね。自分は「文化的」で彼らは野蛮なんだ。そう思っていないかな？

　なんだか変なことばを話している、と思うことないかい？　あるいはことばと捉えず、意味不明の音を発している、と思う。赤ちゃんの口から発せられる音はどうだろう。チンパンジーは意味不明の音を発している？　言語とは認めない？　みゃーみゃー、アーウー、ごちゃごちゃ、ばぶばぶ、バルバロとかね。紀元前5世紀のギリシャでもギリシャ語を話さない人々のことをバルバロイと呼んで区別したんだ。後に英語の**barbarian**となることばだよ。当時はそんな意味はない。ことばが「我々」と「彼ら」を区別する重要なポイントに選ばれたんだ。当時の歴史、地誌を書いたヘロドトス著『歴史』を見てみよう。そこには、北は黒海北岸のスキティア、東はインド、南はエジプトのナイル川上流に至るまで、なんて多くの「彼ら」が記録されていることだろう。ギリシャが植民（！）運動によって拡大していった方角だね。こうしてギリシャは、反対に東から西へ拡大してきたペルシャと一戦を交えることになったんだ。その顛末を、今のうちに聞き書きしておかなければと、現地に旅して記録したのがこの本なんだよ（紀元前5世紀に文字があってよかった！読めるもんね。しかも日本語で！）。たくさんのバルバロイが登場する。自然環境の説明から衣食住の仕方、彼らの生業、婚姻制度や死者の扱い方から宗教に至るまで、「〇〇の文化」に入るものがほとんど記録されている。もちろん肝心の戦争のやり方の項目もあるよ。「文化」とは言わずとも、何を観るかというのは意外に変わっていないんだね、2500年間もね。

　変わらない観方は他にもある。自分の知っている空間を離れれば離れるほど、「我々」には風変わりな「彼ら」の習慣が現れる。一夫多妻であったり、喰人慣習であったり、棄老であったり。もっと離れると文化とい

4　ヘロドトス『歴史』（松平千秋訳）、岩波書店、1971年。

うより生物、自然のレベルでの違いも現れる。女性だけの社会（アマゾンだよ！）とか、大足人（パタゴンpatagon）とか無頭人やら犬頭人。こうなってくると、もう人間なのかどうなのか分からない。何が人間と非人間を分けるのかな？　生物学かな？　でもこれも時代によって変化するね。ちんぱんじんって言っている霊長類学者もいるよ。もっと遠く、世界の果てにはもはや人間じゃない、怪物がすんでいる。巨大なアリやら怪鳥グリフォンやら。そして怪物に守られた溢れるばかりの黄金。スキティアにもインドにもありあまる黄金、さもなくば黄金にも勝るとも劣らぬ、ふんだんな香料。香り高いナイルの上流。13〜14世紀、さらに東の果て、極東に黄金の国ジパングを描いたのは誰だったかな？知らぬ場所には何でもあり、というより、驚異のイメージが押しつけられるのは、ちっとも変わらない「彼ら」の観方なんだよ（サイードの『オリエンタリズム』を読んでごらん）。

　時代によって世界の果てがどこかは変化するね。人間の活動範囲が広がるからね。大航海時代の到来でアフリカの沿岸が探検される。海路、南へ南へ。果てに期待される黄金に香料。喜望峰を越えてインド洋へ。東へ東へ、ヘロドトスと同じ方角。当時も「東方の驚異」が期待されていた。「我々」にはない奇習や、怪人、怪物の驚異。加えて、ペルシャの頭を越えて、黄金と香料を獲得したい！何と遠回り、西回りならもっと近い？という考えがコロンブスの卵となったのは知ってるね。誰も行ったことのない西への旅、ヘロドトスの時代から、西はすぐに果てる。ギリシャ（地中海）世界もヨーロッパも西のはじっこ、太陽の沈むところにあると考えていたんだ。だからオクシデントなんだよ（日いづるところにあったのはどこの国かな？）。こうして反対回りでインドに到着した、と思ったんだ。インドが期待されたんだよ。だからそこに住む人々は、当然インド人（インディアン、インディオ）なのさ。びっくり！今でも西インド諸島があるだろう。当然東インドもあるね。スペイン語でインディアスと言ったら新大陸のことだよ。ここが果てのフロンティア！今でもアマゾン、パタゴニアがあるだろう。大耳（オレホン）人もいた

よ。勝手にそう名付けたんだ。北米には黒脚（ブラック・フット）インディアン、太腹（グロ・ヴァントル）インディアンもいたね。黄金も期待された。今でも黄金郷（エルドラド）のイメージが生きてるね。失われたエルドラドを求めて探検はつづいているよ。期待違わず、トウガラシが発見されてよかったね。

　身体的な異なり、生物的な違いばかりじゃない。慣習も驚異の的だね。食生活を例に取ろう。身近にあるだろう。先ず材料。肉食か草食か？ 肉だって哺乳類か、鳥類か、魚類かで区別があるかも知れない。菜食主義とは言っても、鳥や魚は肉の類に入らないとか。あるいは哺乳類でも、ウシ、ブタの区別。肉の種類の違いもポイントだよ。ウマを食べると言ったら驚く？　シカはどうだい。自分にとって珍奇だからと言って、バカにしていないかい？ ネズミならどう（アンデスのケチュア人なら大好物のモルモット）？　ウサギおいしかの山？　カエル跳びしかの川。ウナギはいかが。カメノテ、ナマコ……。そうだ、クジラを忘れてはいけないね。野蛮な風習？　材料の部位がポイントになる場合もあるね。内蔵やら卵やら。各自考えてみよう。前にも言ったように、生か火にかけるかの料理法だって重要な分かれ目だね。「我々」が誰かによって食習慣、食文化が変わるのは当たり前。

　こうした食材のなかで最もあり得ないものは何だろう。人肉だな。人は人を食べない！と信じている（本当かな？ 人には肉のほかに、骨もあるし、血液をはじめとする体液もあるよ）。「我々」からもっとも遠い慣習。こうして最果ての奇習に「人喰い（カニバリズム）」が期待され続けている。今でもね。アフリカや東南アジア、アマゾンにさ。世界の果ては健在なんだ。16世紀、ブラジル先住民の捕虜となったドイツ人、ハンス・シュターデンの『蛮界抑留記』には、おどろおどろしい喰人を描いた木版画まで載っているよ。そもそも、人喰いを意味するcannibal、その習慣cannibalismという単語は、コロンブスたちが上陸した新大陸の先住民の名前に由来するんだ。今でも西インド諸島のある地域はカリブ海域と呼ばれているね。海賊の活躍舞台だな！ Caribがcanibとなり、見ても

いない彼らの習慣を、勝手に意味として押しつけたんだよ。つまりカリブ人を人喰いと決めつけたんだね。期待される（歪められる）人間像だ！ヨーロッパでは大流行。17世紀初頭、シェークスピアの『テンペスト』にも caliban が登場するね。読んでごらん。もっとも本物のカリブ人は、この地域からあっという間に姿を消していったけどね。どうしてかしら？　誰かに喰われた？

2　ルネサンス

　ルネサンスって知ってるね。どういう意味かな。いつも意味を考えるんだよ。ことばを知っていても意味知らずじゃだめだよ。Re＝再び、naissance＝誕生だね（フランス語学んでいる君は知ってるね）。日本語では文芸復興とかいう。これだってことばだけじゃいけない。文芸ってなんだ？　復興というのは再び興ったんだから、それまではどうしてたんだ？　辞書には「14世紀から16世紀にかけてヨーロッパ全体に広がった学問・芸術・文化上の革新運動。人間性の尊重、個性の解放をめざす一方、ギリシャ・ローマの古典文化の復興を唱えた」（『新明解国語辞典第4版』新解さんです）とあるね。やはり復興が分からん！

　世界史のおさらいをすれば、ヨーロッパの歴史はギリシャにはじまって、アリストテレスやプラトン、ヒポクラテス、ヘロドトスを生むんだね（他にもたくさんいるよ）。でも紀元前だよ。B.C の意味知ってるよな。Before Christ。西暦って言うのはキリスト教の暦の考え方なんだよ。信じてますか？　紀元前は当然キリスト教の世界じゃない。ヘロドトスの時代、「我々」はことば（ギリシャ語）が共通の人々だったんだ。バロバロ言わない人々さ。こうしてことばの代わりに宗教(キリスト教)が「我々」と「彼ら」を区別する指標となっていく。キリスト者の世界の拡大だね。ペルシャの代わりに、異教(イスラム)の世界が「彼ら」となる。でも「我々」のルーツ、ギリシャの世界も異教の「彼ら」だったんだ。混乱するね。あらゆる学問がキリスト教の神学によって支えられていた時代。ことばで言えばラテン語だね。この時代になって、異教のギリシャ古典を再生

させようとする動きが起こった。ギリシャ語の原典に戻ろう！翻訳じゃなくってさ。そこで原典の発掘が行われる。大切に原典を保存していたのがイスラム世界だったり。キリスト教じゃなくても、ラテン語じゃなくても「人間」なら！ユマニスム（人文主義）の時代だね。外では空間の中に新たな世界（彼ら）が「発見」される、内では時間の中に新たな自分（我々）が姿をあらわしたんだ。1492年にはスペイン語が、1539年にはフランス語がラテン語以外にも「言語」として声を上げる。一方で「言語」の多様性の発見でもあるけれど、他方で言語は「帝国の伴侶」（ネブリハ）なんていう国語思想もここから生まれ、国家と言語が重ね合わされる。カタローニャ語はどうした？　ブルトン語はどうした？　標準語ってなんだ？　言語帝国主義へまっしぐらかな。

　食人種について、1580年にフランスのモンテーニュはこう書いている。「新大陸の民族について私が聞いたところでは、その民族のうちには野蛮なもの未開なものは何もないように思う。ただし、各人が自分の習慣にないことを野蛮と呼ぶならば、話は別である。事実、われわれは自分の住んでいる国の意見や習慣を実例として理想とするほかには、真理と理性の照準もたないように思われる。新大陸にも、やはり、完全な宗教があり、完全な政治があり、すべてのことについて完成された習慣がある」（『随想録』第一巻三十一章）[5]。1588年にスペインの無敵艦隊がイギリスの海軍に敗れると、新大陸の富（金、銀だよ）を背景に政治・経済的な覇権を誇っていたスペインの力は下降線。富はスペイン以外の海賊、海軍によって横取りされ、カトリックはプロテスタントに抵抗される。スペインからフランスやイギリスへ、ヨーロッパの中心が移動する。そして、これらの国々のヨーロッパでの戦いは新大陸にも持ち込まれたんだ。日本に最初に来たスペイン人、ポルトガル人、ついで出島のオランダ人、幕府と薩・長の戦いにフランスとイギリスが関わるのを思い出

---

[5]　モンテーニュ『随想録（エセー）上』（松浪信三郎訳）、河出書房新社、1974年、178ページ。

してみよう。あるいは北米での両国の戦いだな。ブラジルでもスペインとフランスの代理戦争。あっちの民族とフランスが、こっちの民族とスペインが同盟関係。あっちの民族の駐仏大使もいたんだよ。モンテーニュはそんな同盟者の「王様」と呼ばれる一人と、フランス（ルーアン）で通訳を交えて長い時間話したんだ。先住民社会を誤解してないか？「野蛮人」、「未開人」と思ってないか？「我々」は開けているけど、ってね。暗黒大陸はどこのこと？　アフリカにも新大陸にも東南アジアにも琉球にも王様はいたんだよ。ヨーロッパだけじゃない。

　ここに書かれているのは、今日、文化相対主義と呼ばれる考え方だね。キリスト教のみが完全な宗教であり、他は迷信やら、偶像崇拝として宗教とは呼ばれない時代（大文字のGodだよ）、ヨーロッパの政治だけが完全な政治だと信じられていた時代さ。ちょっと前に、スペインではインディアスの先住民がカトリックにふさわしい魂を持つか否かを議論したばかり（ラス・カサス師によるヴァリャドリ論戦）、奴隷として動物のように使役しても問題ないと考える人が圧倒的に多かった時代だよ。「人間」と認めるどころか、彼らの野蛮ささえ否定する先見の明！これでは「インディアスにおける破壊」（ラス・カサスの報告書の書名）はできないね！生物としての人間の破壊はもちろんのこと、魂の破壊、つまり彼らの文化の破壊さえ否定される。モンテーニュは身の回りにいる、「我々」が引き起こしたカトリックとプロテスタントの争い、宗教的不寛容の結果が起こした野蛮さを指摘しているんだ。宗教裁判や異端審問の嵐が吹き荒れ、残虐な拷問や火あぶりの刑が行われた時代だ。我々が一番優れているとは考えにくいね。新大陸の先住民（彼ら）との出会いは、「人間」や「宗教（キリスト教）」とは何かを考えさせる大きなきっかけとなったんだ。今まで疑問を感じたり、考える対象にさえならなかったものが、そうでなくなる。他人（ひと）のふり見て、我がふりなおせ、だね。「我々」とはどんな顔をしているんだろう？　鏡よ鏡、教えておくれ！この出会いはイギリスのトマス・モアに『ユートピア』（1515～16）を書かせる。当時のイングランド社会の悪を映し出す鏡としての「ユートピア」。

モンテーニュの英訳（1603年）者ジョン・フロリオがシェークスピアの友人であったのも偶然じゃないよ。あちらの世界、「彼ら」からの批判、指摘は啓蒙時代になると「書簡体文学」として大流行するんだ。

3　文化の観方（2）

1　啓蒙時代から近代へ

　また世界史の復習だよ。このくらいは知っておいてね。啓蒙時代って何かな？　蒙を啓く、読めるかな？　暗いところを開いて明るくすることだね、これって翻訳語だからわかりにくい。英語（Enlightenment）、ドイツ語（Aufklärung）では明るくすることだね。フランス語 Siècle des lumières やスペイン語 Siglo de las Luces でも「光の世紀」だよ。じゃ、何で暗かったんだ。何が光なんだ。もちろんニュートン（1642〜1727）による「光学」は重要だね。詩人ポウプが言うように「自然と自然の法則は、夜の闇に隠されていた。/ 神は言い給うた、「ニュートン」あれと。/ そしてすべては明るくなった」、近代科学の始まり始まり。神の代わりのニュートンさ。俗に言う宗教から科学かな。ススんでるかい？　だとすれば「宗教」（キリスト教）の代わりに何が「我々」のよりどころかな？　そこで「理性」が登場する。「理性」をかなぐりすてると、ケダモノだね。今でも使うよね。意味も分からずにね。でもリーズナブル？

　合理的？　フランス語やスペイン語の表現で「正しい」？　ご多分に漏れず翻訳語だから意味はヨーロッパに置き忘れかな。啓蒙時代というのは、「理性」の光が暗い所を明るくする時代なんだよ。ここでも光源から遠いところはなかなか明るくならない？　つい最近まで先住民のことを「理性なしの人 gente sin razón」と呼んでるからね。どちらが暗い

6　黒沼ユリ子『メキシコからの手紙──インディヘナのなかで考えたこと──』岩波書店、1980年、43-60ページに詳しい。

のかな？ 理性的/感情的で性的な区別を語るときだってあるよね。「理性」が「我々」と「彼ら」の区別のポイントになって、優越感をかきたてるんだ。冗談じゃない！

「さて、お前、お前に服従する強盗どもの親分よ、早速だがお前の船をわしらの海辺から遠ざけてもらいたい。わしらは無邪気で、仕合わせに暮らしておるのに、お前はわしらの仕合わせをそこなう以外に能はないのじゃから。わしらは自然がめぐんでくれる純粋な本能に従って生きておるのに、お前はその本能の特性をわしらの心のなかからもみ消そうとかかった。この土地では何によらず萬人の共有であるのに、お前は「俺のもの」「お前のもの」という訳のわからない区別をわしらに説いた。（中略）お前はタヒチ人という奴は自分の自由を守って死ぬすべを知らないとでも思っておるのか？お前はタヒチ人を畜生扱いしてふん縛ろうと望んでおるが、このタヒチ人とてお前の兄弟じゃ。お前もタヒチ人も、自然が生んだ二人の子供なのじゃ。こちらはお前に対して何の権利もあるはずもないのに、お前はこちらに対して一体何の権利があるというのか？（中略）わしらの風習に構い立てしなさるな。お前の風習よりずっと賢くてまっとうなものじゃから。わしらはお前が無学と呼んでおるものを、お前の無用な知識などと交換したくないのじゃ。わしらはわしらに必要で役立つものをちゃんと所有しておる」[7]。

大航海時代にヨーロッパの船が近づいたのはアフリカや新大陸だったね。結果、沢山の先住民が突然奴隷にされ、心どころか、身体まで消されていったのは知っているね。18世紀後半は太平洋の島々、オーストラリア、ニュージーランドで同じことが起こったんだよ。1788年、タスマニア島民絶滅！太平洋狂の時代さ。イギリスのクック（1768〜79年の間）、フランスのブーガンヴィル（1766〜69年に世界一周航海、途次68年タヒチ島到着）らが二昔前と同じように、それぞれの国を背景に

7　ディドロ『ブーガンヴィル航海記補遺他一篇』（浜田泰佑訳）岩波書店、1953年、33－35ページ。

した領土獲得の探検を行った。71年にブーガンヴィルの『世界周航記』が発表されると、ディドロの発言がつづく。彼自身はタヒチ島に行ったこともなければ、彼らと話したこともなかった。トマス・モアのユートピアと同じように、あちらの世界が設定され、「彼ら」に仮託して、「我々」を批判する。

　このスタイルが大流行したんだ。書簡体の文学さ。ある時は『ペルシャ人の手紙』(1721年、モンテスキュー)であったり、北米のイロクオ人やらチェロキー人からの手紙、南米のインカ人からの手紙も届く。これらはすべて「彼ら」に仮託した手紙であって、決して「彼ら」自身のことばではないのが特徴なんだよ。いずれも「我々」の行っていることの方に非があるとしているんだ。「我々」が優越していて、「彼ら」こそ劣っている、野蛮人、未開人というのが当たり前だった時代から、まったく逆の観方が現れたんだよ。善良なのは彼らであって「我々」ではない、彼らの方が高貴なんだという考え方だね。フランスやイギリスでは善良な未開人 bon sauvage、高貴な未開人 noble savage が大流行。太平洋の島々から先住民がヨーロッパに連れてこられ、大歓迎(?)を受けたんだ。タトゥ(tatoo)なんて彼らのことばも輸入された。空間的な遠さゆえの歓迎！高貴で、善良で、無垢で、純粋な人々。アフリカの人ってなんて人間的！田舎の人ってなんて無垢！そう思ったことない？　文化の反対の自然賛美。「自然人」万歳！ナチュラルだよ。「自然に帰れ」と考えたルソーって習わなかった？　これらはステレオタイプ化した観方なんだ。「彼ら」と直接話しをしたり、「彼ら」を観察した結果の判断じゃないんだよ。実際に現地で「彼ら」と接触した人々は個別にもっと別の考えを持っていたからね。もちろんディドロの意図はタヒチ人について語ることより、タヒチ人に対してフランス人が行っていることの正当性を問うことだった。レナル師と共にディドロが書いた『両インド史』に、その反植民地主義の考え方が展開されている。またまた西と東のインドだよ。意図はどうあれ、多くの「未開人」に目が向けられ、仮想であれ、何も語らなかった「彼ら」が口を開く。「彼ら」に語らせたかったのは、

今まで誰も疑わずにきた常識を疑い、曇っていた目を開くためだったんだよ。

　でも「彼ら」は遠くにばかりいたわけじゃない。空間的に、すぐそばにもいたんだ。ディドロによって『聾唖者書簡』や『盲人書簡』さえ書かれるのだから。遠さというのは単に物理的な遠さだけではないね。隣にいても目を向けないことがあるね。気がつかないんだよ。あるいは知っていると思っている。あるいは劣っているとか、かわいそうな存在と決めつける。「我々」と同じようにしてあげよう、とかね。それは相手の理解とはほど遠い姿勢だね。「聾唖者」にとっての音楽や、「盲人」にとっての美術を考えたことあるかい。「彼ら」の声を聴いてみよう！最近になってやっと、固有言語を持つ「ろう文化」という考え方が知られてきたよね（雑誌『現代思想』で特集があったよ）。カタローニャ人が自分たちの言語と文化を主張するのと同じように、ろうの人たちも自分たちの言語と文化を主張して、母語でない言語の強制に反対しているんだよ。植民地にはなりたくない！実際カタローニャでは２つの運動が関連している。ディドロの主張はずいぶん早かったね。

　高貴な野蛮人の時間（歴史）版もあるよ。時間（歴史）の中の「彼ら」にも同じ事が言われる。紀元前からある考え方だ。過去に栄光がある。黄金時代って言うだろう。時代が下るにつれて銀やら青銅に、やがてはメッキもはげて、ただの鉄屑。つまり堕落、退化論だね。昔はよかったなっていう考え方さ。古代人が優れているか、近代人が優れているかの論争も 17 世紀後半から 18 世紀に盛んに行われたんだ。いまでもあるだろう。昔が優れているか、今が優れているかの争い。『ガリヴァー旅行記』のスウィフトがこの論争を風刺しているよ（『書物合戦』）。

　『ペルシャ人の手紙』の英訳がロンドンで出版され（1722 年）、ほどなく『ガリヴァー旅行記』が公刊される（1726 年）。これまた架空のリリパット国（インド洋の島、スマトラの南西）やらブロブディンナグ国（北米、アラスカの近く）の登場さ。それぞれ小人国と巨人国なんだよ。「巨人と小人について考えておけば、残りの人々を考えるのは楽だ」というサミュ

エル・ジョンソンのことばもあるように、さまざま観方、考え方の例示。文化相対主義がここでも示される。背の高い人と、低い人は見ているものが違うだろう？どっちが正しい、優れているか、なんて馬鹿げた論争だね。もっとも 1755 年のジョンソンの辞書には「文化 culture」はまだ「耕作（cultivation）行為；大地を耕す（tilling the ground）活動；耕作（tillage）」だけどね。それより一年前、フランスではヴォルテールが「習慣の支配する領域は自然の支配する領域よりもはるかに広大である。その支配は風俗やあらゆるしきたりに及ぶ。その支配は世界の舞台に多様性を繰り広げ、自然は統一性を繰り広げる。自然はいたるところで少数の普遍の原理を確立する。そのように根本はいたるところで同一であり、文化は多様な果実を生み出す」[8]とその『習俗論』の中に書いている。

　多様な文化に目を向け、文化相対主義を唱えるのみならず、さらには「彼ら」の高貴さ、善良さを謳う 18 世紀。サロンでお茶の話題にするならそれで済むけど、実際、北米の植民地では、相変わらず、虐殺や拷問、時には喰人行為までが報告されていたんだ。こうした両極端をなんとか統一する考えが工夫される。自然で、純粋だけど、作法を知らず無秩序、まるで子供の世界かな？　教育による文化、ルソーも『エミール』で教えているね。1710 年代モントリオールの近くへ布教に赴いたイエズス会士ラフィトーも彼らをヨーロッパの古典古代と比較しているね。こうしてインディアンを人類の子供時代、初期の発展時代と考える方法が発明されたんだよ。ジョン・ロックが言うように、原始時代、世界中がアメリカだったってことさ。18 世紀後半、スコットランド啓蒙主義と呼ばれる人々のあいだでこの発展段階説は大流行する。社会は狩猟、牧畜、農業、商業に対応する 4 つの段階を時と共に経て発展していく、という考えさ。アダム・スミスもその一人。『国富論』だよ。当然狩猟をしている社会より牧畜民族、それより発展しているのが農業民族、一番発展

8　シュローバハ「ヴォルテールから得られる教訓」中川久定、シュローバハ共編『18 世紀における他者のイメージ』所収。河合文化教育研究所、2006 年、29 ページ。

しているのが商業社会となるね。なんて「我々」の考え方に近いんだ！スミスがよりどころにしたさまざまな民族の資料、その使い方に対しては今日きびしい批判があるけどね。こうした社会の発展図式は、19世紀になると生物の進化論と重ね合わされて「科学」となるんだね。不思議不思議！

19世紀は「進化論」の世紀と言われているんだ。いまだにつづいているかな。永遠の発展！成長！現代人こそススんでいる？現代もいずれ古代だけどね。ヨーロッパやアメリカ経由のスコットランド啓蒙主義ににどっぷり浸かった福沢諭吉が「文明開化（civilization and enlightenment）」という翻訳語を発明して、「半開」の日本を文明国に発展させようと述べたのはこういった時代なんだよ。自分の過去を鏡に映してみよう！

〈推薦文献〉

1 『柳田国男全集』全32巻、筑摩文庫
　身近な日本の文化に関わることを、時間的にも空間的にもあますところなく論じている。とくに「ことば」との関わりに注目。
2 エヴァンス・プリチャード（向井元子訳）『ヌアー族の宗教』岩波書店、1982年
　異なる文化（宗教）をいかに、自分の文化に翻訳して、説明するかの素晴らしい見本。
3 マージョリー・H・ニコルソン（小黒和子訳）『暗い山と栄光の山』国書刊行会、1989年
　ヨーロッパの文化が育んだ、特定の「観念」（「山」とか「月世界」とか。『月世界への旅』国書刊行会、1986年）の歴史的変化を探る名著。
4 ルイス・ハンケ（行方昭夫訳）『アリストテレスとアメリカ・インディアン』岩波新書、1974年
　新たな存在（人間）と出会ったとき、どのような問題が起こるのかについての詳細な事例研究。本文56ページのヴァリャドリ論戦に詳しい。
5 スティーヴン・J・グールド（鈴木善次・森脇靖子訳）『人間の測りまちがい』河出書房出版社、1989年
　人間（文化）を、数量的に差異化し、意味づけてきたことの意味を探る名著。脳の重さや、頭蓋骨のかたち、IQのことだよ。

第4章　戦争と平和から見た国際関係

佐藤　　誠（1節）
西村　智朗（2節）

───〈本章のねらい〉───

　領土や資源をめぐる国家と国家の暴力的対立——こうした伝統的戦争観は無差別テロなどで変わりつつある。だが、戦争の多くはいぜん国家をめぐる争いであり、過去の戦争についての考察を学ぶことは、平和な国際社会を築く第一歩となる。たとえば正戦論がある。なぜ正しい戦争があるという考え方が生まれ、それが何をもたらしたのか。他方で、一切の戦争と暴力を認めないパシフィズムも古代から受け継がれ、ガンディーやキングによって現実を動かす力となった。これをどう考えるか。グローバル化された時代のわれわれは、地球のいかなる所で生じたものであれ、すべての戦争と暴力と向き合わねばならない。

　二回の世界大戦を経て、人類はようやく「戦争＝違法行為」というルールを手に入れた。これは単に戦争に対する国際社会のルールの1つが変更したというだけでなく、国際社会の法的基盤を大きく転換させるきっかけとなった。しかしながら、冷戦構造崩壊後も、民族紛争や大規模テロなど、世界は多くの武力紛争に悩まされている。したがって、「戦争は違法」であるにもかかわらず、なお「戦争のためのルール」も必要なのである。本章では、戦争に対する考え方の変遷やその影響について具体的な事例とともに検討する。

1 戦争と平和

1 平和とは何か

　平和とは何か。辞書をひもといてみると「戦争がなくて世が安穏であること」（例として、世界の平和）「おだやかで変わりのないこと」（例として、平和な心）と出てくる（『広辞苑』第五版）。人間の心の平安さも「平和」の意味に含まれるわけである。ここでは一般に理解されている意味の「平和」、つまり戦争がないこと、として考察を進めていくことにしよう。では、戦争とは何か。戦争は人間の行う暴力行為である。個人間の決闘やマフィアの抗争を戦争とは呼ばない。猪口邦子は、当事者の一方または双方が国家である点に、人間社会における暴力一般から戦争を区別する決定的な違いがあるという。「戦争とは実に、国家の、国家による、国家のための武力対立を特徴とする暴力の発現形態である」[1]。

　猪口の定義にも2つ考えるべき点がある。1つは戦争の起源にかかわっている。戦争は人類の誕生とともに生まれたわけではない。日本列島においても広く世界を見渡してみても、戦争は（一部の採取民を除き）農耕社会の誕生とともに生まれたという点において、考古学者の見方は一致する。農耕の始まりが戦争の始まりとなった理由については2つの見方がある。1つは、農耕生産によって食糧に余裕、すなわち富が生まれ、富をめぐって人々は争うようになったという説。もう1つは、農耕によって栄養価が高い穀物の摂取と定住が可能になり人口が飛躍的に増えた結果、増えた人口を養うためさらなる生産増大をしようと限られた生産資源（土地や水）を求めて争うようになった、という説である[2]。いずれにせよ、農耕の開始が反面では戦争をもたらした。農耕と定住を始めた人々は、こうして生産拡大と戦争を通じて集団を大きくしていき、国家がつくられていった。最初から国家が厳然として存在し、国家と国家が戦争

1　猪口邦子『戦争と平和』東京大学出版会、1989、p.8。
2　松木武彦『人はなぜ戦うのか』講談社、2001。

したというわけではない。

　猪口説でもう1つ考えるべき点は、現代の戦争の性格に関係している。冷戦後の戦争の特徴として、国家と国家の戦争がまれになり、国家領域内での戦争、内戦が主流となってきたことは広く認められている。その主体も国家だけではなく反政府勢力、軍閥、鉱物資源や麻薬を支配しようとする武装集団など、一言で言い表せないほど複雑化してきている。猪口は、内戦ですら「政権奪取を狙う諸集団が互いに競い合いながら公権力と対峙する」点に、国家を戦争の中心軸とする根拠を求めている。だが、いまや戦争を行う主体すべてが国家権力奪取を目標としているとは言い切れないかもしれない。

　以上のような条件つきながら、猪口の定義は戦争を考察する現実的な出発点となる。非国家的主体（アクター）が増えているといっても、戦争の担い手が多くの場合、国家ないしは国家権力の奪取を目論む勢力であることに変わりはない。大量破壊兵器とくに核兵器を保有しているのも国家である。また戦争を終わらせて平和をもたらすうえで国際社会が大きな役割を果たすが、国際社会の行為主体としてなお国家は中心的な役割を果たす。

　なお、テロリズム（テロ）とは、直接的な暴力あるいはその脅威に訴えることで何らかの政治的・社会的目的を達成しようとする行為をいう。政治指導者を狙った暗殺は古代から存在してきたが、現代のテロは、多数の一般市民を無差別に巻き込む(時には標的にする)ことに特徴がある。その点では、多くのテロは犯罪行為として扱われるべきものといえる。反政府勢力などによって起こされるばかりではなく、国家の側によってなされる行為にも、政治弾圧を目的とした軍隊による非武装の一般住民殺傷のように、テロとみなしうるものがある。2001年9月11日の同時多発テロに対して、アメリカ合衆国はテロリストの刑事責任を追求するかわりにアフガニスタンと戦争を始めた。アメリカがあくまでも刑事責

3　猪口、前掲、p.8。

任を追求する立場をとっていれば、その後の展開は変わっていたかもしれない。

2 正戦論

　日本人は平和を強く願う。もちろん、平和は、日本人に限らず世界のほとんどの人々にとって共通の願いといってよい。ただ、現代の日本人の多くは、平和を望むだけではなく、たとえ解決の困難な問題が生じても戦争で解決すべきではない、と考えるだろう。現代日本人の考え方については、後ほど検討しよう。ここで考えたいのは、現代の国際社会においては、やむを得ざる理由があれば戦争に訴えても良い、と考える人々が少なくないことである。たとえば2001年9月11日の同時多発テロからおよそ1月後、アメリカのジョージ・W・ブッシュ大統領はテロの犯人とみなした人々の引き渡し要求に応じなかったタリバーン政権支配下のアフガニスタンを攻撃し戦争に突入したが、アメリカの世論は当初、圧倒的に（『ワシントン・ポスト』とABCテレビの調査では90％が）戦争を支持した。テロ根絶のための戦争は仕方ないと考える人々がいたわけである。このように、民族的・宗教的迫害からの解放など、さまざまな理由からやむをえず行われる戦争は正しい、とする考え方が昔からさまざまな文明のもとに存在してきた。とくにそれは、ヨーロッパのキリスト教文明において「正戦」（just war）論として発展した。

　もともとは平和主義的であった初期キリスト教は、ローマ帝国の体制に組み込まれるにつれてキリスト教徒の軍務を肯定する必要に迫られ、やがて徐々に異民族との戦争を肯定するようになっていった。とりわけ、ローマ帝国が異民族の侵入の中で東西に分裂する時代を生きたアウグスティヌスが、その著書で正戦という言葉を使用したことが、キリスト教徒といえども場合によっては戦争に赴くことが許されるという考えかたを広めるうえで大きな役割を果たしたとされる[4]。アウグスティヌスを

4　山内進編『「正しい戦争」という思想』勁草書房、2006。

受け継いで正戦論を完成させたのは、13世紀のトマス・アクィナスである。アクィナスは『神学大全』で、正戦の条件を定めた。①その戦争が（この時代における正統な主権者である）君主の権威によって遂行されること、②攻撃される側にそれに値する罪など正当な原因があること、③戦争をする意図が正しいこと—である[5]。

ヨーロッパの正戦論がキリスト教を背景に展開していった例にみられるように、特定宗教を背景として生まれた正戦論は聖戦（holy war, jihad）論と融合しやすい。聖戦論とは、自分たちの宗教を守るため、あるいは広めるために、敵と見なした人々に戦争を仕掛けることが許される、さらには戦争をすることが信者の義務であるとする考え方である。中世ヨーロッパにおける最大の聖戦はいうまでもなく十字軍であった。十字軍が攻撃した都市でしばしば大規模な非戦闘員殺害や略奪を行ったことは知られているが、十字軍にかぎらず宗教的信念に基づく聖戦では異教徒は何ら権利をもたない、すなわち自分たちと同じ権利をもつ人間ではないとみなされることが多い。

近代に入ると、聖戦論と類似した行動パターンが、今度は文明人を自称する人々（おもにヨーロッパ人）によって、彼らが未開人と見なした人々（たとえば、アフリカ人やアメリカ先住民）に対する戦争、奴隷化として繰り広げられることになった。とりわけスペイン人によるアメリカ先住民に対する略奪、奴隷化、殺戮は先住民人口を減少させたため、16世紀半ばには先住民も自由な人間であると主張する修道士ラス・カサスと反対者の間で論争がなされた。17世紀初め、イギリスからの初期アメリカ入植者であるピルグリム・ファーザーズ（清教徒）の一人は、異教徒である先住民の村を襲って住民を大量殺害するたびに神に感謝の祈りを捧げたことを記録している[6]。

だが、17世紀初め、一人のオランダ人が、戦争を神の教えから切り

5 　トマス・アクィナス『神学大全』第17冊、創文社、1997。
6 　マーティン・ワイト『国際理論——三つの伝統』日本経済評論社、2007、p.81。

離し、人間の本性（自然法）に基づく正戦論を集大成してその後の戦争と平和、国際社会のあり方に影響を与えた。「国際法の父」と呼ばれるグロティウスである。グロティウスは、理性と秩序こそ人間の本性と見る。この点において、ほぼ同時代を生き近代政治学の始祖の一人とみなされるイギリスのホッブズが「万人の万人による戦争」状態こそ人間の本性であると唱えたのと対照をなす。グロティウスは、それ以前から伝わってきた「戦争そのものの正当性」（ユス・アド・ベルム＝ jus ad bellum）と「戦争行為における適法性」（ユス・イン・ベロ＝ jus in bello）という考え方をともに重視して、両者を統合する正戦論を提示しようとした。前者は戦争に訴えるに足る正当な原因（侵略に対する防衛など）があること、後者は戦闘において不当と見なされる行為（非戦闘員の殺害など）を行わないことである。

　だが、その後のヨーロッパ国際政治の現実においては、ウエストファリア（主権国家）体制の成立にともない主権国家同士の争いでいずれの側が正当原因を有するかを決定することが困難になったことから、ユス・アド・ベルムではなくユス・イン・ベロを問題にして、それを具体的な法律や条約で守らせようとする無差別戦争論が主流になっていく。ユス・アド・ベルムも含めて正戦論が再評価されるのは、第一次大戦の惨害を経て国際連盟が結成され、紛争の防止や平和的解決に国際社会――ただし、アジアやアフリカの多くはまだ植民地だった――が積極的に関与するようになってからである。不幸にして国際連盟は第二次大戦を防げなかったが、その反省に立って結成され、独立したアジア・アフリカの国々も含めて地球大の組織になった国際連合はその憲章の第7章39条で「平和の破壊又は侵略行為の存在を決定」する権限を安全保障理事会に与えている。

　われわれの日常感覚からすれば、戦争の防止こそが根本の問題であり、どちらの側に正当原因があるか、どのようにして適法な戦争を行うか、を問題にするのはなじまないかもしれない。だが、国際社会で歴史的になされてきた議論として、その評価は別にして、正戦論を無視する

ことはできない。それは、いま地球上で生じている戦争と殺戮に国連をはじめとする国際社会がどう向き合うのか、の問題にも関わっているのである。

3　平和の思想

　国際紛争を解決する手段としての戦争を現代の日本人は望まない。だが、近代日本の歩みを振り返ってみれば、対外戦争によって国際問題を解決しようとした時代があったことがわかる。現代日本人の強い平和志向は自然に生まれたものではなく、第二次大戦での広島・長崎への原爆投下、都市無差別爆撃、沖縄戦など一般市民が巻き込まれた被害の体験と、南京・シンガポール・マニラなどにおける非戦闘員殺害を含む加害体験という惨害をへて歴史的に形成されてきたといえる。その結果「国権の発動たる戦争と、武力による威嚇又は武力の行使は、国際紛争を解決する手段としては、永久にこれを放棄する」（日本国憲法）という考え方が次第に共有されるようになってきたといえるだろう。

　1945年8月15日の敗戦以降、65年以上にわたって日本は戦争をしていない。主な戦争だけでも日清戦争、日露戦争、第一次大戦を経験した明治・大正時代を合わせた期間より平和であったことは、やはり重要な達成であると言わなければならない。とりわけ核兵器については、被爆者を中心に日本人は廃絶を求める世界の世論の一角を担ってきた。核不拡散だけでなく核兵器そのもののない世界に向けての行動を訴えたアメリカのオバマ大統領のプラハ演説（2009年4月）も、こうした世論の背景なしにはありえなかったであろう。

　他方で考えなければならないのは、1945年以降も世界では至る所で戦争が行われてきたという事実である。これに日本人はどう反応してきたのだろうか。1つの手掛かりを与えてくれるのが、パシフィズム（pacifism）との比較検討だ。パシフィズムはいかなる戦争も否定する、いわば絶対平和主義である。戦争を賛美する軍国主義とは対極に位置し、戦争には正しい戦争と不正な戦争がある、と考える正戦論とも異な

る。古代以来、パシフィズムといえる思想がさまざまなバリエーションを伴って次々と現れた。ここでは2つの事例を考えてみたい。

1つ目は、自分の信念や宗教に従って軍務を拒否する良心的兵役拒否である。古代からさまざまな地域で兵役拒否者は存在してきた。たとえばヨーロッパではクエーカー教徒など暴力を否定するクリスチャンの諸宗派が、為政者の迫害にもかかわらず、活動を展開してきた。英国では第一次大戦が勃発すると、1916年の軍役法（Military Service Act）で徴兵制が導入されるとともに良心的兵役拒否者に対する適用除外申請が認められ、兵役拒否を認められた者の多くは武器を手にしない輸送作業などの代替作業に従事した。それでも、実際に兵役を拒否した人々の中には刑務所に送られ、死刑判決を受けた者もいた（執行はされなかった）。戦前の日本の徴兵制度は良心的兵役拒否を認めなかったが、信念に従って兵役を公然と拒否し、投獄された人々（キリスト教の一派である灯台社の信者など）がいたことは記憶されてよい。

2つ目は、ガンディーの非暴力抵抗の思想である。ガンディーは、暴力を使わないかわりに支配者であるイギリス帝国の命令にいっさい従わない非暴力不服従の運動を指導しインドを独立に導いた指導者として知られる。だが、ガンディーの目はインドにとどまらず世界に向けられていた。たとえば日本の中国での戦争を批判し、同時に日本への原爆投下を批判した。南アフリカでは大規模な人種差別反対運動も組織している。その思想と実践は、インドの民族解放だけではなく、人類の平和と解放の歩みの中に位置づけて評価されなければならない。ガンディーの思想がなければ、アメリカ合衆国のキングを指導者としアフリカ系アメリカ人に対する差別撤廃を求めた公民権運動も、南アフリカのアパルトヘイト廃絶運動も、あのような形で展開したかどうかわからないのである。それはしばしば多大な犠牲を伴うものであり、ガンディーとキングは暗殺された。

以上の例に明らかなように、パシフィズムとは無抵抗主義などではなく、暴力に対して徹底して抵抗する戦闘的思想である。戦後の日本人は

平和愛好者であったが、パシフィストとして行動したとは言いにくい。

4 積極的平和と人間の安全保障

こうした中で、日本人が積極的に受け入れてきた考え方がある。ガルトゥングが集大成した構造的暴力論である。平和とは何か。暴力の不在である。では暴力とは何か。人に対して影響力を行使した結果、その人が現実に実現しえたものがその人のもつ潜在的実現可能性を下回ったとき、暴力が存在する、とガルトゥングはいう。たとえば人を監禁すれば、その人の行動は不自由になって行動の自由という潜在的実現可能性を下回る。これらは人為的な暴力（直接暴力）である。

だが、それとは異なる暴力がある。たとえば日本における結核を例にとってみよう。結核が今も恐ろしい病気であることに変わりはないが、抗生物質など治療薬と定期検診などの予防対策の普及によって現在では治癒しうる病気になった。だが、かりに貧しさから適切な予防と治療を受けられず死んだ人がいれば、潜在的実現可能性を否定されたという点で、そこには社会の構造が生み出した構造的暴力（間接暴力）が存在するという。ガルトゥングは、人為的な暴力の不在を消極的平和、構造的暴力の不在を積極的平和と呼び、2つが実現されて初めて平和になると唱えた。[7]

構造的暴力論の考え方も取り入れた人間安全保障論も、日本人に影響を与えた。人間安全保障とは、国連開発計画（UNDP）によれば、戦争から領土を守る伝統的な国家安全保障に対して、病気・失業・犯罪・政治的弾圧・環境破壊などの脅威から人々を守る安全保障である。そこで目指すべき安全の要素は「恐怖からの自由」と「欠乏からの自由」にまとめあげられる。2000年の国連ミレニアム・サミットではミレニアム報告の中核的思想として「恐怖からの自由」と「欠乏からの自由」が位

---

7 ヨハン・ガルトゥング『構造的暴力と平和』中央大学出版部、1991。

置づけられた。日本政府は「欠乏からの自由」を強調し、開発援助を通じた開発促進と平和構築活動によって人間安全保障を向上させることを主張した。開発協力活動を展開している日本のNGO（非政府組織）も、おおむね「欠乏からの自由」を中心に据えて人間安全保障を理解している。

こうして構造的暴力論や人間安全保障論は、暴力を生む背景に貧困が横たわっていることを明らかにして、日本人の平和に対する理解を大きく前進させたが、世界の紛争地における「直接暴力」に日本はどう対処すべきか、という問題についてはいぜん模索が続いている。

5　「平和な心」

最初の問題に戻ろう。戦争と平和を考えるにあたって、われわれはとりあえず平和を「戦争がないこと」と仮定して考察を進めてきた。他方で平和は「平和な心」というような人間の精神のありようも意味する。2つの関係をどう考えたらよいのだろうか。

江戸時代、日本は戦争がないという意味では平和であった。その間も国際社会ではいたるところで国家間戦争、植民地化に伴う殺戮と破壊が行われていた。だが、鎖国日本の普通の日本人にとってはそんなことは知りようもなく、他国の戦争に対しても「平和な心」でいられただろう。だが、いまのわれわれには地球の裏側のあらゆる暴力についての情報が瞬時にして伝えられる。「自分だけのことを必死になって考えようとしても、何千という助けを求める声が、われわれがなすべきことの情報を満載して、毎日のように聞こえてくる」[8]。われわれの「平和な心」は「世界の平和」なくして不可能なのである。

---

[8] Daniel C. Dennett, *Brainchildren: Essays on Designing Minds*, Penguin, 1998, p. 381.

2 戦争違法化とその影響

1 武力行使禁止原則

①戦争観の転換

現在、私たちは「戦争はしてはならない」のが当然のことと考えている。しかし、この「戦争＝違法行為」という考えが、20世紀に入ってようやく手に入れたものだということは、意外に知られていない。ここで再度戦争に対する考え方＝戦争観について確認しておこう。1節の2で見たように、中世ヨーロッパでは正戦論が妥当していた。グロティウスは、『戦争と平和の法』（1631年）の中で、君主の権威、復讐されるべき不正の存在、勧善懲悪は「正しい戦争」であり許されると説いた。しかしながら、古今東西紛争は自らの正当性を主張し、相手の不当性を非難することで始まる。すなわち、紛争において当事者は自分自身が「正しい」と主張するのが常である。したがって、正戦論が妥当するとすれば、それはどちらが「正しい戦争」の遂行者であるかを判断する主体の存在を前提とする。中世ヨーロッパでは、ローマ教皇をはじめとするキリスト教権威がその役目を担った。逆に言えば、宗教改革を経てキリスト教権威が政治の舞台から姿を消すことにより、正しい戦争の判断者が存在しなくなると、正戦論は機能しなくなった。その後、近代国家体制が確立した18世紀ヨーロッパでは、正戦論に替わり、「主権国家が自ら正しいと判断して行う戦争をだれも間違っているとは言えない」とする無差別戦争観が唱えられるようになった。無差別戦争観の下では、主権国家は、紛争を解決する手段として「戦争する権利＝交戦権」を持ち、実際に諸国は、領土紛争、植民地争奪、自国民保護を目的として戦争を行った。

しかしながら産業革命により、兵器の威力が拡大し、国家の経済力や生産力が戦闘能力に直結するようになると、戦争は正規戦闘員同士の武力衝突から国民全体による総力戦の様相を呈し、人類は二度にわたり世界規模の戦争を体験した。これらの経験により、国際社会は「戦争は原則として違法である」という新たな考え方に到達するようになる。これ

が戦争違法観である。

②戦間期の戦争違法観

それでは戦争違法観とはどのように発展してきたのだろうか。二度の世界大戦前にも限定的ながら戦争に訴える権利を制限する条約も存在したが、包括的に戦争が違法であると明示したのは国際連盟規約である[9]。同規約はその前文で「戦争ニ訴ヘサルノ義務」を確認し、連盟理事会や常設国際司法裁判所などが行う紛争解決手続が進められている間、及びこれら機関の決定が出てから3ヶ月以内は戦争してはならないことを明記した[10]。しかしながら、これらの規定は、手続に従わない当事国に対して、又は一定期間が経過してしまった場合には、戦争行為を許すものと解釈することができた。1929年に採択された不戦条約でこの問題は解消し、戦争は一般的に禁止されたが、連盟規約と不戦条約が禁止したのは、あくまでも「法律上の戦争（*de jure war*）」であり、戦争に至らざる武力行使＝「事実上の戦争（*de facto war*）」は禁止されていないという解釈の余地を残していた。結局、国際連盟体制は、日本やドイツなどの枢軸国の侵略政策を抑止することはできず、第二次世界大戦の勃発を許すこととなった。

③第二次世界大戦後の武力行使禁止原則

第二次世界大戦後、国際連盟を引き継ぐ形で設立した国際連合は、戦争違法観と安全保障体制の2点で強化をはかっている。まず戦争違法観の強化については、前述のように国際連盟（及びその後の不戦条約）は、「戦争」のみを禁止したのに対して、国連憲章は、2条4項で「威嚇を含めた武力行使」を禁止した。その結果、少なくとも国連憲章上、許される武力行使の根拠は、相手国の違法な武力攻撃に対する自衛権の行使（国連憲章51条）と、安全保障理事会（安保理）が集団安全保障体制に基づいて発動する軍事的強制措置（国連憲章42条）の2つに限

9　たとえば1907年「契約上ノ債務回収ノ為ニスル兵力使用ノ制限ニ関スル条約」。
10　12条1項、13条4項及び15条6項。

定されている。なお、武力行使禁止原則は、その後、友好関係原則宣言（1970年）やニカラグア事件国際司法裁判所（ICJ）判決などを経て、今日では国連憲章上の義務というだけではなく、普遍的に妥当する慣習国際法であると理解されている。

　もう1つの安全保障体制による軍事的強制措置については、5章の「2　国際連盟と国際連合」を参照してもらいたい。次に、例外的に許される武力行使の1つである自衛権について説明する。

2　自衛権
①戦争観念の転換と自衛権

　自衛権とは、外国からの違法な侵害に対して、自国を防衛するため、緊急の必要がある場合それに反撃するために武力を行使しうる権利である。伝統的に、国家は自己防衛のみならず、自己の武力行使を正当化する根拠として「自衛」を主張してきた。すなわち、国家は、戦争理由の中に常に「自衛」を含めてきたと言って良い。しかしながら、無差別戦争観が妥当していた19世紀まで、国家は紛争解決の手段としてそもそも交戦権を有していた。したがって、「自衛」は対外的な支持を集め、対内的に戦意を高揚させる政治的意味があったとしても、戦争を合法化する法的意味は無かったと言える。ところが、20世紀に入り、戦争違法観が導入され、国際紛争の平和的解決義務が国家に課されるようになると、武力行使禁止原則の例外として自衛権は法的意義を有するようになった。すなわち、国家は原則として国際紛争を武力によって解決することは禁止されているが、相手国がその禁止された武力を用いて自国を攻撃してきた場合、最低限自国領土及び自国民を保護する国家の権利として、相手国に対して武力を用いることは、自己保存権として許されると考えられる。

11　ICJ Reports 1986 p.13.

②自衛権の発動要件

　武力行使禁止原則が確立した今日において、自衛権の発動は同原則に対する例外であり、その発動条件は厳しくかつ明確に設定されていなければならない。それでは、自衛権はどのような条件で発動できるのだろうか？

　伝統的に、自衛権の発動要件は、武力攻撃の事実、緊急性、均衡性の3つであるとされてきた。[12] まず、武力攻撃の事実であるが、自衛権が外国国家の違法な武力行使に対する例外である以上、武力攻撃の事実が要件となることは当然である。問題は「武力行使の事実」をいつの段階で認定できるかである。これは先制的自衛権の問題として大きな論点となる。武力行使禁止原則の重要性と戦争違法化への長い歴史に鑑みれば、武力行使の事実も実際に領域侵犯など明確な武力攻撃が行われた後でなければ認められないと考えられよう。しかし、核兵器をはじめとする大量破壊兵器がなお現存する今日、相手の武力攻撃後でなければ反撃できないということであれば、国家によっては壊滅的打撃の後でなければ自衛権を行使できないことになる。したがって、「まさに武力攻撃が行われようとしている時」又は「武力攻撃が行われることが明らかな場合」には、「武力攻撃の事実」が存在すると見なして、具体的な武力行使が無くても自衛権を行使できるとする考え方もある。実際に国連憲章51条でも、日本語公定訳では「武力行使が発生した場合」として過去形で表現されているため、自衛権はあくまでも「事後の行為」に限定されているように解釈されていることが多いが、憲章の正文である英語では"occurs against armed attack"となっており、必ずしも「事後の行為」とは限らない表現となっている。同じく正文であるフランス語は、「武力攻撃の対象となっている場合"est l'objet dúne agression armée"」とされており、この要件の時間的範囲についてより拡大した解釈を可能にしている。

12　1837年カロライン号事件のウェブスター書簡。

もっとも、武力行使の事実が現実に発生したかどうかの問題はあるとしても、「武力行使の脅威」が存在するだけでこの要件が満たされると解釈するべきではない。潜在的な武力行使の脅威の存在だけで自衛権発動の要件を認めれば、それは予防戦争を肯定することになり、それこそ戦争違法観からすれば時代の逆行である。実際に2003年のイラク空爆前の米国大統領は一般教書演説等で「"悪の枢軸"国家に対する先制的自衛権」の正当性を主張したが、実際にイラクを空爆した後には、公式にこの主張を展開することはなかった。

　第二の要件は、緊急性である。本来違法な武力攻撃が発生しても、可能な限り平和的解決手段で解決されるべきであり、またそれが国際社会の平和に対する脅威である限り、安保理による集団安全保障体制に委ねられるべきである。ただし、これらの解決方法は、必ずかつ速やかに発動されるとは限らない。その結果、国家は自国の防衛のために緊急でやむを得ない場合に限り自衛権を発動できる。国連憲章51条でも自衛権の行使は「安全保障理事会が国際の平和及び安全の維持に必要な措置をとるまでの間」に限定されている。

　第三の要件は均衡性である。自衛のための武力攻撃は、相手の武力攻撃を撃退するために必要最小限のものでなければならない。したがって、当然のことながら、相手の武力攻撃後に報復攻撃を行うことは、過剰防衛であることは言うまでもない。国連憲章は均衡性について明言していないが、「自衛権の行使に当って加盟国がとった措置は、直ちに安全保障理事会に報告しなければならない」とされており、自衛権の行使が無制約に拡大することがないように配慮している。

　③集団的自衛権

　国連憲章51条は、武力行使を受けた被攻撃国自らが行使する個別的自衛権の他に、集団的自衛権も認めている。集団的自衛権とは、一般に自国と密接な関係にある外国に対する武力攻撃を自国が直接攻撃されていないにもかかわらず実力をもって阻止する権利と解されている。国連憲章上、この権利は個別的自衛権と同様に国家の「固有の権利」と

されている。しかしながら、無差別戦争観から戦争違法観に転換して半世紀も経っていない憲章採択時に、この権利が慣習国際法として確立していたかどうかは定かではない。明らかなことは、憲章草案であるダンバートン・オークス提案では、地域的機構による強制措置の発動には安保理の許可が必要であり、この許可は常任理事国の「拒否権」行使が可能であるとされたため、共同防衛体制を確保したい南米諸国の強い要望により、サンフランシスコ会議で「個別的」自衛権に加えて「集団的」の言葉が挿入されたという点である。

集団的自衛権の法的性質については、「個別的自衛権の共同行使」説、「自国の死活的利益の防衛権」説、そして「他国の権利の防衛権」説があげられる。ICJはニカラグア事件において、集団的自衛権行使の要件として、個別的自衛権の3要件に加えて、被攻撃国による攻撃を受けたとの宣言と援助の要請が必要であると述べ、第三の説を支持したが[13]、これについては批判も多い。

なお多くの国は、二国間及び多数国間の安全保障条約を締結しているが、それらは全て集団的自衛権を確認する条約である。日本は米国との間に集団的自衛権を確認する日米安全保障条約を締結している。これらの条約は、おおむねいずれかの締約国に対する武力攻撃を「全締約国に対する攻撃と見なす（北大西洋条約5条）」ことにより、共同行動をとり、被攻撃締約国を援助することを目的とする。しかしながら、このような条約制度は一対一の武力攻撃が容易に軍事同盟間の全面戦争に転嫁する危険性を有している点に留意するべきである。

3　平和維持活動

①国際連合憲章と平和維持活動

国連の平和維持活動（PKO）とは、国連の目的である「国際の平和と安全の維持」のために国連決議（安保理決議又は総会決議）に基づいて、

13　ICJ Reports 1987, paras165-166.

国連の権威の下に行われる活動である。1956年のいわゆるスエズ動乱の際に、カナダの提唱によって派遣された第一次国連緊急軍（UNEF Ⅰ）が最初の事例である。1988年にはノーベル平和賞も受賞している。日本も1992年に国際連合平和維持活動等に対する協力に関する法律（いわゆるPKO協力法）を制定し、第二次国連アンゴラ監視団、国連カンボジア暫定機構、国連東チモールミッションをはじめとする活動に自衛隊などから要員を派遣してきた。

　国連は、今日まで60以上のPKO部隊を派遣してきた。ただし、国連憲章にはPKOに関する記述は一切存在しない。これは、創設当初はPKO活動が国連本来の任務ではなかったからである。1962年の「ある種の経費に関する事件（国連経費事件）」勧告的意見では、先述のUNEFⅠなどPKO活動の経費が、国連憲章17条2項の「この機構の経費」に該当するか否かの判断が求められたが、ICJは、国際機関たる国連は、設立文書である憲章に明文の規定が存在しなくても、その目的達成のための行動をとることは許されているとして、この機構の経費に該当すると判断した[14]。

② PKO原則

　伝統的なPKO活動は、国連憲章が想定した国連軍（憲章42条及び43条）とは大きくその性格を異にする。すなわち、停戦合意がなされた後に、紛争当事国間の間に入って停戦の確保や事態の悪化を防止するために活動したり、国内の治安維持などを行う。そのため積極的に紛争を解決することを目的とはしていない。このようなPKOの活動には一定の原則があるとされている。まず、国連の強制措置ではないことから、関係当事者間の同意が必要であるとされた（同意原則）。またあくまでも当事国間による紛争解決の支援に徹するため、中立を保つこととされた（中立原則）。さらに紛争当事国を刺激してはならず、また大国同士の代理戦争へと発展することを避けるため、原則として安保理の常任理事国

14　ICJ Reports 1962, pp.159-162.

以外の中小国から要員が派遣された（大国排除原則）。また武器の使用についても、あくまでも自衛または保護対象を防衛するために必要最小限のものに限定された（武器不使用原則）。

　日本の国際連合平和維持活動等に対する協力に関する法律（PKO協力法）でも、派遣の原則として、(1) 停戦の合意が存在している、(2) 受入国などの同意が存在している、(3) 中立性を保って活動する、(4) 上記 (1) ～ (3) の原則のいずれかが満たされなくなった場合には一時業務を中断し、さらに短期間のうちにその原則が回復しない場合には派遣を終了させる、(5) 武器の使用は要員等の生命又は身体の防衛のために必要な最小限度に限る、としている。

③冷戦崩壊後のPKO

　しかしながら、冷戦崩壊後、上記のPKO原則は維持されなくなっている。たとえば1991年の湾岸戦争後にイラクに派遣された国連イラク・クウェート監視団（UNIKOM）は、イラクの同意を確認することなくイラク領域内に派遣され、明らかにクウェート側に立つ部隊であった。また安保理常任理事国5カ国がすべて要員を派遣し、強力な軍事力を配備するものであった。

　このようにPKOの性格は、冷戦の前後で大きく異なっており、第一世代のPKOと第二世代のPKOに区別されることがある。前述の国連憲章の明文規定との関係で、第一世代のPKOが「六章半」の性質であるのに対して、第二世代は、その軍事的性格を加味して「六章4分の3」と表現されることもある。[15]またその内容も停戦や休戦の確保及び監視から、選挙の監視や警察活動をはじめとする行政活動など多岐にわたるようになった。しかもソマリアに派遣された国連ソマリア活動など憲章7章に基づいた強制措置を実施するPKO（この場合 Peace Keeping Force=PKF）も組織されるようになった。もっともこのような武力行使

15　藤田久一『国際法講義Ⅱ─人権・平和』（東京大学出版会、1994年）、409－411頁。

を認めた活動は必ずしも当初の目的を達成しているとは言えない。ガリ事務総長は、『平和への課題』(1992年)の中で、PKOは「抗争の防止と平和の創出の双方の可能性を拡大するための技法である」として、平和の創設 (peace-making) と平和の強制 (peace-enforcing) の両方の機能を併せ持つとして、PKOに武力行使を認めるべきと訴えたが、その後の『平和への課題－補遺』(1995年)の中で、強制行動と平和維持活動の区別を曖昧にすることの危険性を認めている。

4　武力紛争法（国際人道法）

①戦争観念の転換と武力紛争法

　武力行使禁止原則の確立により、戦争は原則として違法とされた。しかしながら、実際には、国連発足後も国際的な武力紛争は勃発しており、また今後もその危険性は残っている。また冷戦構造の崩壊後、ルワンダや旧ユーゴで見られるような内戦や民族紛争でも激しい戦闘行為がおこなわれている。このような状態では、戦闘行為を規律すると共に、その犠牲者を保護するためのルールが必要となる。これが武力紛争法であり、前節の2で登場した *jus in bello* の内容である。

　武力紛争法は、戦争が合法であった無差別戦争観の中で形成されてきた。1868年に制定されたサンクト・ペテルブルク宣言では、「戦争の唯一正当な目的は、敵の軍事力を弱めるべきこと」であり、「そのためにはできるだけ多数の者を戦闘外に置けば足りる」として、「すでに戦闘外に置かれた者の苦痛を無益に増大」したり、「その死を不可避ならしめるような兵器の使用は、この目的の範囲を超える」がゆえに、「そのような兵器の使用は人道の法則に反する」ことを確認した。

　その後武力紛争法は、慣習国際法として発展し、1899年と1907年に開催されたハーグ平和会議では、多くの条約として法典化された。「陸戦ノ法規慣例ニ関スル条約」など、ここで作られた多くの交戦法規は、主として戦闘の手段と方法を規制することを目的としており、「ハーグ法」と呼ばれる。ハーグ法の戦闘手段の規制に関する基本理念は、無限

定な武器の使用や不必要な苦痛を与える兵器の使用は禁止されるという考え方である。戦闘方法の規制については、戦闘員と文民を区別しなければならないとする「軍事目標主義」と呼ばれる考え方と背信的戦闘方法の禁止があげられる。

　2回の世界大戦後、戦争観念は大きく転換し、武力行使は原則として（自衛権と安保理による強制措置を除いて）禁止されることになった。このことにより、武力紛争法の目的は、交戦国の平等よりも武力紛争の犠牲者の保護に重きを置くようになった。1949年に採択されたジュネーブ四条約（傷病兵保護条約、海上傷病難船者保護条約、捕虜条約及び文民条約）や、1977年のジュネーブ追加議定書は、武力紛争の犠牲者を保護するより人道的な内容となっており、これらを「ジュネーブ法」と呼ぶ。もっとも、ハーグ法自身にも人道的な要素は内包されており、両者を厳密に区分することは難しい。今日では、ハーグ法とジュネーブ法を併せて、「国際人道法」と総称される。

②武力紛争法（国際人道法）の適用

　以前は交戦法規と呼ばれていた武力紛争法は、従来国家間の正規の戦争にのみ適用されると考えられていた。その結果、宣戦布告などを行わない「事実上の戦争」については、武力紛争法は適用されないとされる恐れが生じた。1949年ジュネーブ四条約は、武力紛争の場合には、締約国が戦争状態を承認するか否かに関係なく条約規定を適用することを明記し（共通2条第1文）、適用の拡大を図っている。

　また、第一次世界大戦以前に採択された条約には、いわゆる「総加入条項」が付されていた。この条項は、交戦国の中に1カ国でも非当事国が存在すれば、戦争全体に条約の適用ができなくなってしまい、とくに国家の数が劇的に増加した第二次世界大戦後には、これによって条約の適用範囲が著しく狭まってしまう恐れが生じた。その結果、1949年ジュネーブ四条約共通2条第3文のように、同条項は削除される傾向にある。加えて、内戦や民族解放戦争の場合、19世紀までは国内管轄事項とされ、交戦法規は適用されなかったが、1949年ジュネーブ四条約共通3条で

は「締約国の一の領域内に生ずる国際的性質を有していない武力紛争の場合」に各紛争当事国は、敵対行為に直接参加しない者を人道的に待遇しなければならないと規定した。

　以上のような戦争と平和をめぐる国際法の現状は、冷戦後もなお続く民族紛争や大規模テロを背景に、「戦争は違法」であるという共通理解にもかかわらず、なお国際社会においては「戦争のためのルール」も必要だと理解されている現実を示している。

〈推薦文献〉
1　猪口邦子『**戦争と平和**』東京大学出版会、1989 年
　　戦争と平和について論じたオーソドックスな政治学のテキスト
2　メアリー・カルドー『**新戦争論――グローバル時代の組織的暴力**』岩波書店、2003 年
　　無差別テロなど従来の戦争観では理解できない冷戦後の戦争と組織的暴力を考察する
3　ヨハン・ガルトゥング『**構造的暴力と平和**』中央大学出版部、1991 年
　　暴力と開発＝発展との関わりを考え「積極的平和」の必要性を論じる
4　藤田久一『**戦争犯罪とは何か**』岩波新書、1995 年
　　戦争犯罪の歴史的展開と認識の変化を国際法の観点から丁寧に解説する。
5　最上敏樹『**人道的介入――正義の戦争はあるか**』岩波新書、2001 年
　　冷戦崩壊後の地域紛争の事例を検証し、21 世紀の平和の作り方について検討する。
6　筒井若水『**違法の戦争、合法の戦争　国際法ではどう考えるか？**』朝日新聞社、2005 年
　　戦争違法化の経緯や武力紛争法の現状などに加えて、対テロ戦争など今日的テーマについても解説する。

　その他に、本文に登場する条約については、松井芳郎編集代表『ベーシック条約集』(東信堂、毎年刊行) 又は奥脇直也編集代表『国際条約集』(有斐閣、毎年刊行) を参照せよ。また本文に登場する事件については、松井芳郎編集代表『判例国際法 (第 2 版)』(東信堂、2006 年) 又は杉原高嶺他編『国際法基本判例 50』(三省堂、2010 年) を参照せよ。

第5章　グローバル化時代の政府間関係

足立　研幾

―〈本章のねらい〉―

　国際関係は、その語義からして、もともと国と国の間の関係である。しかし、グローバル化の進展に伴って、多国籍企業やNGOなどの非国家主体が、国際関係に大きな影響を与えるようになった。実際、中小国のGNPをしのぐ売上高を誇る多国籍企業も少なからず存在し、そうした多国籍企業の動向を無視して世界経済を考えることはほとんど不可能である。また、NGOの訴えを受けて、これまでかえりみられることがなかった問題に国際的な関心が集まることもしばしばある。あるいは、テロリスト・ネットワークの活動が、各国政府の安全保障上の大きな脅威とみなされることも少なくない。国際関係は、各国政府間の関係に限定しえなくなったといえる。

　一方、資源や領土をめぐる各国政府間の争いは一向にやむ気配はない。国境を越える問題が頻発するようになった分、国際会議の頻度は増加している。また、そうした国際会議における各国政府間の外交交渉も依然として激しい。国際関係における非国家主体の重要性が増したことは事実であるが、各国政府間関係の重要性が低下したかというと、必ずしもそうともいいきれない。グローバル化の進展に伴って、各国政府間の関係には、何らかの変化が見られるのであろうか。本章では、この点を明らかにするために、各国政府間関係としての国際関係に焦点をあて、その発展・変容過程を辿る。そのうえで、近年しばしば指摘される国際関係の制度化・法化の含意を検討する。こうした作業を通して、グローバル化時代の政府間関係について考察していくこととしよう。

1 国際協力の進展と限界

1 国際協力の進展

　各国政府間の関係は、しばしばアナーキー（anarchy）であるといわれる。それは、各国政府よりも上位の権威が存在しないからである。だが、世界政府が存在しないからといって、実際の各国政府間関係がまったくの無秩序だったわけではない。30年戦争後の1648年に締結された一連の条約、いわゆるウェストファリア条約以降、ヨーロッパ諸国は、多様な価値観を有する各国への内政干渉を避けるようになっていった。自国の生存と主権を安定させるためにも、内政不干渉と主権尊重という最低限のルールについては、各国政府は相当程度共有してきた。

　19世紀以降、国境を越えたヒト、モノ、情報の交流が増加するのに伴って、各国政府間のさらなる協力や連携の必要性が認識されるようになった。複数の国にまたがって流れる河川の管理は、政府間協力によって国境を越える問題を管理する試みの先駆けとされる。国境をまたぐごとに河川の航行ルールが異なっていると不都合が大きく、それゆえ国際的な共通ルールの存在はどの国にとっても利益となる。そこで、たとえばライン川については、流域各国の政府代表と法律家によるライン川国際委員会が、統一航行規則の作成・執行、航行税の設定を行うなどした。ドナウ川など、他の国際河川でも同様の取り組みが試みられた。

　国際郵便についても、その量が増加するにつれて、各国政府共通の

1　中西寛『国際政治とは何か――地球社会における人間と秩序』中公新書、2003年、22－23ページ。中西は、国際政治を、こうした各国政府間関係（主権国家体制）に加えて、国際共同体、世界市民主義という3つの位相からなる混合体と捉えている。
2　19世紀に見られた各国政府間協力のさまざまな取り組みについては、城山英明『国際行政の構造』東京大学出版会、1997年、24－38ページを参照。

ルールを求める声が強まった。というのも19世紀の国際郵便は、2国間条約網によって規制される非常に複雑な制度だったからである。郵便料金は、発信国、中継国、着信国の料金の総和となっていた。その場合、どの国を経由して届けるかによって値段が変わってしまう。また各国で規格もまちまちであったという。こうした場合、国際的に統一された制度が存在することが、いずれの国にとっても利益となる。そこで、各国間の郵便料金の統一や郵便業務の標準化などを行う万国郵便連合（当初の呼称は一般郵便連合）が1874年に設立された。万国郵便連合は、常設の事務局を設置した最も古い政府間協力の1つである。

このように、各国政府間協力によって国境を越える行政問題に対応しようとする試みが、さまざまな問題領域において発展した。ただし、こうした国際協力の発達は、政治性の低い問題におけるものがほとんどであった。政治性が高い問題において各国政府に共通するルールを作成しようとすると、各国の激しい利害対立を引き起こしたり、内政干渉に陥ったりする危険性も高い。もちろん、万国郵便連合のようなそれほど政治性が高くない分野であっても、各国の利害対立は存在する。実際、フランス政府は財政自主権を侵害するとして、郵便料金の統一に当初反対したという。いかなる問題であっても、複数の政府間で何らかの合意を得ようとすれば、多かれ少なかれ利害対立は顕在化する。また、各国政府間で何らかの共通ルールを作成すれば、各国政府は行動の自由を一定程度制限される。そうした対立や制限以上に、協力によって得られる利益が大きいと各国政府が判断したとき、国際協力が進展した。

2　勢力均衡

自国が国際ルールに従っているときに、相手国がルールを破った場合の損害は、政治性が高い分野ほど大きくなる。たとえば、郵便物の国際規格にある国が従わなかったとしても、そのことがただちに他国に深刻な損害を与えることは少ない。しかし、軍備縮小を定める国際条約を各国が守る中、ある国が条約に従わず軍拡を行うと、その国の軍事力は相

対的に非常に優位になる。また、そうしたルール違反に他国が対応する時間的余裕も、政治性の低い分野に比べると少ない。相対的に優位に立った国が、隣国も軍拡に乗り出して対抗する前に攻撃を仕掛けると、隣国は深刻な損害を被ることになる。さらに、そうしたルール違反によって隣国の油田が得られるといった具合に大きな利益が得られる場合、それだけいっそうルール違反を行う誘因が大きくなる。安全保障など政治性の高い分野においては、他国がルール違反を行った場合の影響が甚大で、対応する時間的余裕も少なく、またルール違反による利益も大きいことが少なくない。それだけに、国際条約や国際機関による統治は極めて困難であると考えられてきた。

　だからといって、アナーキーな国際関係において、各国政府が戦争に明け暮れてきたわけではない。戦争遂行には、人的、金銭的、政治的なコストが伴う。戦争に勝利すればコスト以上の利益が得られるとしても、戦争に勝利できるか不確かであれば、それだけ各国政府は開戦に慎重になる。対抗し合う国や同盟間の力関係が同等であれば、いずれの側にとっても戦争に勝利できるかどうか不確実となる。それゆえ、戦争は避けることが望ましいという点についてさえ合意がなされれば、各国政府間で軍拡と同盟の組み換えを柔軟に行うことによって同盟間の勢力を同等に保ち、戦争を起こりにくくすることが可能となる。これが勢力均衡といわれる戦争防止メカニズムである。

　勢力均衡がうまく機能した例とされるのが19世紀のヨーロッパである。実際、ナポレオン戦争終結後に開催されたウィーン会議以降、およそ100年間主要大国間の戦争が回避された。しかし、同盟間の勢力を同等に保つことは容易なことではない。そもそも、各国の国力を正確に測定することは不可能である。実際には均衡がとれていたとしても、相手陣営の方が強いと感じれば、自らの陣営の軍拡を行う。そうした行動は、相手陣営の軍拡を引き起こし、軍拡競争に陥ってしまう。また、イデオロギーや心理的な対立などから、柔軟な同盟組み換えができない場合も少なくない。勢力均衡は、同盟間の力の均衡を保とうと意識することで、

戦争に訴えにくい状態を維持しようとするものにすぎない。しかし、実際に勢力の均衡を保つことは至難の業なのである。

上記のヨーロッパにおける勢力均衡も例外ではなかった。各国は次第に三国協商（イギリス、フランス、ロシア）と三国同盟（ドイツ、オーストリア＝ハンガリー、イタリア）という2つの同盟システムに分極化するようになり、同盟組み換えの柔軟性が失われていった。勢力の均衡を保つことが困難になり、2つの同盟の間での軍拡競争が活発化していった。同盟組み換えがなされず、敵対的な同盟同士の軍拡競争に陥ると、少しでも自らに有利なうちに戦争に訴えようとする誘惑が強くなる。2つの同盟間の勢力の均衡が崩れていく中、オーストリア＝ハンガリー帝国皇位継承者がセルビア人民族主義者によって暗殺されると、同盟関係を通じて瞬く間に両陣営を巻き込んだ未曾有の世界大戦が勃発してしまった。

2 国際連盟と国際連合

1 国際連盟の設立

19世紀以降国境を越えた交流が拡大する中、各国政府は、国際条約や国際機関により政治性の低い問題の管理を試みた。一方、政治性の高い問題についてはそうした政府間協力は進展しなかったものの、勢力均衡によって各国政府間の対立が戦争へとつながることだけは防ごうとした。第一次世界大戦の勃発は、ウェストファリア条約以降徐々に発達してきたこうした政府間関係の管理方法が完全に失敗したことを意味した。とりわけ、勢力均衡こそが、未曾有の世界大戦を引き起こした原因であるとの見方が広まり、勢力均衡への嫌悪感が増していった。その結果、政治性の高い国際問題についても、国際機関によって管理をしようとする考えが強まり、国際連盟が設立された。

国際連盟規約は、前文において、「締約国は戦争に訴えざるの義務を受諾し」と宣言している。第12条でも、国交断絶に至るおそれのある

紛争が発生した場合、まずは非軍事的手段での解決を追求し、司法的な判断あるいは連盟理事会の報告がなされた後3カ月が経過するまでは、「いかなる場合においても、戦争に訴えざることを約す」と規定している。規約の文言自体は弱いものの、政府間の合意によって戦争を違法化しようとしたのである。ただ、いくら戦争を違法化したところで、各国政府よりも上位の権威が存在しない国際関係では、実際に戦争に訴える国が出てきてしまえばそれまでである。

　こうした問題に対して、国際連盟はその手続きを無視したいかなる戦争も、連盟のすべての加盟国に対する戦争とみなすと規定することで対応しようとした（第16条）。すなわち、戦争を違法化したうえで、戦争に訴える国があれば、それ以外の連盟国すべてがその国に対抗することをあらかじめ示すことで戦争勃発を防ごうとした。この集団安全保障という考え方は、対抗し合う同盟間でバランスをとろうとする勢力均衡とは根本的に異なる。勢力均衡は、対抗し合う国や同盟の間の力関係を同等に保つことで、戦争を防ごうとするものである。各国の力を測定したうえで、その勢力のバランスをとるという極めて困難な作業が戦争防止のカギとなる。一方、集団安全保障においては、対抗し合う関係もなければ、各国の力を測定したり、それに基づいて同盟の組み換えや軍拡によりバランスをとったりすることも必要ない。どの国が戦争に訴えても、それ以外のすべての国が協力して侵略国に対抗することを示すことで、戦争を抑止しようとするのである。このような集団安全保障システムが機能するためには、戦争違法化を徹底し、戦争行為が認定されれば加盟国が一致して対応する体制を整え、またそうした制裁が実効力を備えている必要がある。他のすべての国が協力してもかなわないような圧倒的に強い国が存在する場合には機能しないし、主要国が集団安全保障に参加せず実効力に疑問が出ると、戦争を思いとどまらせる力は弱くなる。

　戦争違法化の試みについては、1928年のいわゆる不戦条約（戦争放棄に関する条約）によって、さらに前進した。その第一条では、「締約国は、国際紛争解決のため戦争に訴ふることを非とし、かつその相互関係にお

いて国家の政策の手段としての戦争を放棄する」ことが宣言されている。この条文は、現在の日本の憲法第9条のモデルともなったものである。ただし、不戦条約においては、違反国に対する制裁措置はとくに規定されていなかった。また、国際連盟規約、不戦条約、いずれにおいても戦争違法化が徹底されているとはいえなかった。自衛のための戦争は容認されていたし、満州事変のような戦争という形式をとらない武力行使が禁止されていたわけではなかったのである。

　国際連盟における集団安全保障システムは、加盟国が一致して対応する体制、実効力のある制裁、いずれの点においても問題をはらんでいた。まず、連盟規約の違反があったか否かの認定、非軍事的な制裁を発動するかどうかの判断は、各加盟国にゆだねられていた（国際連盟規約第16条適用の指針に関する決議）。理事会の決定も全会一致で行われるなど、全体として極めて「分権的」な集団安全保障システムだった[3]。また、戦争行為が認定されたとしても、戦争を起こした国に対する制裁は、主として通商上、金融上のものであった（第16条1項）。さらに、設立を主導したアメリカが国際連盟に参加しなかったこともあり、集団安全保障の能力も限定的なものとならざるを得なかった。国際連盟は、集団安全保障システムとしてそもそも不十分な体制だったのみならず、集団安全保障を機能させる実質的な能力も備えることができなかった。国際連盟や不戦条約など、国際機関や国際条約によって戦争を防ぐ試みが発展したものの、いずれも実効性に乏しく、結局第二次世界大戦の勃発を防ぐことはできなかった[4]。

2　集団安全保障の強化と機能主義

　第二次世界大戦を受けて1945年に設立された国際連合は、集団安全

3　最上敏樹『国際機構論　第二版』東京大学出版会、2006年、42 − 43 ページ。
4　国際連盟における集団安全保障の問題点については、Inis L. Claude, Jr., *Swords into Plowshares: The Problems and Progress of International Organization, Fourth Edition*, Random House, 1971, pp.261-264 の議論を主に参照した。

保障システムを強化することによって、国際連盟の失敗の教訓を生かそうとした。具体的には、国際連合憲章では侵略行為や武力行使だけでなく、武力による威嚇すらも禁止し、戦争違法化を徹底した（第2条4項）。そのうえで、安全保障理事会が、平和に対する脅威、平和の破壊または侵略行為の存在を認定すると、まずは非軍事的措置をとり、それでは不十分な場合には軍事的措置をとりうることも規定している（第7章）。加えて、国際連盟が理事国の脱退によって崩壊を招いたとの反省から、5大国に拒否権を与え、5大国が望まない決議が採択されないことを保証した。主要国が国際連合を脱退してしまっては集団安全保障機能が著しく低下する。あるいは、5大国いずれかに対する軍事制裁が決議されれば、国際連合の軍事的措置によってかえって第三次世界大戦がはじまってしまう。5大国に強い主導権を与え、一致して国際社会の平和と安全に対応する体制を整えることで、集団安全保障体制の信頼性を担保しようとした。

　集団安全保障システムの強化と並んで国際連合の柱となっているのが、経済社会分野における国際協力の増進である。政治性の比較的低い経済社会分野においては、19世紀以来、各国政府間の協力が発展してきた。国際連合の経済社会理事会は、前述の万国郵便連合をはじめ、国際労働機関（ILO）、国際電気通信連合（ITU）などの国際機関と連携協定を締結した。また、国際連合設立と同時期に設立された国際連合教育科学文化機関（UNESCO）、国際通貨基金（IMF）、世界銀行グループ、世界保健機関（WHO）なども、同様に経済社会理事会と連携協定を結んでいる。国際連合はこれらの協定を結んでいる国際機関（専門機関）と連携しつつ、経済社会分野の一層の国際協力促進を図っている。

　経済社会分野における国際協力促進の背景には、機能主義といわれる考え方がある。それは、個々の問題領域における国際機関において国

5　機能主義という考え方は、1930年代から40年代にかけてDavid Mitranyが主唱し、国際連合や専門機関の設立に影響を与えた。機能主義の内容については、主としてDavid Mitrany, *A Working Peace System*, Quadrangle Books, 1966,

際協力を進めていくことは、戦争の起こりにくい環境整備にもつながるという考え方である。安全保障分野での国際協力はたしかに困難である。しかし、郵便、電話、保健といった政治性の比較的低い実利的な分野ならば国際機関の設立がより容易である。こうした機能的分野ごとの国際機関を通して国際協力を進めていくと、国際協力によって得られる利益が大きくなる。武力行使をおこなうことで、そうした多くの利益を失うのだとすれば、武力行使の可能性は低下する。経済社会分野の専門機関を網の目のように張り巡らせることで、戦争によって失う利益を大きくすれば大きくするほど、戦争に訴える魅力は低下する。国際協力が可能な個々の問題領域において国際協力を進展させることで戦争が起こりにくい環境を整備し、集団安全保障システムを補完しようとしたのである。

　国際連合は、集団安全保障の強化と機能主義によって、国際社会の平和と安全を維持すべく設立された。しかし、第二次世界大戦後まもなくアメリカとソビエト連邦の対立は深刻なものとなり、国際連合は設立時に想定していた機能を果たすことはできなかった。拒否権を持ちあう米ソの対立によって、安全保障理事会の活動の幅は著しく狭いものとならざるを得なかった。その結果、アメリカが関与したベトナム戦争や、ソビエト連邦によるアフガニスタン侵攻に対して、安全保障理事会は効果的な対応をとることができなかった。集団安全保障システムの信頼性を増し、第三次世界大戦を引き起こさないために導入された拒否権が、安全保障理事会の機能不全を引き起こしてしまった。

　米ソを中心とする激しい東西冷戦対立は、本来政治性が低いはずの専門機関にも波及した。そのさいたる例は UNESCO であろう。UNESCO は、教育、科学、文化の発展と推進を目的とする国際連合の専門機関である。本来あまり政治性が高い分野ではないが、アメリカは「UNESCO の政治化」を理由に 1984 年に UNESCO を脱退してしまった（2003 年に復帰）。アメリカの UNESCO 脱退の理由は複雑ではあるが、その 1 つと

---

pp.25-99 を参照した。

して、多くのアフリカ諸国などがソビエト連邦よりの立場をとり、自らの主張が通りにくくなったことに対する不満があったようである。翌1985年にはイギリスも脱退している（1997年復帰）。アメリカについては、ILOにおいても同様の理由から一時脱退している。他の多くの専門機関も、冷戦対立の影響から完全に自由になることはできなかった。

3 国際関係における制度化・法化の進展

1 国際機関・国際条約に対する需要の増加

　各国政府間の協力によって国際関係の統治を行おうとする試みは、冷戦期にはあまり進展しなかった。しかし、冷戦が終焉すると、イデオロギー対立にとらわれず、真にグローバルな政府間協力が可能になる余地が拡大した。実際、1990年8月にイラクがクウェートに侵攻すると、国連安全保障理事会は即座にイラクの行為を国際法違反と断定し、イラクに対して経済制裁を課す決議を採択した。事態が改善しない状況を受けて、同年11月には安全保障理事会は決議678を採択し、1991年1月15日までにイラクが安全保障理事会の決議を履行しない場合には、「あらゆる必要な手段」をとることを加盟国に授権した。すなわち、軍事力の行使を認めたのである。

　この決議に基づいて、1991年1月16日、アメリカを中心とする多国籍軍が実際にイラク攻撃を開始した。この多国籍軍は、アラブ諸国も含む幅広い国によって構成されたものであった。国際連合憲章が予定する国連軍ではなかったものの、イラクによる侵略行為に対して、安全保障理事会が軍事制裁を認め、実際に多国籍軍がイラクをクウェートから排

6　国際機関の政治化と機能主義の関係、あるいはUNESCOなどの専門機関からアメリカが脱退した経緯については、Mark F. Imber, *The USA, ILO, UNESCO and IAEA: Politicization and Withdrawal in the Specialized Agencies*, St. Martin's Press, 1989を参照。

除することに成功した。冷戦が終焉し、国際連合の集団安全保障システムが機能する可能性が示されたといえる。ただし、その後の多くの紛争は内戦の形態をとっており、集団安全保障システムでは十分に対応できないものが少なくない。1990年代に入り、国連平和維持活動が大幅に増加したのはこのためであるが、この点については本書第4章（佐藤・西村）を参照してほしい。

通信・移動技術の進歩に支えられて増加しつつあった国境を越えた交流は、冷戦終焉以降さらに盛んとなった。国境を越えたヒトやモノの交流が緊密になるに従って、それだけ国境を越えた紛争の種も増えることになる。地球環境、感染症、麻薬、国際組織犯罪、サイバーテロなど、冷戦期にはさほど注目されていなかったさまざまな問題が、国際社会の安全を脅かす重大な問題と認識されるようになっていった。ありとあらゆる問題が国境を越えるようになると、そうした問題に対応する国際協力の促進、国際条約形成や国際機関設立に対する需要も増していった。

通信や移動手段の発達は、国際機関設立への需要を高めるのみならず、同時に国際機関を支えるインフラ供給コストも低減させた。今や、文字や音声情報のみならず、画像、映像、いずれも国境を越えてやりとりすることが極めて容易になった。特別な設備などなくとも、インターネット回線に接続さえできれば、一般家庭でもこのようなやりとりが手軽に出来る。こうした状況は、国際協力の促進を側面から強力にバックアップしている。20世紀初頭に30余りだった国際機関は、1980年代には1000を越えるようになり、現在では2000近く存在する[7]。国際関係を規律する国際機関や国際条約が増加し、国際関係の「制度化」あるいは「法化」が進展しつつあるとの指摘がなされるようになった[8]。

7 　国際機関数については、The Union of International Association, *Yearbook of International Organization*, K.G. Saur の 1986-1987 年版、および 2008-2009 年版を参照した。
8 　代表的なものとして、Judith L. Goldstein, Miles Kahler, Robert O. Keohane, and Anne-Marie Slaughter eds., *Legalization and World Politics*, MIT Press, 2001.

国際機関や国際条約によって国際問題を管理しようとする試みは、政府間協力が困難と考えられてきた分野にも広がっている。世界貿易機関（WTO）は、そうした一例である。国際機関を創設し貿易自由化を進める試みは、第二次世界大戦直後にもみられた。1948年には自由貿易憲章（ハバナ憲章）が採択されたものの、ほとんど批准を得ることができなかった。貿易をめぐる問題においては各国の利害対立も大きく、国際機関創設は非常に困難であった。しかし、1994年にマラケシュ協定が合意され、翌年WTOが発足した。WTOにおいては、充実した紛争解決手続きが設けられ、こうしたWTOの制度に従って貿易をめぐる各国政府間の紛争解決が図られるようになった。

政治性が強く国際協力が最も困難とされた安全保障にかかわる問題においても、たとえば化学兵器の禁止を行う化学兵器禁止機関が1997年に設立された。これは、化学兵器の開発、生産、貯蔵、使用を全面禁止し、さらにはアメリカ、ロシアなどが保有していた化学兵器についても全廃することを定める画期的な国際機関である。また、違反の可能性について懸念が生じた場合には、締約国の要請に応じ、化学兵器禁止機関は対象となる施設・区域に対してチャレンジ査察（抜き打ち査察）を行うことが認められている点は特筆に値する（第9条）。化学兵器禁止機関は、1つの範疇の大量破壊兵器を全面禁止し、さらにその義務遵守を確保するために実効的な検証制度を持つ初めての軍縮機関であり、その設立の意義は大きい。

2　地域レベルの制度化・法化の進展

国際関係の制度化・法化の進展は、地域レベルでも顕著である。その先頭を走るのは欧州連合（EU）であろう。くわしくは、第9章（益田・星野）を読んでいただきたいが、紆余曲折を経ながら徐々に経済協力を深化させてきたヨーロッパ諸国は、1992年、欧州連合創設を定めたマーストリヒト条約（欧州連合条約）に調印し、政治統合へと乗り出した。その後もヨーロッパ統合は進展し、2007年に署名されたリスボン条約（2009

年発効）によって一層の統合強化を見た。ただし、その欧州連合においても、2004年に調印された欧州憲法条約が発効に至っていない点は忘れてはならない。ヨーロッパ地域レベルでの制度化・法化の進展には著しいものがあることは確かである。一方、あくまで各国政府間の合意に基づいて国境を越える問題の解決にあたるという状況は、EU諸国間ですら根本的には変わっていないのかもしれない。

　EUに触発されて、1995年には南米でも自由貿易市場形成を目指して南米南部共同市場（MERCOSUR）が発足し、2007年には南米における「同一通貨、同一パスポート、同一議会」を目指す南米諸国連合（UNASUR）が結成されている。アジア地域では制度化の動きはあまり進んでいない。とはいえ、東南アジア諸国連合（ASEAN）を中心に徐々に制度化は進展しつつある。2008年にはASEAN憲章が発効しているし、東アジアでの共同体創設を目指す東アジア共同体構想などもある。

　アフリカにおいても、アフリカ統一機構（OAU）を改組したアフリカ連合（AU）が2002年に発足した。OAUと異なり、AUは加盟国への干渉を認め、平和安全保障委員会を創設し、スーダンのダルフールやソマリアなどに実際に平和維持部隊を派遣している。EUは経済統合が相当程度進展した後に政治統合に乗り出した。それに対して、AUは経済発展の基礎となる政治的安定を確保するためにも、経済統合の進展を待たずに安全保障問題においても積極的に協力している。AUの経験は、地域統合の多様な発展経路を考えさせる興味深い事例である。

　国際関係における制度化・法化の進展は、各国政府を単位とするものに限らない。多国籍企業やNGOなどの非国家主体が、自らルールを形成したり協力システムを作り上げたりすることもしばしば観察されている。企業間、NGO間で形成されるルールや、企業とNGOが混ざり合って形成されるルールなどは、プライベート・レジームと呼ばれている。たとえば、国際的な共通規格を定めている国際標準化機構（ISO）はこうした例である。森林管理協議会や海洋管理協議会などは、NGOと企業のパートナーシップにより資源を守ろうとするプライベート・レジー

ムである。また、各国政府、企業、NGO の協働によるルール形成の試みも見られる。こうした現象も、国際関係の制度化・法化を考えるうえで重要なテーマではある。しかし、これらについて詳しく論じることは、政府間関係という視座から国際関係に迫る本章の射程を越えるので、ここではその存在に触れるにとどめておきたい[9]。

4　国際機関・国際条約増加の逆説

1　国際機関・国際条約間の衝突

　国際機関や国際条約の増加は、各国政府間関係に何らかの変化をもたらすのであろうか。国際関係においては、各国政府よりも上位の権威が存在しない。それゆえ、国際関係はアナーキーであるといわれることが多く、むき出しの権力政治が行われることも少なくない。国際機関や国際条約が数多く形成されると、グローバルな領域は制度と法に基づいた秩序だったものになっていくのであろうか。実際、国際関係の制度化・法化が指摘されるときには、そうした肯定的な見方がなされることが少なくない。しかし、国際機関や国際条約が増加の一途をたどる中で、そうした国際機関や国際条約間の衝突も、しばしば観察されるようになった[10]。

　たとえば、オゾン層保護を目的とするモントリオール議定書と、温室効果ガス抑制を目的とする京都議定書の関係はそうした典型である。モントリオール議定書によって、オゾン層を破壊するフロンガス等が禁止されると、代替フロンが使用されるようになった。しかし、この代替フ

9　こうした現象については、山本吉宣『国際レジームとガバナンス』有斐閣、2008年、第13章を参照のこと。

10　以下の国際機関や国際条約間の衝突に関する議論や具体的事例の詳細については、足立研幾『レジーム間相互作用とグローバル・ガヴァナンス——通常兵器ガヴァナンスの発展と変容』有信堂、2009年、第1章を参照。

ロンは、二酸化炭素の数百倍から数千倍もの極めて高い温室効果を有するガスである。気候変動を抑制するためいわゆる京都議定書が採択され、温室効果ガス使用抑制を求めるようになると、モントリオール議定書と京都議定書が各国に求める対応が衝突するようになった。

複数の問題領域にまたがる問題ではしばしばこうした国際ルール間の衝突が発生する。たとえば、植物の遺伝資源の取り扱いについては、知的財産の側面からだけでなく、農業、貿易、生物多様性など、さまざまな側面からそれぞれルールが定められている。国際連合食糧農業機関（FAO）においては、植物の遺伝資源は人類の共有遺産であるとの立場がとられていた。実際、小麦や稲などは、さまざまな国の品種を交雑することによって育種されてきた。一方、WTOの「知的所有権の貿易関連の側面に関する協定（TRIPs協定）」においては、遺伝資源関連発明の特許が認められている。また、生物多様性条約においては、各国が遺伝資源に対する主権的権利を有することを定めている。これらの規定は、植物の遺伝資源の取り扱いをめぐって、互いに衝突しているようにも見える。

同一問題を扱う複数の国際機関があり、それぞれのルールに衝突関係がある場合、各国政府はしばしば、自らに最も都合のよい国際機関でその問題を扱おうとする。こうした行動はフォーラム・ショッピング（forum shopping）と呼ばれている。関係国政府間で当該問題を扱うことを希望する国際機関やルールが異なる場合、各国政府間の対立が発生する。もし各国政府間の力関係で、どの国際機関やルールを選択するのかが決まるのだとすれば、国際機関や国際条約の増加は結局のところ再び権力政治への逆戻りを意味するのかもしれない。

すでに存在する国際機関や国際条約に不満を持つ国が、対抗する国際機関や国際条約を作ろうとする動きもしばしばみられる。たとえば、国際捕鯨委員会と北大西洋海産哺乳動物委員会の関係はこうした一例である。国際捕鯨委員会は、クジラ資源の保存と利用に関する規則を定めるために設立された国際機関である。国際捕鯨委員会は、生息数の減少

を理由として徐々に捕鯨禁止を拡大し、1982年に商業捕鯨を停止した。その後、鯨類には生息数が増加するものもあらわれたにもかかわらず、捕鯨停止は継続されている。このことに反発したアイスランドは1992年に国際捕鯨委員会を脱退し（2002年再加盟）、ノルウェーやグリーンランドなどと適切な捕獲限度について議論するための機関として、同年北大西洋海産哺乳動物委員会を設立した。そして、同委員会において鯨の生息データに基づき算出した捕獲限度数に従って、ノルウェーやアイスランドは、商業捕鯨を再開した。

2　二国間・少数国間条約の増加

　多国間による国際機関や国際条約よりも、二国間や少数国間の取り決めを多用しようとする動きも盛んになりつつある。多国間の国際機関は普遍性が高い一方で、多くの国の利害が対立する場でもある。各国の合意内容はメンバー国の公約数にとどまりがちであるが、参加国が多くなればそれだけ最大公約数も小さくなる。合意内容に不満があっても、それを修正することは参加国が多ければ多いほど困難となる。そのため、国際機関や多国間条約よりも、自らの意見を反映させやすい少数の関係国間で、別規定を作ろうとする動きが出てくる。自由貿易を促進すべくWTOが存在するにもかかわらず、個別の自由貿易協定（FTA）締結の動きが盛んなのは、こうしたためである。

　二国間や少数国間の条約の増加それ自体は問題ではない。WTOとFTAの関係についても、WTOが定める以上に自由貿易を促進する用意のある国同士でFTAを締結していくことは、自由貿易を一層促進するものである。しかし、二国間、あるいは少数国間条約は、多数国間条約以上に、関係国間の力関係が合意内容に如実に反映されやすいことに留意する必要がある。典型的な例は、近年アメリカが発展途上国との間に結んでいるFTAであろう。アメリカは2000年以降FTA交渉を活発化させ、各国と次々にFTAを締結している。知的財産保護を重視するアメリカは、相手国との相対的な優位な力関係を背景に、そのいずれにお

いても WTO よりも厳しい知的財産保護規定を盛り込むことに成功している。たとえば、WTO の TRIPs 協定では、エイズなどの感染症が拡大するといった緊急事態に際して、途上国政府が特許を無視してコピー薬を製造したり輸入したりすることを認めている。これは、医薬品製造能力の低い国の公衆衛生政策にとっては重要な規定である。にもかかわらず、アメリカが中南米諸国と一括して結んだ FTA である中米自由貿易協定では、こうした WTO 上認められている権利を制限する規定が盛り込まれた。このような規定が盛り込まれたことに対しては、途上国の人々の命を危険にさらしてまで、アメリカが自国医薬品産業の利益を守ろうとしてるとの批判がなされている。[11]

　以上で見てきたように、国際機関や国際条約の増加は、政府間関係が秩序だったものになっていくことと必ずしも同義ではない。国際機関や国際条約が増加し衝突するようになると、いずれのルールを用いるかをめぐって、かえって各国政府間の力関係が作用するようになることもある。あるいは、普遍的な国際機関よりも、強国が自らの意向をより反映させやすい少数国間の取り決めを志向する動きも見られる。もっとも、これらの動きは、むき出しの権力政治とは性質が異なることも確かである。どのルールを用いるのか、あるいはルールをいかに作成するのかをめぐって、各国政府間の力関係が作用したとしても、各国政府間関係をルールに基づいて処理するという精神は維持されているともいえるからである。

　ルール選択をめぐって観察されるようになった権力政治への回帰は、国際機関や国際条約間の衝突が発生するときに見られる一時的な現象に過ぎないのであろうか。そうだとするならば、国際機関や国際条約間の衝突は徐々に解消され、国際関係は国際法に基づく秩序だったものに

11　こうした批判は、WHO や、国境なき医師団をはじめとする NGO によって盛んに行われている。一方、先進国の製薬会社を中心に、医薬品特許が適切に保護されなければ、人命を救うための医薬品がそもそも開発できなくなるとの反論がなされている。

なっていくのかもしれない。あるいは、露骨な権力政治は後景に退きつつあるものの、国際ルールの形成や適用をめぐる「より洗練された権力政治」が今後の国際関係の中心となるのであろうか。各国政府の力関係を背景にひとたびルールが形成・適用されてしまうと、ルール変更がなされない限り強国に有利なルールが当該問題を支配し続けることになる。それだけに、「より洗練された権力政治」は、むき出しの権力政治よりも弱小国に厳しいものとなるかもしれない。いずれにせよ、グローバル化が進展する中にあっても、国際関係における政府間関係という側面の重要性が低下することは当面なさそうである。

〈推薦文献〉
1 中西寛『国際政治とは何か——地球社会における人間と秩序』中公新書、2003年
  国際政治の展開・変容を近代ヨーロッパからたどることで、国際政治の本質に迫ろうとする。新書だが内容は濃く示唆に富むので、じっくりと読んでほしい。
2 城山英明『国際行政の構造』東京大学出版会、1997年
  国際行政の理論的側面とともに、国際通信行政の具体的な発展過程を中心に詳細に分析しており、国際行政の展開についてまとめた書。
3 ジョゼフ・S・ナイ・ジュニア（田中明彦・村田晃嗣訳）『国際紛争——理論と歴史 原著第7版』有斐閣、2009年
  国際政治の理論と歴史の両面から国際紛争について解説する書。本章で触れた勢力均衡や集団安全保障をはじめとする国際政治の基本概念を理解するうえでは本書が最適。
4 最上敏樹『国際機構論 第二版』東京大学出版会、2006年
  国際機構はなぜ存在するのかについて歴史的に分析するとともに、国際法学、国際政治学の知見を活用して、国際機構の本質に迫ろうとする書。
5 山本吉宣『国際レジームとガバナンス』有斐閣、2008年
  国際レジーム論からグローバル・ガバナンス論への理論的発展を跡付けるとともに、具体的な事例への応用を通して、国際関係の制度化進展の現状を理論的に分析する書。本章で触れた国際機関間の衝突や、プライベート・レジームに関する先駆的論考も含まれる。

第6章　地球環境問題と国際関係
──環境政策のグローバル化

大島　堅一

―〈本章のねらい〉―

　「環境問題をいくつかあげてみなさい」と問われて、私たちは一体何を思い浮かべるであろうか。気候変動問題、オゾン層破壊、ゴミ問題、自然破壊。イメージする環境問題は、個人の関心や経験によってさまざまある。共通しているのは、社会が高度に発達したにもかかわらず、環境問題は未解決のままであるという認識である。いや未解決どころか、グローバル化が進むにつれ、一層深刻さの度合いを増していると感じている人もあろう。なんとかしなければならないのではないかと漠然とした不安をもっている人も多いと思われる。

　たしかに、環境問題の現実をつぶさに調べ、最前線に足を踏み入れると、地球環境の崩壊がまさに現在進行形で進んでいることがひしひしと感じられる。にもかかわらず、具体的な対策は遅々として進まず根本的な解決がされていない。あっという間に問題を解決できるような世界政府が成立することを夢見ることは自由である。だが、現実にはすぐには実現不可能である。私たちは、深刻な現実を目の前にして、一歩一歩着実に環境保全のための国際関係を構築していくしかない。

　環境問題の解決を目指して私たちが基本とすべきは、環境問題は地震や雷などの自然現象ではなく、あくまで社会現象であるということである。社会現象である以上、その原因となっている社会的原因を除去し、社会構造を作り替えれば解決できる。こうした立場に立たなければ、環境問題は人類に課せられた宿命であり、未来永劫解決できないなどという稚拙な悲

観論から抜け出すことができない。

環境問題にアプローチする科学的方法は、自然科学、社会科学いずれにもある。

自然科学は、たとえば、大気汚染がどの程度進んでいるのかを汚染物質の大気中濃度を計測して把握する。また、汚染物質がどのように健康被害を及ぼすのか、その自然科学的因果関係を明らかにする。これが自然科学のアプローチである。これに対し、社会科学のアプローチでは、環境問題を引き起こす社会的原因を突き止め、それを除去するための社会的方策を考える。具体的には、環境経済学、環境法学、環境社会学等の専門的学問領域があり、それぞれの方法論に基づいて社会的な仕組みのあり方を考える。国際関係学においては、これらの個別の諸科学の到達点をいかしつつ、環境問題をめぐる国際関係のあり方を考察する。

私たちはこれからの時代を「環境崩壊の時代」とするのであろうか。それとも、これまでの社会の発展パターンを変え「環境保全の時代」にできるであろうか。

以下では、まずは現代の環境問題の特徴を把握した上で、地球規模の環境問題の典型事例として気候変動問題、軍事環境問題を取り上げる。そして、地球環境政策を実施していくための国際的な仕組みについて考えていくことにしたい。

1　現代の環境問題の特徴

グローバル化した現代の環境問題は、従来の環境問題とは何が本質的に異なるのであろうか。大きくわけて、次の４つの点を指摘できる。

第一は、加害被害構造の複雑化、構造化である。水俣病に典型的にみられる地域的な汚染問題（公害問題）においては、加害被害関係の把握が比較的容易である。たとえば水俣病の場合、汚染者はチッソであり、汚染物質は有機水銀であり、被害者は魚介類を多くとっていた水俣湾沿

岸に住む住民であった。もちろんこれだけに矮小化される問題ではないが、加害被害関係は比較的単純である。

ところが地球環境問題の場合、加害被害関係は単純ではない。たとえば、気候変動問題の原因物質であるCO_2を排出するのは、発電所や工場もあれば一般市民が利用する自動車も含まれる。被害を受ける人々も多様である。島嶼国のように国土そのものを失う人々もいれば、異常気象の影響で農業被害をこうむる人々もいる。加害も被害も構造化・複雑化しているのである。

第二は環境問題の空間的拡大である。これは国際化そのものといってよい。

もともと環境問題は、いきなりグローバルなレベルでは現れない。通常、どのような国であっても、初期段階ではローカルなレベルで進行する。たとえば、日本は、高度成長期以降、多様な環境問題を経験した。典型的なものは、水俣病、イタイイタイ病などの公害問題である。

経済活動の規模が拡大すると、環境問題は国境を大きくこえるようになる。加害者が国境をこえて活動する場合、被害が国境をこえて拡がる場合、またその両方の場合がある。自然破壊問題で例をあげれば、メコン川流域では、上流部の中国でダムが建設されると川の流量が基本的に上流の中国によってコントロールされ、それによって下流部が被害を受けている。

国境をこえる環境問題が発生すると、単に大規模になったというだけの意味に留まらない困難に我々は直面するようになる。それは、環境問

---

1 公害問題は、現代からみれば、地球環境問題に比して比較的単純な問題にみえるが、公害問題がおこった当初は加害被害関係を含めて全く把握されておらず、問題の解明自体が困難を極めたことは記憶しておくべきである。公害問題を正面からとらえた最初の著作は、庄司光・宮本憲一『恐るべき公害』(岩波書店、1964年) である。現在でも途上国では環境問題の被害が表にでてくることが少ないが、これは、途上国が当時の日本と似ているからかもしれない。

2 日本環境会議編『アジア環境白書2003/04』東洋経済新報社、2003年、175－199ページ。

題を解決する統治機関が存在していないということである。従来の国内むけの環境政策体系においては、政策の実施主体は国家や自治体であると暗黙のうちに想定されていた。しかし、国際的にはそれらが存在しないのである。このような状況のもとで、適切な環境政策をどのように実施していくのかという課題は、まさに国際関係学が解くべき実践的課題である。

　第三は、被害の長期化である。従来の環境問題、たとえば水俣病[3]のような問題の場合は公式発見が1956年、最高裁判決で国の行政責任が確定したのは2004年であった。この間、約50年におよぶ時が過ぎた。この50年という時間は、人の一生からすれば非常に長い。

　現代の環境問題は、さらに時間的スケールが拡大している。中には人間の生涯を大きく超えて、数百年〜数万年後にまで影響を及ぼすものがある。この種の環境問題にいたっては、国家そのものの寿命や文明の寿命をもこえている。

　たとえば、原子力発電にともなって生ずる放射性物質は汚染物質の中でも人類に長く影響を与える。原子炉内でおこるウラン235の核分裂によって発生する放射性核種は一括して放射性廃棄物と呼ばれる。この中には、さまざまな核種が含まれており、なかには半減期（放射線量が半分になる期間）が数万年以上あるものもある。人間社会は、すでに、人類という生物種の寿命をもこえる汚染物質を登場させるに至ったのである[4]。

　第四に、現代の環境問題には、「このまま推移すれば破局的な影響を及ぼす」とされるものが多い。たとえば、生物多様性喪失問題は、この

---

[3] 水俣病は、足尾鉱毒事件とならんで、日本の公害問題の原点と言われる。水俣病に関する文献は数多く出版されている。原田正純『水俣病』（岩波書店、1972年）、原田正純『水俣病は終っていない』（岩波書店、1985年）は代表的な著作である。また、水俣病の政治経済学的な解説は、除本理史・大島堅一・上園昌武『環境の政治経済学』ミネルヴァ書房、39－58ページを参照されたい。

[4] この点についての文献は多いが、わかりやすいものとしては反原発出前のお店編・高木仁三郎監修『反原発出前します』七つ森書館、1993年がある。

ままで推移すれば、人間社会の自然的基盤を根底から崩しかねない。多様な生物が存在してはじめて、環境の持つライフサポートシステムが維持されるからである。また、気候変動問題は人間のあらゆる活動が前提としてきた気候系そのものが破壊される問題である。気候の破局的変化が起これば、水供給、農業生産に大きな被害が及ぶ。

これほどまでに大規模で深刻な環境問題は、これまで出現しなかった。地球環境問題は人間社会の継続すら脅かしている。深刻な問題が百出する現代は、人類史上極めて異常な時代である。

2 ケーススタディー1：究極の地球環境汚染―気候変動問題

グローバル化する環境問題に対応するには、世界は、国家の枠組みを超えて国際的に超長期な取り組みを進めざるを得ない。世界はどのような対策をとらなければならないのであろうか。まずは、気候変動問題からみてみることにしよう。

1 気候変動問題の科学的知見

環境問題を解決する上で、具体的な被害を把握することは最も重要なことである。気候変動問題に関しては、1990年代初頭以来、世界的規模で科学的知見が集積している。なかでも国際的に科学的知見を集約することを目的に、国連環境計画と世界気象機関によって設置された「気候変動に関する政府間パネル」（Intergovernmental Panel on Climate Change: IPCC）は、気候変動問題に関してさまざまな報告書を発行してきた。気候変動問題は自然現象を大きく超えた人為的現象であることは、すでに世界の殆どの科学者の共通した見解となっている。

IPCC第四次評価報告書によれば、今後100年の間に地球規模で大幅な気温上昇が見込まれている。予想される地球表面気温の上昇幅は、研究によって差はあるが、産業革命以前に比べて1.1～6.4度とされている。

この気温上昇は、人類がかつて経験したことのない幅とスピードである。IPCC報告書によれば、仮に今すぐに温室効果ガスの排出量をゼロにしたとしても、今後数世紀にわたって気温上昇は続き、海面上昇は数千年間にわたっておこる。このまま対策を取らなければ、地球環境に不可逆的変化が起こるとみて間違いない。

　この問題の困難な点は、被害がでるのは将来であるのに対し、対策はすぐに実行しなければならないということである。

　IPCC報告書はこの点をわかりやすく説明している。同報告書によれば、破局的な気候変化が起こるかどうかの目安は、将来の地球表面の気温上昇幅を2度以内に収められるかどうかにある。これは、気温上昇幅の閾値であるとみることができる。だが、この閾値におさめたとしても地球生態系への影響はすさまじく、平均気温の上昇幅が2～3度であっても20～30％の動植物種で絶滅リスクが増大する[5]。

　IPCC報告書によれば、およそ2度の気温上昇幅に抑えるためには、少なくとも2000～2015年の間に世界全体の排出量を絶対的に削減に転じなければならず、2050年には2000年水準に比して50～85％削減しなければならない[6]。これは世界全体の排出量についてのことであるから、先進国は当然これ以上に削減しなければならない。各国別の排出削減必要量はまとめられていないが、先進国は1990年水準から80％～95％の削減を達成しなければならないことを意味する。2011年から前年比一定率で削減していくとすれば、現時点の排出量から90％削減するには毎年前年より5％以上削減しなければならない。事態は非常に深刻であると言わざるを得ない。

　加えて、これは長期的に気候の安定化のための1つの通過点に過ぎな

5　IPCC, *Climate Change 2007 - Impacts, Adaptation and Vulnerability*, Cambridge University Press, 2007, p.11.

6　IPCC, *Climate Change 2007 - Mitigation of Climate Change*, Cambridge University Press, 2007, p.39.

い。平均気温上昇と温室効果ガス濃度との間には対応関係がある。温室効果ガス濃度が上がれば気温も上昇するので、気温上昇を止めるには温室効果ガス濃度を安定化しなければならない。温室効果ガスを一定に保つためには、人為的な排出量と森林などによる吸収量との差をゼロにすること、すなわち、人為的純排出量をゼロにすることが必要である。

　仮に大幅削減を実現し、人為的純排出量をゼロにしたとしても、気候の変化は排出量の変化よりも後になって起こるので気候変動は超長期にわたって継続する。たとえば、IPCC報告書では2100年にCO_2排出量をゼロにした場合のテストケースについての記述がある。これによれば、一旦700ppmに達したCO_2濃度が、陸上および海にCO_2が吸収され560ppmへと平衡するまでに100～400年かかる。また、21世紀中の排出の影響は西暦3000年になっても残り、地球表面気温の上昇と海水の膨張による海面上昇幅は産業革命以前よりも著しく高くなる[7]。今世紀中の温室効果ガス排出は後の世代に文明史的影響を与えるまでになっている。

2　必要とされる対策

　IPCC報告書によれば、報告書中で評価された安定化水準は、現在利用可能な技術、もしくは今後商業化されるであろう技術を組み合わせることで達成可能である。またGDP（国内総生産）への影響もそれほど大きくはなく、対策費用よりも気候変動を回避することの便益のほうが大きい。ただし、このような削減を実現するためには、インフラの整備のあり方そのものを変える必要がある。

　インフラの整備はリードタイムが長く、一旦整備されてしまえば容易には変更できない。排出削減策を本格的にとることが遅れれば遅れるほど、火力発電所等、より排出量の多いインフラが整備されてしまう。と

7　IPCC, *Climate Change 2007 - The Physical Science Basis*, Cambridge University Press, 2007, pp.825-826.

くにエネルギー供給システムを変えるには時間がかかる。たとえば、発電所をつくるのには 10 年くらいの期間がかかるし、いったん作られると数十年間利用され続ける。一旦環境破壊型のインフラができてしまうと、それは長期にわたって利用されるので、低濃度での温室効果ガス濃度の安定化の可能性が狭まってしまう。この点を踏まえれば、炭素税や排出権取引等の導入に加え、投資のあり方の変更、ライフスタイル、交通手段の変更、税財政改革を含む経済体制そのもののあり方を変更するための総合的対策が必要である。

国際的にこのような対策を進めていくにはどうすればよいのであろうか。世界政府や、世界的な環境政策を統一的に行う統治機関が存在しない以上、現実には、多くの国家が参加する国際環境条約や協定をつくり、その中で具体的な削減策を一歩一歩とりきめていくしか方策はない。

実際、気候変動問題は、地球環境問題の中で最も議論が進んできた。1992 年には、国連環境開発会議の開催に間に合わせる形で、気候変動枠組条約が策定され、同会議で条約の署名が開始された。また、同条約の「共通だが差異ある責任」の原則に基づいて、気候変動枠組条約の附属書 I 国（先進国）に対して法的拘束力をもたせた数値目標を含む京都議定書が 1997 年に策定された。これには、いわゆる京都メカニズムという国際的な政策も含まれている。2001 年には、気候変動枠組条約第 7 回締約国会議（**写真**）で、京都議定書の詳細運用ルールであるマラケシュ合意が取り決められ、2004 年には京都議定書が発効した。[8]

3 ポスト京都の国際的枠組み

京都議定書を基礎とした取り組みが各国で進む中で、京都議定書の限界も同時にみえはじめている。これはポスト京都問題といわれている。

京都議定書の第一の限界は、京都議定書上の法的拘束力ある目標値が

8 　気候変動をめぐる国際交渉については、髙村ゆかり・亀山康子編『京都議定書の国際制度』新山社、2002 年、および、髙村ゆかり・亀山康子編『地球温暖化交渉の行方』大学図書、2005 年を参照されたい。

気候変動枠組条約第7回締約国会議の会議風景
出所）筆者（大島堅一）撮影（2001年11月）

2008〜12年の5年間に限られたものであって、2013年以降の長期的な目標や枠組みは定められていないということである。先に述べたように、今後、化石燃料使用を基礎とする文明を形作っていく限り、気候変動問題への対策を半永久的に行わざるを得ない。これからすれば、京都議定書は非常に短期の目標にすぎない。長期的な目標と仕組みは、気候変動の危機を十分に踏まえて、京都議定書以上に厳しい削減目標と政策がとられる必要がある。

　京都議定書の第二の限界は、途上国を含む世界的な排出規制とはなっていないことである。もちろん、途上国と先進国の間には、現時点での排出量でみても、歴史的蓄積量からみても、大きな格差が存在する。たとえば、**図6-1**に示すように、2007年時点の一人当たりCO_2排出量はアメリカ19.2トン（CO_2換算、以下同じ）、日本9.5トン、中国4.5トン、インド1.2トンである。また、日本のCO_2の総排出量（12億2000万トン）は、アフリカ全体の排出量（9億8100万トン）よりも多い。これらのこ

> 補論

地球をリンゴにたとえると

　人間が活動を行いうる星は、今のところ地球のみである。科学的に地球外生命体を探す試みはいくつもあるが、残念ながら地球以外に生命は発見できていない。それどころか、宇宙空間はほとんど何もない空っぽであり、実に不毛な世界である。我々の住む地球は実に孤独な存在であり、それだけに大変貴重である。

　とはいえ、これだけではわかりにくい。地球を1個のリンゴとみなして計算してみよう。

　地球は外周4万キロメートル（※ちなみにこれはかつてのメートルの定義による）であるので、これを円周率3.14で割ると、直径は1万2700キロメートル（半径約6350キロメートル）になる。日常的な人間の活動部分は、商用ジェット機が飛行する10000メートル（＝10キロメートル）を上限とみてよい。すると、半径6350キロメートルに対して10キロメートルであるから、半径の635分の1が人間の活動圏と考えることができる。

　これを1個のリンゴに置き換えて考えてみよう。リンゴを半径5センチの球とすると、人間の活動圏は半径の635分の1であるから、半径5センチ÷635＝0.00787センチメートル＝0.0787ミリメートルが人間の活動圏ということになる。つまり、1ミリの100分の8にみたない薄い空間のなかで人間の活動が営まれているわけである。

　加えて、大半の社会的活動は陸地で行われている。地表のうち、陸地はその3割程度で、うち砂漠が20％、南極大陸が9％を占める。したがって、多く見積もってもせいぜい地表の4分の1しか人間の住める空間はない。ということは、リンゴを4分の1に割り、その皮部分にも満たない部分(0.0787ミリ)が、人間の住む世界である。

　宇宙にただ1つ、平均14度という生命活動に適した空間をもつ地球。人間の住む環境がいかに限られた奇跡的空間であることか。宇宙で唯一の生命のすむ貴重な環境を守る義務が、我々にはある。

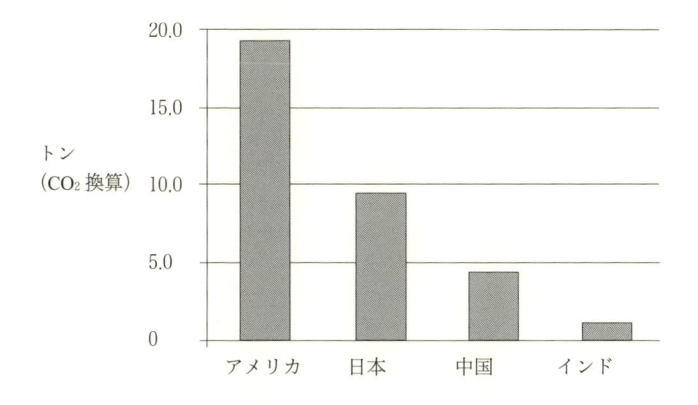

図6-1 各国の1人あたりのCO_2排出量
出所:日本エネルギー経済研究所計量分析ユニット編『EDMC エネルギー・経済統計要覧2010』より作成。

とからすれば、温室効果ガス排出削減義務はまずは先進国にある。

他方では、途上国の経済成長のあり方を、先進国型のエネルギー多消費型社会ではなく、エネルギー供給面では再生可能エネルギー（風力や太陽光等）を中心とし、エネルギー利用面ではエネルギー利用効率の高い社会を目指す方向へと変えていくことも必要である。それは、先進国型汚染社会を経ることなく、直接、持続可能な社会にいたる道筋といってよい。先進国型の経済発展経路をとらないで、途上国が、直接、持続可能な社会に移行できるかどうかは、21世紀の地球環境保全にとって決定的な意味をもっている。

3 ケーススタディー2：軍事と環境問題

軍事活動は、国と国との間で発生する最も環境破壊的な人間の活動である。軍事活動は、いわゆる「冷戦終結」以降も減っていない。なかでもアメリカはその中心となっている。アメリカの軍事費（2008年）は6160億ドルで、一国で世界全体の15200億ドルの42％を占め、第二位

の中国（862億ドル、6％）を大きく引き離す超軍事大国である[9]。軍事活動による環境問題は、あらゆる国で起こっているが、世界的に軍事活動を展開しうる唯一の国アメリカによる環境破壊は最も大規模である。アメリカのグローバルな軍事活動がさまざまな環境問題を各地で引き起こしている。

　国家安全保障は、国策のなかで聖域として扱われ、あらゆる政策が安全保障の名の下にないがしろにされてきた。環境政策も同様である。軍事活動は、環境を大規模に破壊し、その影響が次第に無視できない水準にまで高まっている。この問題をどのようにとらえたらよいのであろうか。

　以下では、軍事活動による環境問題を、（1）基地建設時における環境破壊、（2）日常の基地のオペレーションにおける環境破壊、（3）戦争準備（軍事訓練や軍事演習）にともなう環境破壊、（4）実戦に分けて考える[10]。軍事環境問題は、一般に知られていない問題が多い。ここでは具体的事例をあげたうえで、解決に向けた課題を考える。

1　軍事基地建設と環境

　軍事基地や施設が建設されると、地域の環境が大規模に破壊される。日本の『防衛白書』に相当するような公式レポートを毎年発行している国も限られていることから、世界の軍事基地面積についての公式統計はない。ただし、ある推計によれば、地球の陸地面積の1～1.5％が軍事基地で占められているとされている。これはインドネシアの国土に相当する面積である。これには、軍需産業が占める土地は含まれていない。広範な土地が軍事活動のために占有されているといえるであろう。

　軍事基地建設に関し、現代の日本で深刻な問題になっているものは、沖縄における普天間基地代替施設建設問題である。これは、普天間海兵

9　Stockholm International Peace Research Institute, SIPRI Military Expenditure Database（http://www.sipri.org/、2010年12月1日閲覧）。
10　日本環境会議編『アジア環境白書2003/04』東洋経済新報社、17－52ページ。

隊基地の返還に際して、その代替施設を日本政府が用意するということを日米合意で定めてしまったがために発生している。日米安保条約に基づく国際関係が大規模自然破壊をもたらそうとしている格好の例である。

基地建設地とされている名護市辺野古沖のサンゴ礁はジュゴンの生息地域である。ジュゴンは環境の変化に敏感で、水産庁のレッドデータブック（『日本の希少な野生生物に関するデータブック』）では絶滅危惧種とされている。基地が建設されれば、ジュゴンの住む環境が破壊される可能性がある。

2　軍事基地の日常のオペレーションによる環境破壊

軍事基地・施設は、特殊な化学工場のようなもので、さまざまな汚染物質を大量に扱っている。環境汚染を引き起こすものは、火薬、燃料油、潤滑油、洗浄剤、絶縁体、化学兵器、核兵器、生物兵器、重金属、除草剤などである。一般の工場では、汚染物質は、際環境規制に従って、適切に管理することが義務づけられている。軍事基地の場合も、化学工場と同様の措置がとられる必要がある。

ところが軍事基地では、汚染物質に関する情報が公開されにくい。最も危険な物質である核兵器ですらそうである。日本は、非核三原則を建前にしており事前協議はないから核兵器は持ち込まれたことがないということになっていた。ところが、実際には、日米間で核持ち込みに関して、事前協議の対象にしないという密約が存在していたことが明らかになった。また今日においても核兵器を搭載可能な潜水艦が寄港している可能性が否定できない。

また、軍事基地による汚染が実際に深刻な健康被害を発生させるにまで至った事件もある。これは、1990年代初頭までアメリカの基地が置かれていたフィリピンでみられる。フィリピンのクラーク空軍基地とスービック海軍基地の跡地およびその周辺では、アメリカ撤退後、深刻な健康被害が発生した。現地の環境保護団体が行った調査によれば、被

害者は両基地あわせて 2004 年 4 月末現在で 2460 名におよんでいる。症状は、白血病、各種ガン、腎臓性疾患、呼吸器障害と多様であることから、複合汚染の可能性が高い。

　これらの被害に対しては、加害国アメリカからの補償は全く行われていない。アメリカはその理由を、米比基地条約において、基地返還に際し、原状回復措置や補償を行う義務がないと定めてあるからであると主張している。日本や韓国は、これと同じ内容を含む対米地位協定をもっている。この種の問題が起こるのは、環境を無視した地位協定が存在することに根本的な原因がある。ドイツは駐留外国軍に対して原状回復や被害補償の義務を課しており、日本や韓国でも同種の対応が必要である。

3　戦争準備による環境破壊

　空軍基地や海兵隊基地、空母で繰り返し実施される離発着訓練や、さまざまな形態をとって実施される軍事演習は、究極的には戦争を行うことを念頭に実施されている。そのため基本的に環境への配慮はされていない。

　戦闘機の離発着訓練によって発生する殺人的爆音は、人間の健康的な日常生活を妨げる。嘉手納基地付近で記録された爆音は 127 ホンにも達する。聴力は、130 ホンで喪失する危険があるから、まさに殺人的爆音であると言ってよい。[11] この問題をめぐっては、日本の嘉手納、宜野湾、横田、厚木、横須賀、三沢、小松、韓国の議政府、烏山、郡山、大邱等、空港や空母母港がおかれている地域でみられる。

　実弾による演習は、地域の自然を大規模に破壊する。韓国にある梅香里米軍国際射爆場では、沖縄やグアムから飛び立った戦闘機が行う爆撃演習によって、標的となっている島の大半が消失している。もちろん、この地域では日常的に戦争と同じような状況に置かれており、地域住民への影響も計り知れない。

11　福地曠昭『基地と環境破壊』同時代社、130 ページ。

沖縄では、放射能汚染がもたらされる劣化ウラン弾が用いられることもあった。たとえば、1995年12月にアメリカ海兵隊は沖縄県鳥島で1520発、200キログラムにおよぶ劣化ウランを使用した。このうち回収されたのは200発にすぎず、残りは土壌に残されている。劣化ウラン弾は、アメリカ国内では訓練で使用されることはなく、核兵器並みに厳重に管理されている。米軍のこの行為は、日本の原子炉等規制法にも抵触している。

4　実戦による環境破壊

実戦においては、核攻撃によってもたらされる究極的環境破壊のほか、通常兵器であっても大規模な環境破壊がもたらされる。歴史的遺産は破壊され、地域生態系も徹底的に破壊される。つまり、これまで述べてきた軍事基地、戦争準備等の環境破壊の特徴がすべて集中的に現れる。

戦争による破壊は、復元が困難である。たとえば、ベトナム戦争は約1400万トンもの爆弾が投下され、1000〜1500万ものクレーターができたとされている。その結果、今も土壌流出が進むなど生態系には不可逆な破壊がもたらされた。

実戦においては、環境破壊そのものを目的とした攻撃すら行われる。ベトナム戦争においては、枯葉剤が熱帯林そのものを破壊するために使用された。枯葉剤による影響は「エコサイド」（環境汚染による生態系破壊）とまでいわれる規模であった。「ベトちゃん、ドクちゃん」にみられるような二重胎児、奇形児が大量に生まれるなど人的被害も甚大である。

近年では、劣化ウラン弾の使用が国際的に問題となっている。湾岸戦争、ボスニア・ヘルツェゴビナ紛争、コソボ紛争、イラク戦争ではアメリカ軍はこれを大量に使用した。とくにイラク戦争では、大都市バグダッドにおいて使用されたとみられている。これが事実であれば、長期的に大規模で深刻な汚染被害がでるものと予想される。

5　平和で持続可能な社会への課題

　軍事活動は長年聖域とされてきた分野である。だが、21世紀を真の環境保全型社会に変えるためには、この領域もまた環境保全の立場から見直す必要がある。解決のための国際的取り組みを進めるのは容易なことではない。だが、放置しておいてはますます事態は深刻になるばかりである。我々はどのような取り組みを進めるべきであり、どこにその可能性があるであろうか。

　まずは、軍事環境問題に関する情報公開を進めることが重要である。軍事活動にともなう環境問題は、被害加害関係という基本的事実を明らかにすることすら極めて困難である。汚染実態、健康被害者の実態把握はすすんでおらず、被害者に自覚がない場合すらある。国家は、一般に、この分野に関して情報公開に積極的ではない。市民がグローバルに協力し、情報を収集・整理しつつ、国家に働きかける必要がある。

　第二は、軍事活動によるものであっても、環境破壊に関しては汚染者による費用負担義務を国際的に課すことである。通常、一般の環境問題は、「汚染者負担原則」（Polluter Pays Principle: PPP）によって費用負担がなされている。軍事活動だけを汚染者負担原則の例外とする合理的根拠はどこにもない。

　軍事環境問題の実態解明と解決のための取り組みは、国際的レベルでも始まっている。たとえば、軍事環境問題に取り組むNGOの国際的ネットワークができ、沖縄の普天間基地代替施設建設の是非を問う裁判がアメリカ・カリフォルニア州で提起され、原告側勝訴の判決がでている。こうした取り組みが、積み上げられていくことで、新たな国際関係を構築する基礎ができあがっていくであろう。

4　まとめ——地球環境ガバナンスの形成に向けて

　ますます深刻化する地球環境問題を前に、地球環境を保全することが

各国の利害を超えた共通の課題であるという認識が、国際社会において次第に形成されるようになってきた。むしろ、地球環境問題を前にして、人類は、人類として、国の利害を超えた共通の利害をもつ存在であることを自覚したとさえ言える。

　地球環境問題に対処するためには、国内政策も必要であるが、地球規模の政策や制度が構築されていなければならない。ところが、地球レベルでは政府は存在していない。これは、国レベルでの環境政策が各国政府の下で実施されるのに比べて、著しい相違である。

　たしかに国連環境計画のような環境を扱う国際機関は存在している。だが、これは世界貿易機関のような強制力をともなう強力な機関とはいえず、経済のグローバル化とは対照的に、環境政策のグローバル化はほとんど進んでいない。また、世界環境機関のような国際環境問題を統一的に扱う政策主体については、設立に向けた提言はあるものの、現実の政治的日程にはのぼっていない。[12]

　つまり、地球環境問題の深刻さに比して、環境政策は未発達である。実際、ほとんどの環境政策の領域において国際社会は「無政府」であり、政策は各国政府によってバラバラに実施されてきた。

　しかし、これでは地球環境問題を解決できない。そのため、一部のケースでは環境政策に関する国際協調が進んできた。具体的には、国際環境条約が結ばれ、その下で環境政策に関する一定の秩序が形成されている。こうした各国が協調して形成された国際的な合意や国際環境条約は、レジームとよばれる。レジームとは、国際的には「国際関係の所与の範囲において、主体の期待するものが集約される、明瞭な、あるいは暗黙の原則、規範、規則、および意思決定手続きのあつまり」と定義されている。レジームの下では、各国政府はこれまでとは異なる役割を演じる。すなわち、各国政府はレジームを形成する過程においては主体たり得る

12　たとえば Biermann, Frank and Steffen Bauer eds., *A World Environment Organization*, Aldershot: Ashgate, 2005 を参照。

が、いったん国際合意が形成されるとレジーム自体が秩序として一種の主体性をもつようになり、各国政府に影響を与えていく。国際関係の場面でいえば、このように国際的制度や組織が秩序を形成している状態をガバナンスといい、環境に関わるものを環境ガバナンスという[13]。世界政府なき現状では、地球環境政策を実施する地球環境ガバナンスが重要な役割を果たすことになる。

地球環境ガバナンスの下にあっては、各国家をはじめ、欧州連合、経済協力開発機構のような国家連合、国連環境計画、世界銀行、国連開発計画、地球環境ファシリティー（途上国の環境保全対策に資金供与を行うために世界銀行、国連環境計画、国連開発計画の共同出資で1994年に発足）等の国際機関がそれぞれの政策を実施している。また、環境NGO、産業界（多国籍企業を含む）、環境に関する民間諸団体、自治体、市民等がそれぞれの役割を持って存在している。こうした多様な主体が、何らかの形で環境政策の形成や実施に貢献しているというのが地球環境政策の実態である。つまり、非常に多様で重層的な構造を持っているのが地球環境ガバナンスの特徴である。

ただし、現在の地球環境ガバナンスによって効果的な環境政策が十分にとられているかどうかについては、議論の余地がある。実際、地球環境問題全般にかかわる国際機関はいくつもあるが、似た目的のために個々バラバラに融資や政策が行われている。そのため、こうした国際機関の間で何らかの調整・統合が必要になっている。

今後、地球環境政策が本格化するにつれ、より一層効果的な地球環境ガバナンスの構築が必要になってくるであろう。このことを追究することが、現代の国際関係学の重要課題となっている。

〈推薦文献〉
1 除本理史・大島堅一・上園昌武『**環境の政治経済学**』ミネルヴァ書房、2010年
　公害問題から軍事環境問題、気候変動問題まで、環境問題を政治経済学的観

13　亀山康子『地球環境政策』昭和堂、2003年、93 − 95 ページ。

点から解説した初学者向けの教科書である。
2 　植田和弘『**環境と経済を考える**』岩波書店（岩波高校生セミナー）、1998 年
高校生向けであるが、環境と経済の関係をわかりやすく解説している環境経済学に関する格好の入門書である。
3 　大島堅一『**再生可能エネルギーの政治経済学**』東洋経済新報社、2010 年
原子力問題と再生可能エネルギー普及政策について政治経済学の立場から分析した書籍である。
4 　畠山武道・大塚直・北村喜宣『**環境法入門**』日本経済新聞社、2007 年
環境政策の基礎となっている環境法についてコンパクトにまとめた環境法の入門書である。
5 　飯島伸子編『**環境社会学**』有斐閣、1994 年
環境問題は、被害加害構造を理解することが重要である。これを方法論的に理解するための環境社会学の入門書である。
6 　寺西俊一編『**新しい環境経済政策**』東洋経済新報社、2003 年
本章では扱わなかった問題も含め、エネルギー、貿易、消費、財政など、さまざまな政策領域における問題を環境経済学の立場からとりあげ、解決策を示した良書である。
7 　日本環境会議「アジア環境白書」編集委員会編『**アジア環境白書　2010／11**』東洋経済新報社、2010 年
総勢 100 名を超える専門家、NGO 活動家によるアジアの環境問題についての解説書。経済発展著しいアジアにおける環境問題の現実を詳しく知ることができる。
8 　季刊『**環境と公害**』岩波書店
そのときどきの最も重要な環境問題を特集した論文が掲載されている専門誌である。関心がある問題がある場合は、まずはこのバックナンバーを参照したい。

■■■■■■■■■■　用語解説　■■■■■■■■■■

持続可能な発展

　1983 年に発足した「環境と開発に関する世界委員会」（World Commission on Environment and Development）が 1987 年にだした最終報告書、「我ら共有の未来」（*Our Common Future*）で提唱された新しい発展の概念。「将来の世代が自らのニーズを充足する能力を損なうことなく、今日の世代のニーズを満たすこと」と定義されている。

水俣病

　熊本県水俣市を中心としておこった有機水銀中毒。原因企業はチッソ。生態系を通して有機水銀が濃縮され、汚染された魚を漁民が食べたことによっ

ておこった。民間企業がひきおこし、国が被害を拡大した責任がとわれた典型的公害事件である。

劣化ウラン
　比重が重く、戦車の装甲板を打ち抜くことができるために弾丸として使用されるようになった。装甲板を貫通する際、激しい摩擦熱で劣化ウランが燃焼し、戦車内部を焼き尽くすとともに周辺に飛散する。重金属毒性、放射能毒性の両面をもつ。

地位協定
　基地がおかれる国（日本や韓国）における駐留外国軍の地位を定めた国際協定である。日米地位協定第4条1項には、基地を返還する際、原状回復及び補償の義務がないと明記しており、問題になっている。

汚染者負担原則
　1972年にOECDによって提唱され、先進各国の環境対策の費用負担原則として採用されているもの。国際貿易上の不公平を無くすためのものとしてつくられたが、日本では被害者救済の費用負担原則にまで拡大されて運用されている。

第7章　民主主義の民主化と越境する市民社会／社会運動

松下　洌

―〈本章のねらい〉―

　われわれは「グローバル化」の時代に生きている。われわれは一面で、たしかに日常生活において「グローバル化」の恩恵を受けている。他方、環境、移民・難民、エイズ・麻薬・犯罪、世界的な食糧危機といった国境を超えるさまざまな問題を日々体験している。こうして、国民国家は変容している（詳しくは第1章参照）。では、グローバル化が「国境のない世界」に向かう動きなのか。しかし、最近の中国、ロシアと日本との領土をめぐる問題（尖閣諸島、北方領土）にも見られるように、領域に基づいた国民国家が「国益」を理由に外交を展開し、ナショナリズムを強調する行動も目立ち始めている。「グローバル化」と「国民国家」・ナショナリズムとの関係をどのように考えたらよいのか。

　そもそも、「グローバル化」といっても、その支配的形態は市場と競争を最優先にする「新自由主義型グローバル化」である。それは勝者と敗者、光と影、統合と排除を世界中で生み出している。そして、このグローバル化に批判的な多くのアクターは、広範な地域と多様なレベルからさまざまな社会運動や抵抗運動を展開している。これらの運動は、「オルタ・グローバリゼーション」あるいは「下からのグローバリゼーション」という運動と課題を提起している。こうしたグローバルな対抗関係のなかで、民主主義や市民社会についての現状と可能性を再検討することが要請されている。民主主義も市民社会も領域国家を前提に形成された。しかし、今やグローバル化によって脱領域化と脱国民化の苦悩を余儀なくされている膨大な数

の人々がいる。グローバル化によって民主主義と市民社会は、国境を越えるリージョナルなガヴァナンスを実現するために、さらにはグローバルな諸問題を解決するためにも再構築されねばならないであろう。本章では、普通の市民の立場からローカル／リージョナル／グローバルな重層的なガヴァナンスの可能性を考えてみよう。

1 グローバル化時代の民主主義再考

1 グローバル化と民主主義

　まず、「民主主義」を改めて考えてみよう。冷戦終結後、「自由民主主義」が地球上で勝利を確立した。しかし、自由民主主義は「南」の諸国のみならず、その深いルーツを持っている「北」の国々においてさえも次第にその信用と確信を失墜させている。代表制と参加の双子の危機は、こうした信頼性と正統性の低下の兆候である。

　世紀末、法的・制度的な権威と市民の現実生活との間には広範な政治的空白やアイデンティティの不一致の問題が生まれている。たとえば、この現象は、1990年代以降、多くの途上国の民主化過程でなされた約束は果たされず、むしろ、多くの国々では大多数の貧民や排除された人々（移民、難民、マイノリティ等）が新自由主義型政策の流に押しつぶされた。今日、最大の矛盾は社会諸制度に参加できる人々と排除された人々の分極化である。

　他方、新自由主義型グローバル化に抗して、世界各地でローカル、ナショナル、リージョナルな共同体は、代替型の民主主義モデルに基づいた実験を行っている。排除された人々は市民社会の拡大・強化を目指し、政治と社会の分断化や分岐に対して異議申し立てをし、ボトムアップ過程の構築に、また、権威の重層化や多元性の創出に影響を与えてきた。

　本節では、自由民主主義が抱える矛盾とその限界性を指摘し、民主主

義の「民主化」および深化とその可能性を考えてみる。その前提として、グローバル化に対する本節のアプローチを述べておく。本章では、グローバル化が社会的階層性や権力関係に及ぼす影響を重視し、それを「1つの歴史的変容過程」（ミッテルマン）と捉える。

グローバル化は、生活と生産の様式を変化させ（経済的レベルの変容）、政治権力の場が領域国家の上方と下方に徐々に移動していき、重層的なレベルから成る国際システムを形成していく（政治的レベルの変容）。そして、それまでの生活様式が浸食されて新たなハイブリッドな様式が出現してくる（文化的レベルの変容）。こうした結果、グローバル化は「協調と抵抗」を交互に発生させることになる。結局、この権力構造は異なる地域や国家のさまざまな社会階層に不均等なインパクトを与えるのである。[1]

ミッテルマンによると、グローバル化は主に3つのプロセスから成っている。すなわち、「労働と権力のグローバルな分割」、「新しいリージョナリズム」、「グローバル化に対する抵抗政治」の3つの展開プロセスである。現代における「労働と権力のグローバルな分割」の特徴は、地域間と地域内双方における資本、技術、労働の大規模なフローである。しかし、この分割はリージョナルやローカルなそれぞれの場で独自の様式とり、異なる影響をこうむる。今日、支配的な新自由主義型グローバル化に対するオルターナティヴを求める動き（オルタ・グローバリゼーション）は主にこれらの場を基盤にしている。[2]

2　民主主義を民主化する

新自由主義型グローバル化は、一方で、一定の社会的配分を保障する従来の社会的・政治的システムから資本を自由にし、資本を脱社会化す

---

[1] ジェームズ・ミッテルマン（奥田和彦・滝田賢治訳）『オルター・グローバリゼーション』新曜社、2008年、6ページ。
[2] ジェームズ・ミッテルマン（田口富久治他訳）『グローバル化シンドローム』法政大学出版局、2002年。

ることを目的としている。他方で、それは、社会全体を市場の価値法則に従わせるよう機能する。この二重の帰結は、世界中でコストと機会の極端に不平等な配分を生み出した。これは、また、南北間の、また一国内の社会的不平等の急激な拡大を引き起こした主要な背景でもある。

しかし、新自由主義型グローバル化は唯一の形態ではない。別の形態のグローバル化が生まれている。この代替型の対抗ヘゲモニー形態は、ローカル／グローバルの連携・ネットワーク・同盟を通じて、一連のイニシアティブ、運動、組織の構築を目指して新自由主義型グローバル化と闘っている。実際、南北間の新たな争いは、社会、経済、政治、文化の活動における多様な領域で起こっている（第3節参照）。こうした動きは、社会・国家・市場の制度的均衡を取り戻すのみならず、新しい時代の民主主義の実践的・理論的な探求とも連動している。

コインブラ大学（ポルトガル）の社会学者、サントスは、ミナス・ジュライス連邦大学（ブラジル）の政治学者、アブリツァー等とともに「社会解放の再構築：新しいマニフェストに向けて」と題する国際的研究プロジェクトを行い、その成果の一環として『民主主義を民主化する』という著書を公表している[3]。彼らが提起する問題の一端を見てみよう。

単純化すると、20世紀における民主主義議論の支配的形態の本質の1つは、「民主主義構築における社会的動員と集団的行為の役割の放棄」、すなわち、エリート主義的解決（エリート型民主主義）であるという。その結果は、代表メカニズムの役割についての過大な評価、すなわち、社会的参加に結びつかない民主主義（参加を制限した代表民主主義）である。この民主主義の支配的形態（エリート主義型代表制民主主義）は北半球で普及したが、民主主義の論争に関して南の諸国から起こった経験と議論を無視している。

民主主義へのエリートの関心は、第一に、「政治」の範囲を政府の諸

---

3 Santos, Boaventura de Sousa (ed.) . *Democratizing Democracy: Beyond the Liberal Democratic Canon*, London, Verso, 2005.

活動に還元すること、第二に、「政治」を彼らの手に集中させること、第三に、大衆動員や集団行動が政治制度の展開に圧力を加えることへの恐れ、この3点に集約できる。このように論じたサントスとアブリツァーの目的は、民主主義議論の支配的形態に対抗する、あるいは代替する民主主義の形態を提起することである。そして、彼等はさまざまなタイプの社会的アクターが意思決定過程に幅広く参加する可能性、それまで政治システムから無視されていた諸問題への取り組み、アイデンティティと所属の再検討、ローカル・レベルでの参加を検討している。

とくに、ここでは、「民主主義を民主化する」というテーマの基本的な実現形態である参加型民主主義に着目する。最近、この参加型民主主義は世界各地で新たなダイナミズムを獲得してきた。それはまだ萌芽的であるが、参加型民主主義のトランスナショナルなネットワークを形成し始めている。

たとえば、ポルト・アレグレの参加型予算編成は、今日、とくに参加型民主主義の具体的・制度的な制度構築として注目されている。国連はそれを世界の都市運営のベスト・プラクティス40の1つと発表した。参加型予算編成は、今や多様な形態で144のブラジルの都市で実施され、他のラテンアメリカの都市（たとえば、アルゼンチンのロサリオとコルドバ、ウルグアイのモンテビデオ）で、スペイン（バルセロナやサン・フェリュ・デ・ヨブレガットのようなその近隣都市）で、フランス（サン・ドニやボビニィのようなパリ近郊の都市）やイタリア（グロッタマーレ）で、カナダ（トロント）で、そしてインドのケーララや西ベンガルの州で実施されている。

サントスとアブリツァーは、「もう1つのグローバル化」のための「民主的基準の拡大に関するテーゼ」を6項目にわたり提起している。その項目だけを列挙すると、

① 今日、民主主義のための闘いは、とりわけ「民主主義の民主化」のための闘いである。資本主義社会には6つの大きな不平等な権力関係がある。すなわち、家父長制、搾取、アイデンティティの不平等な差異、商品の物神崇拝、支配、不等価交換である。それゆえ、民

主主義はさまざまな社会的・政治的過程を含んだすべての領域で、「終わりのない過程」として実践されなければならない。
② 生物多様性の場合と同様、「民主主義の多様性」は保持・拡大、そして豊富化されなければならない。民主主義の近代史は、民主主義の形態が１つだけでなく多くの諸形態があることを示している[4]。
③ 代表制民主主義は、民主主義の空洞化である「低水準民主主義となる傾向」がある。
④ 民主主義の深化は、参加型民主主義と代表民主主義との新たな補完性を要求する必要がある。その実施のためには、国家の民主的転換が要請される。
⑤ 対抗ヘゲモニー型民主主義の強化は、ローカルなこととグローバルなことの接合に依拠しなければならない。それはローカルな実践に基づいた参加型民主主義の強化が基本的である。そして、対抗ヘゲモニー型グローバル化の強さは、ローカル、ナショナル、リージョナル、あるいはグローバルなネットワークに大きく依拠している。
⑥ 民主主義の歪曲と「取り込み」の危険性は常にあり、それを回避するには、民主主義を民主化するという考えにもとづいた絶えざる民主的な警戒によってのみ可能である。

3 ローカル・ガヴァナンスと参加型民主主義

　ローカル・ガヴァナンスは、参加の新しい諸権利が法的に具体化される領域である。対抗ヘゲモニー型グローバル化や参加型民主主義を構想する際に、ローカルの位置づけ、新しい形態の参加型ガヴァナンス、市民参加を強化するための革新的戦略とその具体的な制度構築が重要になる。
　対抗ヘゲモニー型グローバル化と「ローカル」の関連について、サントスは次のように述べている。国境を持たない積極的行動主義型の民主的運動は、「ナショナルあるいはグローバルな権力に抵抗するためにロー

4　デヴィッド・ヘルド（中谷義和訳）『民主政の諸類型』御茶の水書房、1998年。

カルな闘争を動員しようとするローカルなイニシアティブから発展したこと」を忘れるべきではない。実際、これらの抵抗なしに、トランスナショナルな民主的運動は持続できなかったし、持続できない。「ローカルなこととグローバルなことの弁証法が、その両者の二分法に置き換わる時代」に入りつつある。

「北」でも「南」でも、今後の方向性として、必要な公共サービスを効率的に提供できる責任ある国家と活動的・積極的市民に焦点をあてる点でコンセンサスが拡がっている。このアジェンダの現実化過程で、世界中の多くのイニシアティブは新しい形態のガヴァナンスを追究してきた。たとえば、活動的・参加型の市民権のあり方への関心が生まれた。これは、1980年代と90年代初めの「消費者としての市民」の観念から「政治やサービスの提供に関わる市民」への変化である。また、「統合への関心」も強まった。これは、とくに、貧しい人々、人種的・エスニック的マイノリティ、若者、老人などこれまで排除や周辺化されていた人々を参加させる関心である。さらに、「広範な説明責任」の形態への関心がある。これらは、法的・財政的・政治的諸形態ならびに社会的説明責任の要求を含んでおり、多様なパートナーが制度と政策形成者に責任を持たせることを可能にするものである。前述したポルト・アレグレ市における参加型予算編成はこうした新しいガヴァナンス形態の典型例であろう。そして、この都市が後に触れる世界社会フォーラムの発祥地でもあることは、ローカル／ナショナル／グローバルな連関性を考える上で示唆的であろう。

2　リージョナル／ローカル・レスポンス：自律的リージョナリズムへの可能性

1　現代リージョナリズムの役割

近年、先進国のみならず途上国世界においてもさまざまな目的と内容

5　Santos (ed.) *op.cit.*

をもつ地域統合が進展している。リージョナリズムへの新たな理論的関心も強まっている。現代リージョナリズムがグローバル化と如何なる相互関係を持つのか、グローバル化に変容をもたらす可能性があるのか、また、ローカルな諸動向と如何なる対応関係を持ちうるのか、これらの問題を考えてみよう。その目的は、新自由主義型グローバル化の暴走を統制し、それを市民社会に埋め込む可能性を探ることにある。

同時に、リージョナリズムおよびリージョナル化と関連して、越境型の問題群についても考察したい。たとえば、環境悪化、感染病の急激な発生、不法移民、多様な形態の国境を超える犯罪などの現象は、今や、国家と社会の安全保障、地域社会や国際社会を危うくする脅威として考えられるようになった。これらの諸現象は、非国家的、非軍事的特徴と要素を帯びる「非伝統的安全保障」型であり、「越境型」である場合が多い。

こうしたグローバルからローカルなレベルまでの複雑で重層的な負の連鎖が明らかになってきた現在、一般市民の立場からグローバル化を管理・統制する必要性と要求が強まっている。それは、ローカルな視点（ガヴァナンス）と同時に、リージョナリズムの新たな可能性に関わっている。すなわち、グローバル化を「市民社会」に埋め込む視点とともに、新自由主義型圧力への対抗力としてのリージョナリズムの役割に注目することになる。

2　非伝統的安全保障と非政府組織

今日、非伝統的安全保障（以下、NTS）のさまざまな問題が急速に浮上している。これらのNTS問題は、ナショナルなレベルだけで適切に対処することはできない。国家はまだ多くの安全保障問題において決定的なアクターである。しかし、NTS問題には、非国家アクターもまた一定の状況において強力な役割を果たせる。むしろ、有効性の点で、地域諸組織は国家に対して比較優位を持っている場合もある。地域諸組織は決定的なアクターなのである。NTS問題の取り組みに関わるガヴァ

ナンス・レベルでの制度的キャパシティ構築には、リージョナルな資源の利用と非国家的ネットワークの役割がますます拡大している。

　地域的組織とは別に、安全保障化のアクターとしてのNGOsや国際機関も重要な役割を果たすことができる。インドネシアにおける貧困の安全保障化の事例が示したように、1997年の危機の間、国家が貧民への緊急のニーズを満たすことに失敗したとき、NGOsをはじめ市民社会グループは主要な安全保障化アクターとして食糧と保健などを提供し、必要な介入を行った。この安全保障化は、たしかに、国家とNGOsとの増大する緊張を高めた。しかし、インドネシアのような民主化途上の国家において、その競合する利害にもかかわらず、NGOsは国家の利害と直接衝突することなく、社会の一定部分の関心事を安全保障化するために介入し、彼ら自身の資源を引き出す空間を創出した。

　結局、NTSの問題にうまく取り組むことができるとすれば、その適切な代替案は、あらゆるレベルで地域が抱える膨大なNTS問題に迅速に対処できる制度上の能力をガヴァナンスの視点から構築することである。

3　リージョナリズムとガヴァナンス

　地域統合プロジェクトは、しばしば労働者や市民の諸権利を掘り崩し、彼らをリージョナル化の周縁に位置づける。実際、多くの地域協定は労働者や市民の立場を向上させるよりも、彼らの諸権利を侵食し、企業の立場を強化している。そこで、代替的な地域プロジェクトの発展を検討する必要がある。

　この問題は、新自由主義型グローバル化の暴走をいかに統制するのか、といった課題に連なっている。今日の「新しいリージョナリズム」は、開発、安全保障と平和、エコロジカルな持続可能性を最も基本的な価値とみなし、政治的介入の試みを重視する1つの流れであろう。これらは、将来の政治的構造を構想する強固な基盤をローカルな抵抗に見出している。そして、リージョナリズムも多くの抵抗形態の1つとなると考えて

いる。

　グローバリズムは、世界市場の発展、その「国民」経済へのますますの浸透と支配を意味する。この過程は一定の「国家性」を確実に喪失する。これはローカルな生産構造に対する世界市場の優位、ならびに西欧型の消費主義の急速な普及を意味する。他方、グローバル化とリージョナル化の2つの過程は、同じく大規模でグローバルな構造転換の過程で接合される。ここから、一定程度の領域的支配と文化的多様性を保護するめに、グローバル化過程を抑制し、あるいは逆転させる政治的意思が表れ、そうした変化を達成する1つの方法としてリージョナリズムの新たな可能性が生まれる。

　ここで、ガヴァナンスという概念が国際政治の場においても発展してくる。グローバル・ガヴァナンスは、グローバルな空間での具体的かつ協力的な「問題‐解決型」の調整に関連している。これらは、諸規律(法律、規範、行動慣例)であるし、同様に、多様なアクター(国家政府、政府間組織、NGOs、民間部門、他の市民社会アクター)による集合的諸問題を管理するために作られた、フォーマルおよびインフォーマルな制度と実践でもある。

　グローバル・ガヴァナンスは単一のモデルや形態ではない。それは変化する環境を絶えず発展させ、それに対応する相互作用型意思決定の幅広い、ダイナミックな複雑な過程である。グローバル・ガヴァナンスの挑戦は「グローバルな諸問題の管理が、将来においてすべての人々の持続的な利益に応答的な」方法でグローバルな規則体系を構築することであり、それは「基本的な人類的諸価値に導かれ」、グローバルな諸組織を「グローバルな多様性の現実に従わせる」[6]ことである。

　しかし、グローバル・ガヴァナンスを実現するには、地域レベルのガヴァナンスが果たす現実的・潜在的な役割に注目せざるを得ない。それ

6　グローバル・ガバナンス委員会報告『地球リーダーシップ』日本放送出版協会、1995年。

ゆえ、リージョナル・ガヴァナンスのアプローチから積極的なリージョナリズムの可能性について多くの見解が提出されている。リージョナル・ガヴァナンスに関する理想主義的立場に立つフォークによれば、理念的にはリージョナリズムを「異常なアナーキズムを緩和する」手段として役立てることができる。つまり、「世界秩序の視点から、リージョナリズムの役割は、グローバリズムと結びついた統合的・技術的ダイナミズムに対して弱者の保護と人類（将来の世代をも含む）の利益を均衡させる新たな政治の平衡を生み出すのに役立つ」と考えられている[7]。

同様に、新自由主義政策の浸透に対する対抗力として、リージョナリズムの役割に期待する見解も多い。たとえば、地域的取り決めは、多国間、ナショナル、サブナショナルな規制の試みと並んで、開放的国際経済のガヴァナンスにおいて果たすべき重要な役割がある。なぜなら、市場だけでは今日の複雑な国際分業の機能を保証する「相互連関性と協調」のレベルを提供できないからである。

また、地域的政治共同体の共存を基盤にしたインター・リージョナリズムに関心を寄せる立場もある。すなわち、彼らはグローバルな人類の共同体の可能性は排除されるべきではないが、論理的にはその前に、地域的政治共同体があると強調する。そして、地域的共同体の共存は、中期的に期待可能な最善の世界秩序であると考えている。この文脈で、彼らは多国間主義とリージョナリズム、そしてインター・リージョナリズムに注目する。

こうした関心と期待は、国民国家が市場諸力に対するその政治的自律性を確保する手段として地域主義的取り決めの可能性を考えていること、また、政治的資源を蓄積し、国家間協力により国民的利益を向上させる手段としてリージョナリズムを重視していることを表している。こ

---

[7] Falk, Richard. *On Humane Governance: Toward a New Global Politics- The World Models Project Report of the Global Civilization Initiative*, Pennsylvania State University Press, 1995.

の背景には、すでに述べた非伝統的安全保障（NTS）に典型的に見られるように、従来と異なるリージョナルな安全保障の必要性やアイデンティティの流動化がある。

3 越境する市民社会：新しい社会運動と NGO の展開と可能性

1 論争空間としての市民社会の拡大

市民社会は「非強制的な人間の共同体（アソシエーション）の空間」であり、この空間を満たす「関係的なネットワーク」である[8]。この抽象的レベルでの定義を現実に引き戻すと、市民社会は「価値や理念や政府の政策、さらには企業活動が公然と争われている領域」であり、「調和と同質性や適合性の場ではない」。そこには「市民社会の政治があり、それは誰が正当に市民社会に参加しているのか、どの理念が支配的であるのか、国家と市場アクターはどのように市民社会に関わるのか、これらの闘争を含む」のである[9]。

こうして、「市民社会」概念を複合的、多元的、重層的な空間や「場」として、また、「論争領域」として認識することが重要である。それゆえ、市民社会の「ボトムアップ型」概念（「開放型市民社会」）と「トップダウン型」概念（「現状維持型市民社会」）とを区別する議論は積極的意味がある。

市民社会概念は、民主主義概念と同様に、基本的には国民国家レベルで考えられ、構想されてきた。しかし、今日では新自由主義型グローバル化を規制する空間として、国境を超えた市民社会の拡がりを考察する

---

[8] マイケル・ウォルツアー編（越智敏夫他訳）『グローバルな市民社会に向かって』日本経済評論社、20 ページ。

[9] Howell, Jude and Pearce, Jenny.*Civil Society and Development: A Critical Exploration*, Lynne Rinner Publishers, 2002, p.234.

ことは現実的にも理論的にも不可欠の課題である。実際、抵抗の諸空間としての市民社会の可能性が、ローカル・レベルのみならずグローバルなレベルに至るまで、形式的また非形式的なネットワークの形で動き始めている。

環境、人権・社会正義、労働などの問題では、EUやNAFTA内で、また東南アジア内で社会運動や市民社会組織（CSOs）は、国境を超えたネットワークを形成し、政府の政策決定に影響を与えている。このように、今日、市民社会を基盤とするリージョナリズムの登場、リージョナルな市民社会の成長を指摘できるのである。

また、ミッテルマンが予想する「抵抗」の潜在性も顕在化する傾向にある[10]。1999年のWTOシアトル閣僚会議に反対する大規模なデモ以降、政府間会議と同時に起こる対抗サミットや抵抗の数が急激に増加している。ある場合は、市民社会の対話は、非政府組織が政府の意思決定過程において現実的相違を形成することを、あるいは諸決定の実施に影響を与えることを可能にする。また、多くの政府間組織は、しばしば透明性や公的な説明責任の欠如ゆえに民主的正統性に欠けていると批判されてきた。

2　重層的で開かれた地域空間の構築に向けて

ここでは、効果的なグローバル・ガヴァナンスの実現に向けた現実的・潜在的な空間としての地域レベルの役割に焦点を当てる。リージョナル・ガヴァナンスはグローバル・ガヴァナンスと矛盾しないし、それを否定しない。反対に、リージョナル・ガヴァナンスは、グローバル・ガヴァナンスを強化する可能性を持っている。

地域統合プロジェクトは、市民社会とローカル・ガバメントの積極的な参加を拡大する必要がある。リージョナル・ガヴァナンスの空間は、

10　ミッテルマン（2008年）、前掲書。

実際にはグローバル・ガヴァナンスに向けた多角的な枠組みの中に位置づけられる。しかし、地域統合が経済的統合を超えて進んだときにのみ、そして、市民社会から十分な支持を勝ち得るときにのみ、地域統合はグローバル化の暗い側面と戦い、グローバル化の新しい発展に向けた力を持ちうる。

そこで、リージョナルな地域協力と市民社会の形成が現実的課題となっている東アジアの事例を、とくにグローバル・アクター化が著しい中国の事例を一瞥してみよう。東アジアでは、EUに比べ地域統合が遅れている。しかし、東アジアにおける地域統合の多くは、形式的な制度化を伴うことなしに起こっているし、冷戦の終焉がサブ・リージョナル間の接触に向けての新たな可能性を開いてきたことは注目すべきである。

中国の視点からみた地域協力の構築は3つの特徴を持っている。まず、「政府主導型であり、政府ビジョンに則って民間資本を巻き込んだ形で進んでいる官民一体型の地域一体化」である。第二に、「経済、情報通信、越境犯罪など非伝統的安全保障分野が先導する多元的、重層的な地域協力」である。そして、第三に、「中国の西部大開発と表裏一体の関係」をなしているアジア一体化戦略である。[11]

上記の第二の特徴である「非伝統的安全保障」は、もはや国家の伝統的な軍事的次元に限定されないし、国家間関係は戦略的権力バランスにも限定されない。とりわけ、非伝統的安全保障分野は、市民レベルやNGOレベルを巻き込んだ底辺からの多元的、重層的な協力関係が可能であり、その意味で、地域全般の協力構築に向けて大きなステップになろう。

他方、より歴史的・理論的に東アジアの地域統合を構想することも可能である。東アジアのリージョナリズムの場合、「アジアの歴史的経路

11 　青山瑠妙「中国の地域外交と東アジア共同体──多元的・重層的地域協力関係の構築──」、山本武彦・天児　慧編『東アジア共同体の構築 1 新たな地域形成』岩波書店、2007 年、115 ページ。

や地政学的特性をふまえた理論やモデルが必要になる」と主張する説得的議論もある。それは、「東アジア・コミュニティ」をデザインする際の「基本的コンセプト」を次のように提起する。[12]

　第一に、「国家、諸国民、そしてそこに住む「ひとびと」のコミュニティであるべきである。……地域コミュニティや「地域大」の市民社会を基礎にする」ことである。

　第二に、東アジアでは、「地域としての未成熟、強固な国家ナショナリズム、グローバリゼーションによる問題領域の拡大」が顕著であるため、コミュニティは、分野別（教育や福祉、情報の共有、大災害や環境悪化、テロリズムへの対抗など）の多層的コミュニティとなる。

　第三に、ナショナリズムの克服や信頼醸成とともに、地域共同作業が構想されるべきであり、地域共同作業構想とそれによる「地域公共財」の創出する必要性を強調している。そして「何より地域公共財は、ある大国ではなく、地域が提供するというコンセプトが共有されるべきである」と述べている。

　以上の議論からも、リージョナルな地域協力と市民社会の形成・拡大は密接なシナジー（相乗効果）関係がある。ローカルな場からリージョナルな空間までの市民レベルでの信頼醸成や「地域公共財」の創出はリージョナルな市民社会を創出する基盤を形成する。もちろん、リージョナルな市民社会の強固な基盤が安定的に保証されるにはいくつかの条件と課題があろう。

　たとえば、ローカルとナショナルなレベルでの市民的アソシエーションの成長と公共空間の拡大である。また、市民的アソシエーション自体の内部の諸問題（たとえば、正統性の問題や大組織と小規模草の根プロジェクトとの間の権力的不均衡、南北ギャップなど）もある。

12　毛里和子「総論「東アジア共同体」を設計する——現代アジア学へのチャレンジ」、山本武彦・天児慧編『東アジア共同体の構築1　新たな地域形成』岩波書店 2007年、25－26ページ。

3　世界社会フォーラム（WSF）の意義と潜在性

　「もう1つのグローバル化に向けた運動」は、多様性の時代における歴史的意義を持ちつつある。この運動は極めて多彩な社会運動や NGOs から成り、この運動内部から新しい社会的担い手や実践が現れている。それらは新しい枠組みで活動し、ローカル/ナショナル/グローバルな闘争を結び合わせている。対抗ヘゲモニー型グローバル化は、「新たな政治的問題」を提起している。すなわち、明らかにユートピアの欠けた新自由主義型世界（TINA："他に代わるものがない"）のなかにユートピアを満たすこと（"もう1つの世界は可能だ"）を目的にしている。

　こうした問題提起を考えるために、今日、注目を浴びている世界社会フォーラム（WSF）を取り上げてみよう。WSF はダボス会議（「世界経済フォーラム」）への民衆による対抗フォーラムとして、2001 年にブラジルのポルト・アレグレで始まった（参加者数2万人）。WSF はさまざまな諸要素を糾合し、グローバルな抵抗を代表する政治的・社会的空間として特徴づけられる。そして、それは、とくに誰も代表せず、1つの共通な声を語ることなく、シンボリックかつ具体的に世界秩序の変革に向けての水平的な開かれた空間となった。WSF では、戦争・平和、民主主義、環境、差別、暴力と抑圧、移民、食糧、水、疾病、農業、貿易、債務、労働、ジェンダーなど多岐にわたるテーマと問題点が取り上げられてきた。ここでは、まず、「世界社会フォーラム憲章」（14 原則）を紹介し、そこに見られる特徴に注目しよう。[13]

- 「世界社会フォーラムは、……人類の間の、ならびに人間と地球を豊かに結びつける、グローバル社会を建設するために行動する市民社会のグループや運動体による、思慮深い考察、思想の民主的な討議、様々な提案の作成、経験の自由な交換、ならびに効果的な活動

13　ウィリアム・F. フィッシャー/トーマス・ポニア編（加藤哲郎監修）『もうひとつの世界は可能だ』日本経済評論社、2003 年、443 – 446 ページ。

をおこなうためにつながりあうための、開かれた集いの場である」（憲章1）。
- 「もう1つの世界は可能だ」という宣言のもとに、「オルタナティブを追求し建設する恒久的プロセス」（憲章2）を目指しており、「グローバルなプロセス」（憲章3）である。
- 「連帯のグローバル化を世界史における新しい段階として広げ」、具体化する。「社会正義、平等、民衆の主権のための、民主的な国際システムや制度」（憲章4）を支える。しかし、「世界の市民社会を代表することは意図していない」（憲章5）。
- WSFは、「分権的な方法にもとづく、多元的で多様な、非宗教的、非政府的、そして非党派的なもの」であり、「もう1つの世界をつくるために、ローカルから国際的なレベルまでの具体的な行動に従事する諸団体や運動を、相互に関連づける」（憲章8）。
- 「ジェンダーや民族、文化、世代や身体的能力の多様性」と同様に、「諸団体や運動の活動やかかわり方の多元性と多様性に対して、つねに開かれたフォーラム」である。「党派の代表や軍事組織」は参加できないが、「政府の指導者や立法府の議員」が憲章の原則を守れば「個人の資格」でフォーラムに招待されることもある（憲章9）。
- WSFは、「人権の尊重、真の民主主義の実践、参加民主主義、民衆・民族・ジェンダーや人びとの間での平等と連帯のなかでの平和的交流を支持」する（憲章10）。
- WSFは、「討議のためのフォーラム」であるとともに、「排除や社会的不平等の問題を解決するためのオルタナティブな提案」を熟慮する「思想運動」である（憲章11）。
- 「公的または私的な生活において、世界が経験している人間性喪失のプロセスと国家により行使される暴力に対する、非暴力的抵抗の力を増大」させ、「人間らしい政策」を強化する（憲章13）。
- WSFは、地域レベルから国際レベルまで、「地球市民権の問題」に取り組んでいくことを促進する「1つの過程」である（憲章14）。

以上、憲章からうかがえる特徴は、90年代に顕著になった「オルタ・グローバリゼーション運動」が、従来の社会運動とは異なっていることを示唆している。

　その第一の特徴は、その思考と発想の方法にある。オルタ・グローバリゼーション運動は新自由主義型グローバル化への単なる反対運動ではなく、新自由主義型グローバル化による差異の垂直的・画一的統合に反対し、水平的連帯のみを受け入れている。

　オルタ・グローバリゼーション運動の第二の特徴は、その運動の担い手の変化にある。それまで周辺的と見なされていた社会運動体が新しい担い手として出現し、既存の社会運動との連携を深めている。たとえば、「ビア・カンペシーナ（農民の道）」に代表される農民運動のネットワークである。ビア・カンペシーナは、ブラジルの「土地なし農民運動（MST）」とインド、フランスを中心とした国境を越えた連帯運動であり、現在、60以上の国々に5000万人以上の生産者を抱える国際ネットワークとなっている。もう1つは、サパティスタ民族解放軍（EZLN）やボリビアの先住民運動に象徴される先住民運動である。

　第三の特徴は、新しい組織形態、すなわち、分権的ネットワークである。抵抗は、多様かつ拡散的であり、水平的な広がりをもっている。それは、非階層的なネットワークであり、抑圧的な権力に対抗するローカル知を駆使する。

　このように、WSFは多くの新しい特徴を提起し実践してきたが、参加する市民社会諸アクターの多様性ゆえに、当然、さまざまな論争や対立が予想された。実際、設立以降10年を迎えたナイロビ・フォーラム（第7回、2007年）では、NGOと社会運動体との対立、運動の目標とあり方をめぐる「穏健な勢力」と「ラディカルな勢力」との間の分岐、財政的・組織的な規模による参加組織の影響力の相違などの対立と相違が顕在化した。[14]

14　毛利聡子「オルタ・グローバリゼーション運動の行方――転機を迎えた世

こうして、WSFをあくまでも「空間」と位置づける穏健な勢力と、「運動」へと転換していこうとするラディカルな勢力とのせめぎ合いの渦中にある。WSF内部の不一致は、参加メンバーの多様性と規模の拡大ゆえに不可避であろう。第9回フォーラム（2009年）は、142カ国から13万3000人の諸組織代表が参加して、ブラジルのベレン・ド・パラで開催された。ここでは、両グループの対立が一層深まっている。「ラディカルな勢力」は、「多様性内で集合点」を見出し、「政治的戦略の問題」を提起することの必要性を主張し始めている（たとえば、サミール・アミンの発言）。

おわりに

市民社会が複合的、多元的、重層的な空間であり、アソシエーションの「論争領域」であるならば、WSFは国境を超える市民社会を形成する可能性を持つ「新しい公共空間」となっていると言えよう。支配的な新自由主義型世界秩序はローカルとナショナルなレベルだけでは変えられない。すなわち、グローバルな社会変容に向けた効果的闘争は、ローカルな抵抗からトランスナショナルな協調まで、多様で重層的な運動の結合を必要とする。公共空間のすべての次元で参加過程を必要とする。そのためには、市民社会を基盤にしたローカルな抵抗や運動、そして、ローカルからグローバルに至る重層的なガヴァナンスの連携・協調が理想的なことは言うまでもない。そのための道筋や条件はまだ充分に示されていない。しかし、WSFで提示され、議論されている課題は、ローカル／リージョナル／グローバルな重層的なガヴァナンスの可能性を探求し、具体化する論点となろう。

界社会フォーラム――」『アジア太平洋レビュー』2008年、8－11ページ

〈推薦文献〉

1 ウィリアム・F. フィッシャー／トーマス・ポニア編（加藤哲郎監修）『もうひとつの世界は可能だ』日本経済評論社、2003 年
新自由主義型グローバル化に対して、21 世紀の人類の希望と夢を「もうひとつの世界」に託して結集した人々と運動体の記録的文章を収録している。

2 ジェームズ・ミッテルマン（奥田和彦・滝田賢治訳）『**オルター・グローバリゼーション：知識とイデオロギーの社会的構成**』新曜社、2008 年
グローバル化のパワーは知識を生産し、イデオロギーを生み出す方法を変容させていくことを刺激的に論じている。

3 デヴィッド・ハーヴェイ（渡辺治監訳）『**新自由主義：その歴史的展開と現在**』作品社、2007 年
現代世界における最も重要な支配的潮流である新自由主義を、「階級権力の復活」や「国民の同意形成」の視点から総括的に分析している。

4 デヴィッド・ヘルド／アントニー・マックグルー（中谷義和・柳原克行訳）『**グローバル化と反グローバル化**』日本経済評論社、2003 年
代表的なコスモポリタン学派によるグローバル化の現実と理論状況が整理され、新しい民主政の展望が提示されている。

5 テッサ・モーリス-スズキ（辛島理人訳）『**自由を耐え忍ぶ**』岩波書店、2004 年
新たな社会運動へ向けて批判的想像力を働かせ、新自由主義に抵抗する代替案を考察。

6 マイケル・ウォルツアー編（越智敏夫他訳）『**グローバルな市民社会に向かって**』日本経済評論社、2001 年
市民社会に関するヨーロッパ的視角とアメリカ的視角の双方を問題とし、共同体的アプローチ、経済政策、社会正義、政治経済の国際化といった広範な主題を扱っている。

7 メアリー・カルドー（山本武彦他訳）『**グローバル市民社会論**』法政大学出版局、2007 年
市民社会概念とその歴史的形成を問い直し、諸アクターの役割にも注目しながら、冷戦後に頻発する紛争や「対テロ戦争」等の新たな暴力の連鎖を抑止する方法を考察する。

第8章　移民、エスニシティ、多文化社会

南川　文里

―〈本章のねらい〉―

　2006年5月1日、ニューヨーク、ロサンゼルス、シカゴ、ワシントンDCなど、アメリカ合衆国の数十の大都市の中心部を、数十万人の人々が埋め尽くした。ここに集まった人々の多くが、ヒスパニックと呼ばれる主にメキシコやラテンアメリカ出身の移民であった。彼らは白いTシャツを着て、「私たちはアメリカである」「アメリカは移民の国だ」「移民がアメリカ経済の屋台骨である」などのメッセージが書かれたプラカードを手にしていた。彼らの目的は、非合法移民への取締強化を求めて当時のジョージ・W・ブッシュ政権が提案した移民法改革案に抗議することにあった。デモには、非合法移民たちも数多く参加し、自分たちがアメリカ経済の底辺を支えていることを訴え、その権利を擁護するために、彼らの滞在資格を合法化することを求めた。デモに参加した人々は、この5月1日を「移民がいない日」と呼び、移民たちに仕事や学校を休み、商店での買い物も控えるように訴えた。その結果、移民労働者への依存度が高い都市部のレストラン、清掃業などのサービス業は臨時休業を余儀なくされ、多くの大都市が機能不全に陥った。「移民がいない日」は、アメリカの社会や経済にとって、非合法滞在者を含む移民が、労働者として、消費者として、そして生活者として、いかに重要な役割を果たしているかを立証した。この出来事は、私たちが生きる現代社会にとって、何を意味しているのだろうか。本章では、国境を越えた人の移動が、現代社会をどのように変え、そこでどのような新しい課題が生まれているのかを考えてみよう。

1 国際移民の時代

1　国際移民とグローバル化

　グローバル化は、国境の垣根を取り払い、モノ、資本、人間の移動を活性化するものであるとしばしば強調されてきた。20世紀後半以降、国境を越える人の移動もますます活発になり、出身国以外の場所で働き、家族を作り、生活することが、必ずしも特殊なことであるとは考えられなくなった。人の国際移動は、人々に、国家や国境に縛られない「地球市民」としての意識をもたらすのではないかという期待がある。しかし、その反面、さまざまな地域で、移民や外国人の排斥やエスニック紛争が社会問題となっている。グローバルな国際移民の結果として、国境管理やナショナル・アイデンティティへの意識はむしろ強化されているともいえる。

　現代の国際関係を考えるうえで、国際移民とそこから派生する社会的諸課題について考えることはたいへん重要である。「国際（インターナショナル）」という言葉は、「ナショナル（国）の間」という含意を持つため、「国際関係」といえば、所与の独立した存在である国のあいだの関係とみなされがちだ。そのような世界観では、国とは、1つの統一・統合された国民によって成立する国民国家と同一視して考えられる。しかし、国際移民とは、まさに、その国家の境界を越えて移動し、その「あいだ」に独自のアイデンティティや生活圏を築く人々のことである。このような人々の存在は、国民国家を第一の単位とするような「国際関係」観からはとらえにくい。本章では、まず、現代の国境を越える人々の移動の諸相を理解したうえで、人の移動の結果として生じるエスニックな多様性をめぐる議論を紹介する。そして、国境を越えた人の移動が、私たちが抱く「国民国家」や「国際社会」のイメージをどのように変えるのかを考えてみよう。

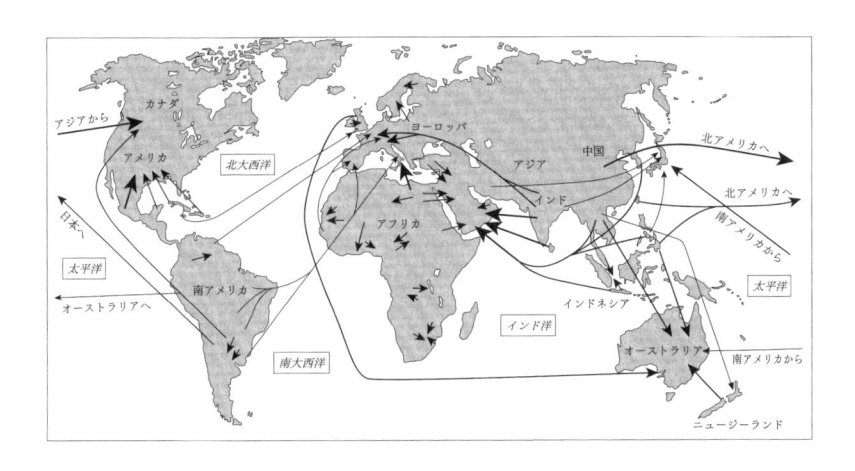

図 8-1　1973 年以降のグローバルな移民の流れ

※矢印の大きさは実際の規模とは関係ない。
出典）S. カースルズ、M.J. ミラー『国際移民の時代（第 4 版）』名古屋大学出版会、2011 年、8 ページ。

　では、**図 8-1** をみてみよう。これは、現代の国際移民の流れを簡略化して図示したものである。この地図からも明らかなことは、国際移民の流れが、すでにグローバルな規模で拡大していることである。ヨーロッパ諸国や北アメリカだけでなく、日本、オーストラリア、中東諸国も国際移民の主要な目的地となっている。これらの地域には、大陸を越えて、多くの人々が集まっていることがわかる。また、北南米、ヨーロッパ、アジア、アフリカなどの域内における移動も活発である。かつて、「移民の国」といえば、アメリカ合衆国、カナダ、オーストラリアのような植民者や移民によって建設された旧イギリス植民地地域を指すことが多かった。しかし、現代の国際移民を通して見えてくるのは、規模の大小はあれ、もはや「移民の国」ではない地域を見つけることのほうが困難である、ということだ。

　国際連合経済社会局人口部によれば、2010 年の全世界人口のうち、移民として出身国以外の地域に住んでいる人々の数（ストック）は 2 億1400 万人にのぼる。この移民ストック人口は、1980 年からの 30 年間

で、2倍以上に増加しており、2005年からの5年間だけでも2500万人増加している。2008年以降の世界金融恐慌の影響による移民の減退も報告されているが、大まかな趨勢としては、国際移民の規模は拡大し続けているといえるだろう。なかでも、近年目立つのは、タイ、ヴェトナム、シンガポールなどの東南アジアや、サウジアラビアやアラブ首長国連邦などの中東地域での増加である。これらの地域は、20世紀後半には、欧米諸国、日本、オーストラリアなどに移民を輩出する側として知られていた。しかし、近年では、伝統的な移民国だけでなく、移民送出国や積極的に移民を受け入れてこなかった国々でも、移民の流入が活発になってきたといえる。このように国際移民は、二国間・二地域間で生じるものというよりは、送出と受入が複雑に絡み合うグローバルな現象と考えるべきである。国際的な人の移動とは、グローバル化と呼ばれる現代の大きな社会変動と結びついた現象なのである。

2　国際移民とはどのような人々か？

では、国際移民とはどのような人々なのであろうか。

伝統的に国際移民の代表的存在と考えられているのは、いわゆる労働移民である。国際労働機関（ILO）の報告によれば、現代の世界的な移民人口の90％を、移民労働者とその家族が占めているという。安定した仕事、高い賃金、豊かな暮らしを求める人々にとって、国境はもはや決定的な障壁とは言えなくなっている。また、移民受け入れ諸国も、移民を「労働力」として認識してきた。欧米諸国は、第二次世界大戦以降、低賃金で柔軟な労働力供給源を移民労働力に頼ってきた。また、21

1　United Nations, Department of Economic and Social Affairs, Population Division, *International Migrartion, 2009 Wallchart* (New York: United Nations Publication, 2009). http://www.un.org/esa/population/publications/2009Migration_Chart/ittmig_wallchart09.pdf（最終閲覧日 2010年12月11日）

2　International Labour Organization, *International Labour Migration: A Rights-Based Approach* (Geneva: ILO, 2010), p.2.

世紀に入ってからは、サウジアラビアなどの中東諸国が、オイルマネーを背景にした開発ブームを支えるための建設労働力として、近隣諸国から膨大な移民労働者を受け入れている。1つ注意が必要なのは、労働移民の多くは、最も貧しい地域の最も貧しい層ではないということだ。労働移民は、国際移動に必要な資金や、海外でも働き生活するために必要なネットワークを持つ人々であることが多く、出身国では中間層以上の地位にいる場合も多い。さらに、近年顕著なのは、専門職移民や高技能移民と言われる人々の存在である。北米や欧州諸国では、ITや医療などの分野で高度な技能を持つ移民労働者をめぐる人材獲得競争も顕著となっている。しかし、これは、移民送出国にとってはエリート層の「頭脳流出」を意味しており、その是非は大きな論争となっている。

　労働移民とならぶ大きな移動の波は、難民（refugees）によるものである。国際連合は、1951年の「難民の地位に関する条約」および1967年の「難民の地位に関する議定書」にもとづいて、人種・宗教・国籍・政治的意見などを理由に「迫害を受ける恐れが十分にある」人々を「難民」と定義し、その庇護と受け入れを各国に求めた。国連難民高等弁務官事務所（UNHCR）によれば、2009年に難民として出身国以外への移動が認められた人々の数は、約3600万人にのぼっている。ただし、難民のなかで、北米およびヨーロッパ諸国へ移住したのは、全体の10%程度にとどまっており、その多くがアジアやアフリカの出身国の近隣国に避難している状況である。[3]とはいえ、2009年のアメリカ合衆国では、難民が年間移民数の15%（約18万人）を占めているように、難民が欧米社会に与える影響は決して小さくない。[4]

　さらに現代の国際移民の重要な一部となっているのが、非合法移民

3　United Nations High Commissioner for Refugees, *The 2009 Statistical Yearbook: Trends in Displacement, Protection and Solutions* (Geneva: UNHCR, 2010), p.60.

4　Office of Immigrant Statistics, U.S. Department of Homeland Security, *2009 Yearbook of Immigration Statistics* (Washington DC: Government Printing Office, 2010), p.23.

である。これは、不法入国や超過滞在（ビザの期限切れ後も滞在を続ける）のために、正規の滞在資格を持たない人々を指す。非合法であるため、正確な統計データは存在しないが、アメリカ合衆国の場合、少なく見積もって人口の約4％を占める約1200万人が非合法移民であると考えられており、経済協力開発機構（OECD）の推計によれば、移住者が多く、地理的に孤立していない加盟国では、総人口の1％から3％を非合法移民が占めるといわれる。2001年のアメリカ同時多発テロ事件以降、安全保障上の関心から、非合法移民への取り締まりが強化されているが、その一方で、アメリカ合衆国、イタリア、スペインなどの国々では、ほかの正規移民や一般市民と同様に就労・生活する非合法移民に、正規の滞在資格を与える「合法化」が実施されることもある。

3　国際移民の女性化：ジェンダーと移民

　もう1つ、今日の国際移民を考えるうえで忘れてはならないのが、「国際移民の女性化（feminization）」と呼ばれる現象である。従来、労働移民といえば、「単身男性の出稼ぎ」というイメージが強く、女性といえば男性の移動に配偶者として付随して移動する人々（家族移民）と見なされる傾向あった。しかし、今日では、とくに先進諸国への移民については、女性移民が男性移民の数を上回る状況になっている。国連人口部の2009年度統計によれば、先進諸国に居住する移民人口（ストック）のうち、女性は51.5％を占めている。アメリカでは、49.8％とわずかに男性が多いが、カナダ（52.2％）、オーストラリア（51.4％）、イギリス（53.5％）、フランス（51.3％）などの伝統的な移民受け入れ国でも女性の割合は高い。これは、家族移民としてだけでなく、労働移民としても女性が移動する傾向が強くなったことによる。家事労働や介護・看護職のように女性が多くを占める職業だけでなく、製造業やサービス業でも移民女性

5　ブライアン・キーリー『OECDインサイト3　よくわかる国際移民：グローバル化の人間的側面』（明石書店、2010）、44ページ。
6　*International Migration, 2009 Wallchart.*

を労働力として積極的に雇用する産業や部門が増えている。

　しかし、これを女性の地位向上と考えるのは尚早である。たとえば、メイドとして家事や育児労働に従事する女性移民は、先進諸国のミドルクラス女性の「社会進出」を支えている。しかし、そこにあるのは、女性の「自立」というよりは、女性を従属的な地位に置く家父長制が、国境や民族を越えて維持されるという構造である。製造業やサービス業においても移民女性労働者の賃金は総じて低く、その地位も不安定なものである。女性移民は、人身売買の対象となったり、性産業への従事を強要されたりするなど、深刻な人権侵害に直面することも少なくない。

　男女の性差を社会的に構築されたものと考えるジェンダーという視角を挿入すれば、国際移民というグローバルな社会現象も、ジェンダー化されたものであることが見えてくる。男性の単身労働移民も、女性の家族移民や労働移民にも、その背後には家父長制の性別役割規範が存在している。男性の出稼ぎ移民には「一家の稼ぎ手」としての規範意識が伴っているし、女性移民労働においても、家事や介護などのケア労働と女性性との結びつきや、低賃金・不安定な女性労働者の地位など、ジェンダー規範や格差を前提としている。このように、現代の国際移民は、ジェンダー化された役割や格差をめぐる構造に組み込まれているのだ。

2　エスニシティと多文化主義

1　移民からエスニック集団へ

　国際的な人の移動は、その帰結として、文化的背景の異なった人々を1つの社会のなかに共存させる。「移民の国」とは、その国民国家の枠内に、多様な文化的背景を有する人々を含む「多文化社会」である。正確にいえば、ほとんどの国民国家は、その成立以前から先住民や少数民族を内包した多文化社会であるといえるが、国際移民の流入は、新しいマイノリティ集団を形づくり、移民受け入れ社会内部の多様性をいっそ

う複雑にする。このように、独自の文化的背景や歴史的経験を持ち、多文化社会を構成する一員としての意識を持つ集団は、エスニック集団（ethnic group）と呼ばれる。国際移民は、移住先社会に定着するとともに、エスニック集団としての意識を育み、多文化社会の一部であることを自他ともに認めるようになる。このようにエスニック集団が有する独特な意識・人間関係・社会観は、エスニシティ（ethnicity）と呼ばれる。

　メキシコやカリブ海諸島のスペイン語圏からの移民を背景に急増するアメリカ合衆国のヒスパニック、東南アジア諸国における華人（中国系）、フランスにおける北アフリカ旧植民地出身の移民を起源とするマグレブ系、労働移民を契機に急増したドイツのトルコ系などは、移民を出自とするエスニック集団の典型例といえる。アメリカなどの移民社会では、「移民からエスニックへ」という言葉で、外国人としてやってきた移民が、やがてその多文化社会の一員となる過程が語られる。国際移民をめぐる議論に限っていえば、エスニシティとは、移民の出身国の「国民文化」と同じものではない。出身国の文化的な要素を維持しながらも、それは移住先社会の文脈のなかで作り直されたものである。日系アメリカ人にとってのエスニシティは、日本における「日本人意識」や「日本文化」とイコールではないのである。

　この「移民からエスニックへ」の過程は、必ずしもスムーズなものではない。国際移民のグローバル化は、肌の色や外見、言語、文化、宗教などが異なる人々が、移住先の地域社会に共に住むという状況を作り出した。しかし、そこで、多くの移民は、特定の身体的特徴にもとづいて「異質なもの」と見なされ、偏見、差別、暴力の対象になるという人種主義（racism）に直面する。受け入れ社会の人種主義ゆえに、移民が従事する仕事や住む場所の選択肢は著しく制限される。そして、受け入れ社会に広がる移民排斥や外国人嫌悪（xenophobia）も大きな問題である。1980年代以降、移民排斥を訴えるフランスの国民戦線のような極右政党がヨーロッパ各地で支持を集めている。また、移民を巻き込んだ「人種暴動」は、1992年のロサンゼルス、2001年のイングランド北部の工

業都市、2005年のパリ市郊外など各地で生じており、その背景にアジア系やアフリカ系の移民に対する反移民感情の存在が指摘されている。

　移民は、このような移民排斥や人種主義という障壁に直面しながらも、移住先社会のなかに自らの居場所を見いだそうと模索を続ける。そこで重要なのが、チャイナタウンに代表される、移民が経営する企業や移住先での生活を支援する組織や制度が集中するエスニック・コミュニティの存在である（**写真**）。エスニック・コミュニティは、移住先社会の人種主義的な社会構造のなかで職業や居住の選択を制限された結果、職業機会に乏しく、劣悪な住環境で教育が機能不全に陥っている大都市中心部の「ゲットー」「スラム」と呼ばれる地区に現れる。それは、しばしば「移民問題」の象徴のようにとらえられるが、その反面、出身国を共有する移民どうしの連帯意識の形成を促し、移民が移住先社会に定着するための経済的土台となることもある。そして、エスニック集団としての政治・経済・社会的活動の中心地として、個々の移民のエスニッ

アメリカ合衆国サンフランシスコのチャイナタウン（筆者撮影）
今日のチャイナタウンは観光地化が進んでいるが、少し裏通りに入れば中国系の教会や相互扶助団体などのコミュニティ組織が集まっている。

クなアイデンティティの象徴的・文化的な拠り所にもなる。

　このような移民が、受け入れ社会の一員として統合されるためには、しばしば移民自身の独自文化を捨て、移住先の主流文化へ「同化」することが必要であると考えられてきた。しかし、1960年代に登場したエスニシティ論は、エスニック・コミュニティを足場として独自のエスニシティを維持しながらも、同時に移住先社会の一員としての意識も育まれていることを強調した。この新しい考えでは、エスニシティは、「同化」によって消え去るものではなく、移住先社会での生活と統合を支える力となると考えられる。移民は、「同化」によってではなく、出自を共有するエスニック集団となることによって、受け入れ社会への統合を遂げるのである。

2　多文化主義と「多文化共生」

　エスニシティという概念の登場は、受け入れ社会における移民のあり方だけでなく、受け入れ社会そのものをめぐる考えを一変させた。エスニシティを積極的に認めるということは、移民受け入れ国が、その内部に多様なアイデンティティを持つ人々を包含することを承認することでもある。そのようななかで、多文化主義（multiculturalism）と呼ばれる社会観が登場した。多文化主義の定義や語法は一様ではないが、社会が多様な文化から構成されていることを前提とした上で、その社会的統合を模索する動きとして考えることができる。

　多文化主義を積極的に採用してきた国として知られているのは、カナダやオーストラリアである。カナダは、フランス系住民が多いケベック州の分離独立運動に刺激され、英語・フランス語の二言語の公用語化が進んだが、非英仏系の移民集団からの「フランス系の優遇」という批判を受けた結果、1971年に多文化主義を公式な政策として採用した。その結果、移民やマイノリティに対する人種差別の禁止や先住民の権利認定なども促進されている。オーストラリアは、1970年代まではヨーロッパ系白人移民のみ受け入れる「白豪主義政策」を掲げていたが、労働力

不足からヨーロッパ以外からの移民を受け入れる必要性が高まり、1973年に多文化主義を宣言し、インドシナや中国など出身のアジア系移民を積極的に受け入れるようになった。カナダやオーストラリアでは、移民や先住民による文化的多様性を積極的に認める多文化主義を、新しい国民統合のためのシンボルとして採用したと言えるだろう。

　一方、ヨーロッパ諸国やアメリカ合衆国では、その文化的多様性を積極的に承認しつつも、多文化主義を正式に導入することには慎重な一面も見られる。アメリカ合衆国の場合、多文化主義を、ヨーロッパ系の伝統の優位性を否定し、各マイノリティの歴史や文化を教えて、マイノリティの自己尊厳を確立するための教育プログラムや、大学入学や雇用の際に特定のマイノリティの枠を設けるアファーマティヴ・アクション（積極的差別是正措置）を進めるものと考える傾向がある。そのため、多文化主義は、「個人の自由」や「政府に頼らない自立性」を重んじるアメリカの「理想」に相反するとして根強い反発がある。フランスでは、1980年代から公立学校でムスリムの女子学生が頭部の露出を防ぐために着用するスカーフを、政教分離の原則やフランス共和主義への脅威と見なす動きが広まり、2004年に公立学校での「宗教的シンボル」の着用を禁じる法律が成立した。アメリカやフランスの事例が示すように、多様な価値観の共存を目指す多文化主義は、しばしばこれらの国が重んじてきた普遍的な市民的価値や政治理念と対立すると見なされる。とくに、21世紀に入って、欧米諸国で外国人や移民系マイノリティが「テロ」や「人種暴動」に関与したことが社会問題化すると、文化的多様性への寛容性を疑い、多文化主義を後退させる動きも見られるようになってきた。

　このような欧米社会の動きに対し、日本では、外国人や移民の社会的統合は、「多文化共生」という概念のもとで議論されることが多い。「多文化共生」は、外国人住民の定住に積極的に関わってきた市民運動や地方自治体がアピールした概念であったが、2006年には総務省が「地域における多文化共生推進プラン」を策定したことで政策的なスローガン

としても広まりつつある。しかし、日本における「多文化共生」を、先述した多文化主義と同義のものと考えることは難しい。「多文化共生」は、「外国人」が暮らしやすい環境を整えることや、「日本人」と「外国人」がよりよい関係を構築するための方法を模索する議論という性格が強い。このような「多文化共生」論のなかでは、「日本人」と「外国人」のあいだの境界線は自明のもの、疑う必要がないものとしてとらえられてしまう。その結果、「外国人」は、日本社会を構成する「市民」の一員ではなく、あくまで「アウトサイダー（外部者）」と位置づけられてしまう。

　多文化主義とは、多文化によって構成される社会のあり方を問う動きであり、それは必然的に、その「国民」をめぐる定義を再考することを促す。カナダやオーストラリアでは、多文化主義は、従来のイギリス系を中心とする国民観を見直し、移民マイノリティや先住民も対等のメンバーとして承認する多文化社会を新たな「国民社会」のイメージとして提起するものであった。また、アメリカ合衆国やヨーロッパ諸国で多文化主義をめぐる激しい論争が起きたのも、それが各国の国民的なアイデンティティを揺るがし、その再定義を迫るものであったからだ。一方で、日本の「多文化共生」論は、外国人集住地域での外国人支援の実践や新しい地域文化の創造の可能性を十分に示している。しかし、これらの議論が、「日本社会とはどのような社会なのか」あるいは「日本社会は今後どのような社会になるのか」という「国民社会」をめぐる根本的な問いに向き合っているといえるだろうか。もちろん、欧米諸国の多文化主義を無理に日本に押しつける必要はない。しかし、多文化主義をめぐる議論がそうであるように、日本の「多文化共生」論も、「外国人」の生活環境改善の議論だけでなく、将来の「日本社会」のあり方を考える議論へと結びつけることが求められる。

3　多文化主義の国際的背景と課題

　以上のように、エスニシティや多文化主義をめぐる議論は、多様な文

化的背景を持つ人々によって成り立つ社会をいかに想像し構築するかという現代社会の難問に迫るものである。移民のグローバル化は、このような議論を、世界各国が共有すべき国際的な課題へと押し広げた。

　国際社会の共通課題として移民や多文化社会を考える際、国際人権レジームと呼ばれる外国人や移民の権利をめぐる基本的ルールの存在は重要である。国際人権レジームは、国際連合による世界人権宣言の採択（1948年）を契機に発展し、1966年に採択され、1976年に発効した国際人権規約によって確立したと言われる。国際人権規約は、異なった出自を持つ人々に法の下の平等と差別の禁止を保障し、マイノリティが独自の文化・宗教・言語を享受する権利を持つことを定めている。さらに、人種差別撤廃条約（1965年）、子どもの権利条約（1989年）、移住労働者の保護条約（1990年）などの採択によって、外国人やマイノリティの権利をめぐる問題への関心はますます高まった。このような議論を先導したヨーロッパでも、1950年にヨーロッパ人権条約が結ばれ、現在のEU諸国における人権保障の基準となっている。これらのルールは、国家による保護の対象外に置かれがちだった外国人や移民の人権を保障し、文化の多様性や文化的権利を尊重する多文化社会の実現をめざす議論を支えた。

　第二次世界大戦後のアジア・アフリカ地域における旧植民地の独立運動や「第三世界」運動も、欧米諸国におけるマイノリティの権利意識を刺激した。1960年代にアメリカ黒人への人種差別撤廃を訴えた公民権運動指導者マーティン・ルーサー・キング・ジュニアが、インドの独立指導者マハトマ・ガンジーの非暴力・不服従の思想に大きな影響を受けたことはよく知られている。また、多文化主義を目指す動きは、過去の差別や抑圧の経験から立ち上がった旧植民地の独立運動や、先進諸国内部のマイノリティ集団による社会運動なしには成立しえなかったであろう。エスニシティという言葉が社会科学分野で広まった背景には、1960年代以後、世界各地でマイノリティ、移民、先住民らが相次いで自らの独自のアイデンティティを訴えた「エスニック・リバイバル」と呼ばれ

る現象があった。

　国際人権レジームの発達、「第三世界」勢力の登場、マイノリティによる社会運動は、既存の国民国家を中心とする社会像に大きな転換を迫ってきた。しかし、多文化主義の社会構想には、まだまだ格闘するべき課題が多い。

　第一に、多文化社会は、多くの場合、人種やエスニシティなどを基盤にした集団が複数存在するものとして考えられる。しかし、多文化主義は、そのような集団内部における差別や格差を放置しているという批判がある。たとえば、アメリカ合衆国の黒人女性からは、黒人としての差別に加え、女性としても差別されるという「二重の差別」を訴える声がある。フランスにおけるスカーフをめぐる論争では、スカーフを尊重すべき文化としてではなく、ムスリム移民のなかでの女性への家父長制的な抑圧の象徴ととらえる動きもある。これらの議論では、多文化主義とは、女性に抑圧的な文化を保護するものととらえられてしまう。さらに、多文化主義政策の結果として、マイノリティ集団内部のエリート層は社会上昇を果たしたものの、貧困層にその恩恵が享受されず、集団内部の経済格差を拡大させるという指摘もある。多文化主義が、いかに、このような集団の内部における不平等や格差にアプローチできるのかが、今日問われている。

　第二に、多文化主義では、文化というものを、不変の本質的なものであるかのようにとらえる傾向がある。権利獲得の基盤として文化を掲げる以上、それを固定的にとらえるのは仕方のないことであるともいえる。しかし、文化は歴史や社会のなかで常に変化し続けるものである（第3章も参照）。そのような文化の変化を、多文化社会のなかでどのように扱うのかという課題は残る。

　第三に、さまざまな集団の境界に位置する人々をどのように扱うかという課題がある。たとえば、多文化主義において、異なった集団の間を生きる「混血」をどのように考えるべきか。アメリカ合衆国では、2000年の国勢調査から自分が所属する集団を複数選択することが可能にな

り、実質的に「混血」の存在が公的に承認されることとなった。しかし、さまざまなルーツを持つ「混血」を1つのエスニック集団のように見なすことは困難であるため、既存のエスニック集団を軸にした多文化主義政策の枠組では、「混血」の存在は周縁的なもの、例外的なものとして扱われてしまう。

　以上のように、多文化主義は、1960年代以降の国際的な人権や平等への関心の高まり、移民のグローバル化、エスニシティの再活性を背景に、先進諸国に浸透した。日本における「多文化共生」への関心も、このような文脈に位置づけられる。しかし、多文化主義が切り開く新しい社会の可能性については、まだまだ議論を重ねなくてはならない。その問題点を批判的に検証しながら、多文化社会を支える思想や制度のあり方を追求する必要があるだろう。

3　トランスナショナリズム：国境を越えるエスニシティ

　実は、多文化社会は、現在もう1つの重大な挑戦にさらされている。国境を越える人の移動の結果は、移住地での定住だけではない。実際には、出身地に帰還する移民も少なくない。そして、出身地と移住先を複数回往復したり、ある移住先地域から別の地域へと移住したりするケースも決して珍しくはない。また、移住先に定着した人々も、出身地とのつながりを完全に失ってしまうわけではない。移住先でも多くの移民は、出身地との人的ネットワークを維持しているし、出身地域への愛着やアイデンティティの意識も強く持ち続けている。その結果、国際移民を通して、移民の出身地と移住先を横断し、国境を越える社会空間が形成される。このような越境的な社会現象に注目する視角を、トランスナショナリズム（transnationalism）と呼ぶ。

　トランスナショナルな社会空間は、国境を越えて結びつく人的ネットワークや組織の存在、出身地と移住先地域のあいだの経済的・政治的な

相互作用、メディア環境の構築、越境的な文化実践、そして国民国家の枠組に縛られないアイデンティティの構築などによって構成される。このような社会空間を生きる人々のあいだでは、国境を越える移動は、決死の覚悟で臨む冒険的な行動ではなく、生活環境を改善し、豊かな暮らしを送るために当然考慮すべき選択肢となる。このような社会空間を作る基本的な単位となるのが、国境を越えた家族や親族とのつながりであるが、そこでは、ジェンダー規範にも注目しなくてはならない。既婚男性にとって、「出稼ぎ」とは家族を養うための国境を越えたジェンダー規範の実現であるし、女性移民に対しては「家計を助ける」役割への期待があると同時に出身地に残した子どもへの「母親役割」も求められている。そして、その規範に従って行われる家族や親族への送金は、出身地経済をも支える重要な収入基盤となっている。経済的な結びつきという意味では、移住先の移民企業家たちにとっても、出身地との結びつきがビジネス上の優位を作り出している。また、政治面でも、出身地の政治に対して国外から影響を及ぼそうとする「遠隔地ナショナリスト」と呼ばれる移民の存在も指摘されている。

　多文化社会をめぐる議論は、1つの社会の単位を、「アメリカ」や「フランス」や「日本」のような1つの国民国家と同一視する傾向があった。そこでは、移民やマイノリティは、移住先社会の一員としての意識を持つものと想定され、彼らを国民社会の一員としていかに受け入れるかが課題とされてきた。しかし、トランスナショナリズムの視点から見えてくるのは、依然として出身地と実質的な結びつきを維持し、出身地にもとづいた判断基準やアイデンティティを持ち続ける移民たちの姿であった。この視角では、エスニシティとは、移住者たちの国境を越えて広がる文化への帰属意識や集団的な実践を指すものとして再定義される。このようなエスニシティの越境的性格を、多文化社会をめぐる議論が十分に反映しているとは言い難いだろう。

　しかし、近年では、トランスナショナルな社会空間の形成が、移民の移住先社会への適応と矛盾するものではないという指摘もされるように

なってきた。トランスナショナルな社会空間を生きる移民は、日常生活のなかで移住地の文化や習慣にも触れ、その価値観を積極的に取り入れている。今日の多文化社会を理解するためには、このような移民アイデンティティの複合的性格をしっかりととらえることが必要である。たとえば、フランスのムスリム女子学生は、なぜスカーフを被り続けるのか。たしかに、彼女たちがムスリム移民の社会空間を生きていること、そして、スカーフが彼女たちに対する家父長制的な抑圧の象徴となっていることを完全に否定することはできない。その一方で、彼女たちのなかには親の意志に反してまでも、スカーフの着用を続ける場合もある。そのような女性たちは、スカーフ着用の理由を、それが、フランスで教育を受けた結果として、「自由意志」にもとづいた「ムスリムのフランス人」としてのアイデンティティを表現する手段であるからだと説明する。このことは、スカーフ着用が、ムスリムとしての社会空間とフランス人としての意識を結びつける実践となる場合があることを示している。

　さらに、本章の冒頭で紹介した移民法改革反対デモのエピソードも、移民の国境を越えるライフスタイルと移住先社会の成員意識が共存する可能性を示している。このデモで、合法・非合法のメキシコ系移民らは、揃いの白いTシャツを着て、星条旗を掲げ、「私たちはアメリカだ」「この国は移民によって作られている」と訴えた。彼らは、出身地の家族や親族を支えるためにアメリカで働く自分たちの生き方が、アメリカ建国以来、数多くの移民が経験してきた歴史と共通していると主張する。ここに見られるのは、アメリカは移民によって建設された国であり、合法であろうと非合法であろうと、アメリカで働き、生活をする人々には、その一員となる権利と資格があるという考えである。このように、移民たちは、そのトランスナショナルな生き方を「移民の国」アメリカの物語として読みかえることで、自分たちのアイデンティティと権利を正当化した。「移民がいない日」のデモは、移民が生きるトランスナショナルな社会空間と、移民を受け入れる多文化社会がどのように交わっているのかを鮮やかに描きだしている。

ここまで見てきたように、国際移民のグローバル化は、エスニシティの再定義を迫り、多文化社会のあり方を大きく変えようとしている。移民は、国民国家を横断する現象であるがゆえに、国民国家を単位と考える社会観そのものを揺さぶる。国際的な人の移動は、エスニシティ、ジェンダー、階級などの変数と絡まりあいながら生じ、その結果、人々が生きる世界は、ますます複雑で重層的な権力関係のなかに位置づけられる。国際関係学が対象とするのは、国と国の関係だけではない。多文化社会としての国民社会の再構想、国民国家の枠をすり抜けるように生きる人々が作り出すトランスナショナルな社会空間、そして、そこで生まれる新しい文化実践やアイデンティティのかたち。これらの国境を越えた諸現象をいかに理解し、そこからどのような社会への想像力を養っていくか。それは、グローバル化のただ中にある日本と、その「多文化共生」を問うためにも欠かせない視点である。

〈推薦文献〉
1　S・カースルズ＆M・J・ミラー『国際移民の時代（第4版）』名古屋大学出版会、2011年
　　国際移民の理論、歴史、現在、課題を幅広く解説した入門書。
2　梶田孝道編『新・国際社会学』名古屋大学出版会、2005年
3　樽本英樹『よくわかる国際社会学』ミネルヴァ書房、2009年
　　国家・国境を越えるさまざまな社会現象を、社会学の観点から解読する。
4　アンドレア・センプリーニ『多文化主義とは何か』白水社、2003年
　　アメリカ、フランスの事例を中心に多文化社会を構想する視点を追求する。
5　内藤正典『ヨーロッパとイスラーム』岩波新書、2004年
　　ヨーロッパ各国における多文化社会の模索を、ムスリム住民との共生という観点から考える。
6　渡戸一郎・井沢泰樹編『多民族化社会・日本：〈多文化共生〉の社会的リアリティを問い直す』明石書店、2010年
　　日本の「多文化共生」をめぐる現状と課題を考えるとともに、「日本人」「日本社会」のあり方も考え直すという観点から編集された入門書。
7　樋口直人・稲葉奈々子・丹野清人・福田友子・岡井宏文『国境を越える：滞

日ムスリム移民の社会学』青弓社、2007年
日本の外国人労働者を題材に、その移住過程から帰国後までを包括的に扱う。トランスナショナリズムの現実を知るために。

用語解説

国際移民のストック（stock）とフロー（flow）
　国際移民の統計は、「ストック」と「フロー」に大別される。「ストック」は、ある時点に出身地以外の地域に居住する人々の数を指し、「フロー」は、実際にある時期内に国境を越えて移動した人々の数を指す。

非合法移民（illegal immigrants）
　正規の滞在資格をもたずに移住生活を送る人々。非正規移民（irregular immigrants）や査証無し移民（undocumented immigrants）とも呼ばれる。違法に越境した不法入国者や、ビザや滞在資格が切れた後にも帰国しない超過滞在者（オーバーステイ）が含まれる。

エスニシティとエスニック集団
　独自の文化的背景や歴史的経験を共有すると見なされる人々が構成する集団をエスニック集団と呼び、これらの人々が共有していると考えられる意識、結びつき、社会観などをエスニシティと呼ぶ。

多文化主義（multiculturalism）
　社会が多様な文化で構成されることを積極的に承認する社会観。移民やマイノリティにマジョリティの文化・言語・生活様式に同化するように求める同化主義に替わり、移民を受け入れる社会の新たな社会観として登場した。

人種主義（racism）
　「レイシズム（racism）」は、日本では「人種差別」と訳され、肌の色や外見などにもとづく差別的な言動を指すことが多いが、近年では、身体的な特徴にもとづいて、特定の人々を労働市場・教育・福祉などから排除する広範な社会体制を指すものとして議論される。それゆえ、人種主義は、個々人の差別意識の有無に帰せられるものではなく、社会のしくみのレベルで検証されるべき事柄である。

第9章　ヨーロッパの統合

益田　実（1節、2節1）
星野　郁（2節2、3節）

―〈本章のねらい〉―

　ヨーロッパ統合は、半世紀以上にわたる長い歴史を持ち、深化と拡大の過程を経て今日に至っている。ヨーロッパ統合は、ヨーロッパ大陸に恒久平和と繁栄を確立することを目的とし、「より緊密な同盟」を築くことによって、各々の国々が直面する課題を発展的に乗り越えようとする、極めてユニークな試みである。もちろん、近年の世界では、アジアやアフリカ、ラテンアメリカでも、地域統合・協力の動きが盛んになっている。しかし、ヨーロッパ統合は、その歴史の古さや深さ、規模の点で群を抜いている。ヨーロッパ統合は、第二次世界大戦後から始まり、冷戦体制下の西欧で幾多の紆余曲折を経ながら、発展を遂げた。当初ヨーロッパは政治統合を志向したが、国家主権の厚い壁に阻まれ、経済統合に重心を移すことで、統合は軌道に乗ることになった。さらに、80年代に直面した深刻な不況、そして80年代末に到来した冷戦体制の終焉は、ヨーロッパ統合に重大な影響を与え、域内市場統合や通貨統合といった経済面での統合の決定的な深化と、東ヨーロッパへの拡大を可能にした。今日EU（ヨーロッパ連合）の加盟国は、27カ国に及び、巨大な単一市場と単一通貨ユーロを有し、外交・安全保障や環境問題についても、世界の有力なアクターとなっている。しかし、その一方で、2008年以降アメリカ発のグローバルな金融危機によって、EUも大きな痛手を負い、とくに2009年末のいわゆる「ギリシャ問題」の浮上によって、財政・金融危機が再燃し、ヨーロッパ統合やユーロの行方に大きな影響を及ぼしている。本章では、ヨーロッパ統合の歴史的歩みと到達点、金融危機を踏まえた今後の課題について概説し、EUへの関心を喚起したい。

1 ヨーロッパ統合の政治的起源とその歩み

1 ヨーロッパ統合とは何か？

①超国家的統合

　ヨーロッパの統合とは何か？というのはいささか漠然とした質問に過ぎるかもしれない。ほとんどのヨーロッパ諸国が参加し、1つの市場を形成し、（ほぼ）1つの通貨を持っている現在のEU（欧州連合）がヨーロッパの統合だ、というのがごく一般的な答だろう。しかしここで問いかけたいのは、「ヨーロッパ統合」は、たとえば国際連合のような複数の国家が加盟し、共同で時には武力行使まで行うような国家間の国際的な協力とは何がことなるのかということである。

　ヨーロッパ統合をユニークなものとしている最大の特徴は、それがいわゆる supranational な統合であるということだろう。文字通りには国家の壁を超越した統合という意味であり、通常は「超国家的統合」と訳される。その意味は、加盟国による、超国家的機関への国家主権の部分的な委譲ないしは、加盟国による主権の共有をともなう統合というものである。これに対して国際連合のような国際機構を通じた協力は政府間協力（inter-governmental cooperation）と呼ばれる。事実上今の世界にはEUを除いて超国家的統合が実現した存在は見当たらない。

　現在のEUにつながるヨーロッパ統合の直接の起源となったのは1950年5月9日のフランス外相シューマンの呼びかけ（シューマン・プラン）に応えて、ドイツ、イタリア、オランダ、ベルギー、ルクセンブルクの計6カ国が形成した欧州石炭鉄鋼共同体（ECSC: European Coal and Steel Community）であり、これは超国家的な「最高機関」（High Authority）に加盟国の石炭鉄鋼政策全般を委ねるという、主権の部分的委譲をともなうものであった。ECSCに続く統合のステップであり、今日のEUの核を成すことになった1958年発足の欧州経済共同体（EEC: European Economic Community）は、上記6カ国による関税同盟として形成されたが、

広範な事項についての事実上の拒否権が加盟国には備わっていた。その意味で EEC は ECSC よりは「超国家性の度合い」が「薄い」と言える。

②ヨーロッパ統合の「脱神話化」

超国家性の程度について議論はあるにせよ唯一の成功した超国家的統合である EU だが、その直接の起源は上記したシューマン・プランにある。このような統合が求められた理由として一般に指摘されてきたのは、二度の大戦（1871 年の普仏戦争を含めれば三度）を通じて争った独仏が、基幹産業である石炭鉄鋼業を超国家的機関の管理下に置くことにより戦争再発を困難にし歴史的和解を図るという理想主義的な意思の存在であった。

しかし、1990 年代以降、関係各国の当時の公文書類が公開されるにともない、統合の起源に対するこのような解釈は大きく修正されてきた。この新しい史料に基づく説明は、統合は各国の利害と打算の妥協であるという見方をとり、理想主義的な統合の起源を神話であるとして否定するものであった。以下この「脱神話化」された立場から初期ヨーロッパ統合過程を見てゆくことにしよう。

2　ヨーロッパ統合の 2 つの起源：ドイツ問題と東西冷戦

① ECSC の形成：米仏独による冷戦を背景にしたイニシアチブ

近年、ヨーロッパ統合過程について強調されるのは、東西冷戦を背景に西側陣営の結束強化を図ろうとしたアメリカの戦略が与えた影響である。統合はヨーロッパの自発的努力であると同時に、アメリカによる強い「指導」と「圧力」の結果としてもたらされたという見方である。この見方によれば、統合の本質は、1871 年の統一国家建設以来大陸における紛争と対立の起点ないし焦点となっていたドイツを超国家的統合の枠の中に「封じ込める」ことによって「ドイツ問題」を解決すると同時に、統合により強化された西側陣営が全体としてソ連東欧の東側陣営を

「封じ込める」、「二重の封じ込め」にあったとされる。[1]

1947年6月アメリカはマーシャル・プランによる大規模な復興援助の提唱という形でヨーロッパの東西分断、ドイツの東西分断の固定化という路線を採用した。ドイツ西側占領地域は西側陣営に組み込まれ、その経済力は西ヨーロッパ全体の復興に活用されなくてはならないとアメリカは判断したのである。他方で、49年5月に西ドイツ国家が成立した後は、西ドイツがその経済力を基礎にして、近隣諸国への政治的・軍事的脅威となることを回避するための何からの枠組が必要であるとの認識も生まれていた。49年後半アメリカ政府内では、そのための最善の手段は、大陸諸国による「統合」の推進であるという認識が固まりつつあった。しかし問題は誰がどうやって具体的な統合構想を提唱するのかという点であった。アメリカがヨーロッパ諸国に統合構想を押し付けることはヨーロッパ側から反発を受ける危険があると考えられ、構想はあくまでもヨーロッパ人が自ら提唱するものでなくてはならないというのが、アメリカ政府の立場であった。

そのような中50年5月にフランスの戦後復興計画総責任者であるモネにより発案され、シューマンにより採用された石炭鉄鋼共同体構想はまさにアメリカの要請を満たすものであった。ドイツの復興が安全保障上の脅威になることを回避するためにもフランスは、自ら石炭鉄鋼産業を対象にした超国家的統合を提唱し、ドイツを積極的に封じ込める役割を担う決意をしたのである。

米仏両国の要請を満足するシューマン・プランは同時に、他のヨーロッパ諸国と対等な立場での国際社会復帰を望む西ドイツ首相アデナウアーにとっても、その第一歩として歓迎すべき構想であった。50年5月初め、シューマン、米国務長官アチソン、独首相アデナウアー間での事前合意が形成された後、5月9日シューマンの記者発表によりECSC

---

1 ゲア・ルンデスタッド（河田潤一訳）『ヨーロッパの統合とアメリカの戦略—統合による「帝国」への道』（NTT出版、2005）、24ページ。

構想は公表された。ちなみにイギリスがこの構想を伝えられたのは公表の直前であり、国家主権への超国家的な「干渉」を嫌悪したイギリスは、交渉への不参加を早期に決定した。こうして仏独伊ベネルクスの6カ国のみを加盟国とするECSCが、51年4月18日調印されたパリ条約により設立されることになったのである。[2]

3 共同市場の形成
①軍事面での統合の挫折

　ECSCに続く超国家的統合構想として登場したのは後のEUに直結するEECではなく、実はECSC6カ国による超国家的欧州軍創設を目的とする欧州防衛共同体（EDC: European Defence Community）構想であった。これもまたフランスによる提案であったが、ECSCが米仏独間の事前合意を得たものであったのに対し、EDC構想は、朝鮮戦争勃発を受けドイツの再軍備と北大西洋条約機構（NATO）加盟を要求したアメリカに対して、ドイツ国軍の復活を嫌悪するフランスが急場しのぎに近い形で編み出したものであった。軍事面での統合を意図したこの構想はある意味で今日のEUと比較してもなお極めて野心的なものであった。当初その実現可能性を疑問視したアメリカも、やがてこの構想を支持する立場に転じ、EDC条約そのものは52年調印された。しかし最終的には提唱者であるフランスの議会がその批准を拒否し、54年夏EDC構想は瓦解しドイツはNATOに加盟する形で再軍備することとなった。仏議会内部の左派はソ連を刺激することを恐れてEDCに反対し、右派は軍事面での国家主権の部分的譲渡に反対したのである。このEDCの挫折はその後の統合の進路を大きく左右する経験であった。結果として冷戦終焉後の今日に至るまで本格的な軍事面での統合構想が再浮上することはなく、ヨーロッパの統合は冷戦終焉後の今日に至ってもなお、軍事面での

2　益田実『戦後イギリス外交と対ヨーロッパ政策－「世界大国」の将来と地域統合の進展、1945～1957年』（ミネルヴァ書房、2008）、82－90ページ。

②メッシーナ提案からローマ条約へ

EDC の失敗によりこれ以上の統合の進展は困難であるとの悲観的認識がヨーロッパには生まれたが、逆に強い危機感を抱き新たな統合構想を打ち出したのはベネルクス諸国であった。欧州域内貿易への依存度が高く、その自由化進展を重要視したこれら諸国は、55年5月共同市場構築を求める構想を作成し、同年6月シチリア島メッシーナで開催された ECSC 諸国外相会議で「あらゆる関税と数量規制から開放されたヨーロッパ市場」設立のための交渉開始が合意された。この時イギリスも交渉への参加を呼びかけられ、実際に構想具体化のための準備委員会には加わった。しかし 55 年秋までにイギリス政府は関税同盟形式の共同市場への参加は、英連邦諸国間の特恵貿易協定との両立が困難であるとの判断に至り、交渉から離脱した（イギリスがかつての帝国を背景にした通商枠組の将来性を見限り、大陸との経済統合へと舵を切るのは、60 年代に入ってからのことである）。56 年春には 6 カ国外相は共同市場並びに民生用核エネルギー分野の超国家的管理機構の設立を原則的に合意し翌 57 年 5 月 25 日 EEC と EURATOM を設立するローマ条約を調印した。

2　ヨーロッパ統合の歩み：60年代から冷戦終焉後まで

1　停滞、拡大、新たな展開

①ＥＥＣ発足初期：その骨格の形成

発足初期 EEC 内で最大の課題となったのはローマ条約 39 条に基づく CAP（Common Agricultural Policy：共通農業政策）を機能させるための合意形成であった。同条項は、農産物単一市場の形成、農業生産力の上昇、農家の所得保障を掲げ、具体的には、域内農産物価格を統一し（農家の所得を一定水準に保つ支持価格を定め、市場価格が下落しても支持価格で農産物を買い上げる）、域外からの安価な農産物輸入に対しては可変課徴金を

賦課し、余剰農産物には輸出補助金を交付するなどの保護的措置を定めるものであった。この政策は結果的に食糧増産を刺激し、農産物の過剰供給を招くことになった。そして農産物の輸入を排除し、輸出を増加させることで、とりわけヨーロッパ農産物市場参入を求めるアメリカとの間で国際的な通商摩擦を生み出す要因となった。この構造は基本的には今日に至るまで存続している。60年代半ばにはすでにGATTの貿易自由化交渉の場でアメリカ＝EEC間の農業貿易自由化をめぐる対立は顕在化しており、今日もなおGATTの後継機関であるWTOの場でEUとアメリカは農業貿易をめぐり対立する立場にある。

　農業政策をめぐる問題はEEC内部でも、64年以降、共通農産物価格水準をめぐる加盟国間の対立を増大させるとともに、CAPの運営に関してEEC閣僚理事会と欧州委員会の権限争いも生み出すことになった。この内部対立が頂点に達したのが65年に発生したいわゆる「空席危機」である。65年3月EEC委員会は輸入課徴金と関税収入を共同体財源とし、その管理のため欧州議会を強化するという新財政提案を行い、これに対して反発した仏大統領ドゴールは、EEC委員会、閣僚理事会、常駐代表部へのフランスの参加を停止した。これは加盟国主権の独自性を重視するドゴールが、EECが超国家的性質を強化し、経済的な自立を遂げようとすることに反発したためであった。これによりEECは日常業務を除き機能停止状態に陥ったが、この時点ですでにフランスの通商システムはEECの制度に不可逆的に組み込まれており脱退は不可能であるということはフランスも認めざるを得なかった。66年1月ルクセンブルクで開催された特別閣僚理事会で、CAP決定方式の変更を凍結し、閣僚理事会の全会一致性を維持する、いわゆる「ルクセンブルクの妥協」が成立しフランスは共同体に復帰した。そしてその後20年以上、閣僚理事会全会一致原則すなわちフランスの「拒否権」は維持されることになった。[3]

3　川嶋周一「大西洋同盟の動揺とEECの定着1958-69年」遠藤乾（編）『ヨーロッ

こうして60年代半ばまでには、統合のあり方をめぐり今日も存在する基本的諸問題——防衛面での統合の可能性、農業政策のあり方、加盟国による欧州委員会の権限抑制——といった問題はほぼ全て浮上し、今日もなおEUはこれらの問題への対応を模索し続けているとも言えるだろう。

② 70年代の統合：「完成・深化・拡大」

　ドゴールの存在により、大きくその進展を食い止められたヨーロッパ統合であったが、それでも67年ECSC, EEC, Euratomを単一の組織に融合し欧州共同体（EC）を成立させ、68年7月1日には予定より1年早く関税同盟を完成（域内関税撤廃、共通域外関税導入）させることはできた。そして69年のドゴール引退後12月ハーグで開催されたEC首脳会議により、「完成・深化・拡大」すなわちCAP完成、新たな共同体政策の着手（通貨政策、政治協力）、加盟国拡大という3つの目標が合意された。CAPについては70年から75年にかけて、関税と可変課徴金に加えて加盟国の付加価値税収入の一部を財源とするCAP財政基盤の強化が合意された。新政策面では通貨統合をめざす歩みが本格化することになった。

　拡大は73年1月イギリス、アイルランド、デンマークの加盟という形で実現した。しかし73年10月の第四次中東戦争勃発後、先進工業国の大半が原油価格の大幅上昇いわゆるオイルショックに見舞われたことにより、加盟国は個別に国内問題として経済危機に対処する傾向を強めていくことになった。イギリスにおいては経済状況の悪化が、加盟に伴う財政的負担の見直しを求める声につながり、75年には加盟の是非を問い直すためにイギリス史上初の国民投票が行われるに至った。結果的にEC残留が多数を占めたが以後もイギリス国内には統合に懐疑的な声は根強く残ることになった。[4]

　パ統合史』（名古屋大学出版会、2008）、182 − 184ページ。
4　橋口豊「米欧間での揺らぎ　1970 − 79年」細谷雄一（編）『イギリスとヨーロッパ―孤立と統合の二百年』（勁草書房、2009）、193 − 194ページ。

③80年代の統合：第二次拡大、第三次拡大、欧州悲観主義と統合の再活性化

81年ギリシャ、86年スペインとポルトガルが加盟したが、これらはいずれも軍事独裁／権威主義的独裁から民主化した後に実現したものであった。これはすなわち民主主義体制や基本的人権・言論思想の自由という共通の政治的基盤に立つことを大前提としてヨーロッパ統合が成り立っていることを示すものであると同時に、統合に参加することにより加盟国の国内政治体制が一定の価値規範に拘束されることをも示すものである。

拡大を果たしながらも70年代後半から80年代前半のヨーロッパでは、長引く不況とデタントの衰退、新冷戦と呼ばれる状況の中で、統合に関して欧州悲観主義（Europessimism）と呼ばれる疑念が生じていた。ケインズ主義の有効性が疑問視され、戦後福祉国家システムの将来が危ぶまれる状況の中で、イギリスのようにサッチャー政権の下で新自由主義的改革に舵を切る国もあった。これに対して大陸諸国の中では統合の再活性化に処方箋を見いだす国もあった。その代表がミッテラン社会党政権下のフランスであった。84年上半期EC議長国としてミッテランは加盟国首脳と30回以上の首脳会談を重ね、サッチャーが要求していたEC財政負担軽減問題を解決（イギリスに還付金を交付する制度を合意）するなどの成果をもたらした。また85年には仏社会党政権前蔵相ドロールがEC委員長に就任し、市場統合に向けた動きも進められた。同年調印された単一欧州議定書（Single European Act: SEA）は、域内市場統合完成のため多数決原理の導入を定めるものであり、66年の「ルクセンブルクの妥協」の部分的修正といえる。[5]

2　冷戦後のヨーロッパ統合の進展

①冷戦体制の終焉とヨーロッパ統合の加速

ヨーロッパ統合は西欧の一角から始まって深化と拡大を遂げたが、東

5　遠藤乾「サッチャーとドロール1979-90年」細谷編上掲書、250－251ページ。

西冷戦体制の終焉は、ヨーロッパ統合の速度やあり方、そしてその行方にも多大な影響を及ぼすことになった。東西冷戦体制の終焉は、21世紀の課題と見られていた通貨統合を1990年代末に実現させただけでなく、ヨーロッパ統合の対象地域を文字通りヨーロッパ全域へと拡大させた。

通貨統合については、ヨーロッパ域内の為替相場の安定を目指して1979年9月に創設されたEMS（European Monetary System）の成功と、域内市場統合の進展を受け、1980年代の末には、経済統合の次なる目標に定められていた。通貨統合の実現は、ヨーロッパにとって1960年代以来の悲願であり、通貨統合には、国際通貨・金融の領域におけるアメリカないしドル支配からの脱却や、域内市場統合戦略を補完し、ヨーロッパ経済の抜本的な構造改革を推し進め、経済成長や雇用の拡大を図ること、さらにはヨーロッパ統合の究極の目標である政治統合の促進といった期待も託されていた。けれども、通貨統合の進め方を巡っては、できる限り早急に単一通貨の導入に踏み切るべきだと主張するフランスやイタリアと、単一通貨の導入そのものには賛成したものの、それ以前にインフレ率をはじめ十分な経済構造の収斂が必要であると主張するドイツが鋭く対立していた。ドイツでは国民の大多数もマルクの放棄に反対し、通貨統合は21世紀の課題と思われていた。

ところが、1990年10月に突如ベルリンの壁が崩壊し、東西冷戦体制が終焉に向かうことになった。そして、冷戦体制の終焉とともに、東西両ドイツでドイツ再統一の気運が急速に盛り上がることになった。ドイツ周辺のヨーロッパ諸国は、ヨーロッパ域内の権力バランスを大きく変えることになるかもしれないドイツの再統一を一国たりとも望んでいなかったが、再統一の阻止がもはや不可能であることを知るや、統一ドイツをヨーロッパ統合の文脈の中に深く埋め込むこと（いわゆる「ドイツのヨーロッパ化」）に戦略を転換した。他方、コール首相率いるドイツ政府も、再統一に対する他のヨーロッパ諸国の政治的承認と引き換えに、ヨーロッパ統合に対する究極的なコミットメントの証として、マルクを

最終的に放棄し、通貨統合に加わることに同意した。[6]

1992年2月には、EMU（Economic and Monetary Union：経済・通貨同盟）を核とするEC（European Communities：ヨーロッパ共同体）、CFSP（Common Foreign and Security Policy: 共通外交・安全保障政策）とJHA（Justice and Home Affairs：司法・内務協力）の3つの柱からなる、EU（European Union: ヨーロッパ連合）の設立を定めたマーストリヒト条約が調印された。マーストリヒト条約は、デンマークの国民投票で否決されるなど、波乱もあったものの、最終的に全加盟国によって批准され、93年11月に発効し、ここに正式にEUが誕生した。

②EUの東方への拡大

東西冷戦体制の終焉は、拡大の可能性を一挙に広げることにも繋がった。1995年には、スウェーデン、フィンランド、オーストリアといった東西冷戦体制下で中立政策を採っていた国々が相次いでEUに加盟した。続いて、2004年には、キプロス、マルタといった地中海の小国に加えて、ハンガリー、ポーランド、スロバキア、バルト三国、チェコ、スロベニアといった、かつては社会主義体制の下にあった国々がEUに加盟し、2007年にはブルガリアとルーマニアもこれに続いた。これら新規加盟国の多くは、一人当たりのGDP（Gross Domestic Product）がEU平均の3分の1以下の水準にあり、政治・社会的な安定や経済発展の機会を求めて、EUへの加盟を望んでいた。バルト三国をはじめこれらの国々は、今日深刻な金融・経済危機に喘いでいるものの——その一部はまさにEU加盟によってもたらされたものであったが——、中長期的に見てEUへの加盟によって大きな利益を手にすることは間違いない。[7]すでにこれらの国々には、EU予算から経済発展のためのインフラを整えるための資金や農業補助金が提供され、これらの国々の経済成長に少

6　デヴィッド・マーシュ（行天豊雄監訳、相沢幸悦訳）『ドイツ連銀の謎－ヨーロッパとドイツ・マルクの運命』、ダイヤモンド社、1993年、275－298ページ。

7　羽場久浘子、『拡大ヨーロッパの挑戦－アメリカに並ぶ多元的パワーとなるか』、中公新書、2004年、199－201ページ。

なからず貢献している。

　他方で、EU の拡大は、既存の EU 諸国には複雑な影響を与えている。西ヨーロッパの企業にとって、EU の東方への拡大は、東ヨーロッパの安くて豊富な労働力の利用を可能にし、グローバル市場における国際競争力の強化に貢献している。西ヨーロッパの企業は、ドイツ企業を筆頭に拡大の前後から直接投資を通じて東ヨーロッパに進出し、本国との間で包括的な生産・流通ネットワークを構築、それによって東西のヨーロッパ経済の一体化が進んだ。加えて、拡大の後、ポーランドを筆頭に東ヨーロッパから西ヨーロッパに建設部門を中心に大量の労働移民が流入し、イギリスをはじめ西ヨーロッパ諸国の経済を活気づけた。その一方で、西ヨーロッパの一般の人々の間には、今回の金融危機が発生する以前から、拡大に伴う国内産業の空洞化や、賃金をはじめとする労働条件や福祉・社会保障制度の悪化（いわゆる「ソーシャル・ダンピング」）への懸念、治安の悪化への不安が存在していた。こうした懸念や不安は、金融危機発生以降さらに高まっている。金融危機以前、東ヨーロッパから多くの労働移民を受け入れていたイギリスも、厳しい国内の雇用情勢から移民の制限に動き、フランス政府も、内外の厳しい批判にもかかわらず、ロマ（ジプシー）の国外への強制退去に動いた。かつては移民の受け入れに積極的であったスウェーデンやオランダも、次第に寛容さを失いつつある。拡大に伴う西ヨーロッパ諸国の財政負担も膨らむ一方で、拡大を歓迎もしくはさらなる拡大を望む東ヨーロッパの国々とは対照的に、西ヨーロッパの国民の間には、既存の拡大への不満はもとより、さらなる拡大への不安や懸念も高まりつつある。

　③リスボン条約

　拡大は、いうまでもなく EU そのものにも大きな影響を与えている。とくに今次の拡大によって、EU 加盟国はそれ以前の 15 カ国から一挙に 27 カ国へと増えた。ヨーロッパ統合をスタートさせた原加盟国とは異なり、新規に EU に加盟した国々は、必ずしもヨーロッパ統合の理念や理想を共有していないし、何よりも西ヨーロッパとの間には大きな経

済格差が存在している。EUの急速な拡大が、EUの意思決定や運営をより難しくするであろうことは、拡大以前からすでに予想されていた。そのため、拡大に先立ってEUの意思決定や機構改革を進めるために、2001年にニース条約が締結された。しかし十分な検討の時間がなかったこともあって、ニース条約は多くの点で不完全であり、早急な見直しが必要となった。そこで、ローマ条約とマーストリヒト条約を統合し、EUのより根本的な機構改革を推し進めるための単一の条約として、いわゆる「ヨーロッパ憲法条約」が起草され、2004年に全加盟国によって調印された。しかし、憲法条約は、「憲法」という言葉から、EUへのより多くの国家主権の移譲、EUの権限・超国家性をより強めるものとして受けとられ、不安や反発を招いたことや、さらなる拡大への不安の高まりを背景に、2005年春に行われたフランスとオランダの国民投票で、相次いで否決されることになった[8]。そのため、内容を大幅に薄めた形の「改革条約」として再提案され、2007年12月にリスボン条約として調印された。リスボン条約も、アイルランドの国民投票で一旦は否決され、再度危機に直面することになったが、直後に襲った金融危機が、アイルランドをしてEU支持へと向かわせ、二度目の国民投票による批准を経て、2009年12月より発効することになった。

　リスボン条約の主たる内容は、同条約の発効によって次期のEUの拡大が可能になったことに加えて、特定多数決制度の適用分野が拡大されることによりEUの意思決定手続きの効率化や簡素化が図られたこと、さらにEUを対外的に代表する体制の統一・強化が図られたこと、具体的には、ヨーロッパ理事会における常任の議長ポスト（いわゆる「EU大統領」）と、EUの対外関係を統轄する外務理事会における議長ポスト（EU外務・安全保障政策上級代表）が設けられたことである[9]。

8　庄司克宏、『欧州連合―統治の論理と行方』、岩波新書、2007年、52－59ページ。
9　リスボン条約の詳細な内容については、庄司克宏前掲書に加えて、鷲江義勝編、『リスボン条約による欧州統合の新展開－EUの新基本条約－』、ミネルヴァ書房、2009年も参照。

外交・安全保障政策に関しては、すでにマーストリヒト条約にCFSPが盛り込まれていたが、その後に起こった旧ユーゴスラビアにおける悲惨な内戦をEU単独では阻止できず、冷戦時代の軍事同盟でアメリカ軍を主力とするNATO（北大西洋条約機構）や、国連の介入に頼らざるを得なかった。さらに2003年イラク侵攻を巡っても、アメリカについたイギリス、ポーランドらと、開戦に反対したフランス、ドイツらとの間で深刻な対立が露呈することになった。そうした反省を踏まえて、2003年以降、ヨーロッパ安全保障戦略や人間の安全保障部隊創設などの提案がなされ、そうした流れを受けて、今回8000人のスタッフを擁する外務相理事会付属の対外代表部が創設されることになった。もっとも、外交・安全保障政策の権限は、依然として加盟国の政府にあり、共通外交・安全保障政策が今後どの程度有効に機能しうるのかは、依然として未知数といえる。

同じくEUの顔として創設された、ヨーロッパ理事会における常任の議長についても、初代議長ポストには、ベルギーの元首相のファンロンパイが就任した。しかし、小国の出身ということもあってその存在感は薄く、ヨーロッパ統合を牽引してきたドイツ・フランスの首脳が、EUの重要な問題に関する最高の決定権を有する構造は依然として変わっていない。EUは、多国間主義（multilateralism）の理想的なモデルとされるものの、依然限界を有しているといえる。何よりも、リスボン条約は、当面の状況への対応の必要性から生まれたものであり、EUがいったい今後どこまで拡大するのか、あるいはどこまで深化するのかという問いに対する答えは、依然として出ていない。

3 金融危機とヨーロッパ統合の行方

1 金融危機とEU

グローバルな金融危機からヨーロッパ統合の危機へ

2007年夏、いわゆる「サブプライム問題」の顕在化をきっかけにアメリカで金融危機が発生した。その際、サブプライム関連金融商品に投資していた、ヨーロッパの金融機関の損失も明らかとなった。しかし、あくまで金融危機はアメリカ固有の問題であると見なされていた。ところが、時間が経つにつれて事態は深刻化し、2008年9月のいわゆる「リーマン・ショック」で、金融危機は頂点に達した。グローバルな金融危機の発生によって、アメリカはもとより、ヨーロッパもアメリカと同等か、それ以上の深刻な打撃を被ることになった。グローバルな金融危機の原因は、当初証券化金融商品を中心に投資銀行がハイリスクで投機的な金融取引を行っていたアメリカにあると見られていたが、実はヨーロッパでも同様の取引が行われ、とくに金融危機の直撃を受けたイギリスやアイルランド、スペイン、バルト三国では、アメリカのそれをも凌ぐ規模での不動産・信用バブルが発生していた。

　金融危機は、アメリカ同様ヨーロッパでも、当初ハイリスクの金融商品に投資していた大手金融機関グループの巨額の損失や破綻となって顕在化した。そのため、ヨーロッパ各国の政府やヨーロッパ中央銀行は、これら大手金融機関グループに対して、巨額の資本注入や信用保証、流動性の供給を通じて救済を図った。その結果、大手金融機関グループの破綻の連鎖によりヨーロッパの金融システム全体の機能が麻痺する事態は、辛うじて避けられることになった。しかし、不動産バブル崩壊の直撃を受けた建設・不動産部門を中心に、金融危機による実体経済の悪化はその後も続き、金融・経済危機の様相を呈するようになった。そのため、ヨーロッパ各国政府は、金融機関の支援と並んで、実体経済の悪化を食い止めるため、景気・雇用対策として巨額の財政支出を行ったが、それが財政赤字を大きく膨らませることにつながった。そこに、投機筋や、政府や中央銀行によって救済してもらったはずの金融機関が目をつけ、当該国の国債を売り浴びせることで、2009年末以降ソブリン危機が顕在化することになった。ソブリン危機は、2010年5月のギリシャ危機で頂点に達し、ギリシャの救済を巡りドイツと他のユーロ圏諸国と

の間で深刻な対立が発生、それがユーロの信頼性やEUそのものを揺るがす事態へ発展することになった。

①通貨統合の功罪

今回EUが直面している危機には、通貨統合も少なからず関係している。とくに今日深刻な危機に直面しているPIIGS諸国（ポルトガル、アイルランド、イタリア、ギリシャ、スペイン）は、ユーロへの参加によって、そうでなければ到底手に入れることのできなかった高い信用を獲得したことで、低金利の資金調達が可能になり、それが不動産バブルや著しい経常収支赤字を生むことになった。同様の状況は、EU加盟のユーフォリア（陶酔）に沸いた東ヨーロッパでも生じた。他方、これらの国々とは対照的に、賃金や物価の抑制に努めたドイツの国際競争力は改善し、ドイツの貿易黒字は急速に膨らんだ。その結果、グローバル・レベルと同様、EU域内における経常収支不均衡も、著しく増大することになった。にもかかわらず、当該国政府はもとより、ヨーロッパ中央銀行も、こうした事態を制御できなかった。ヨーロッパ中央銀行によって決定可能な金利水準は1つしかなく、同行はユーロ圏全域の経済状況を睨んで金利水準を決定しなければならない。スペインやアイルランドでは、不動産・信用バブルが起きる一方、同じユーロ圏でもドイツはITバブル崩壊後の景気後退に苦しんでいた。そのため、ヨーロッパ中央銀行はドイツの状況にも配慮せざるを得ず、結果的に不動産バブルや経常収支不均衡を拡大させる一因となった。さらに、ユーロの導入以降為替リスクの消滅によって著しく活発になったクロスボーダーの資金移動が、ヨーロッパ域内のみならず、アメリカの不動産バブルや経常収支赤字をファイナンスすることになった。ユーロの導入は、アメリカに国際収支規律の遵守を促すきっかけとなると期待されたが、皮肉なことに、ユーロ導入以降アメリカの経常収支赤字はさらに膨らみ、それをファイナンスしたのがヨーロッパからの資金であった。その結果、アメリカで起きた金融危機が巨額の対米投資を行っていたヨーロッパの大手金融機関を直撃し、ヨーロッパ経済にも深刻な打撃を与えることになった。ヨーロッパ

の場合、今回の金融危機で、国境を越えてリスクの高いビジネスを行っていた金融機関に対する規制・監督体制の不備も露呈した。

　もちろん、こうした問題の全ての責任を通貨統合に帰すことはできない。ユーロがなかったら金融危機の影響はもっと深刻になっていたとの見方もある[10]。にもかかわらず、今回の危機に通貨統合が深くかかわっていた事実は否定できない。ユーロは大きな期待を担って誕生したものの、未だその期待を十分に満たしているとはいえない。

2　金融危機を踏まえたヨーロッパ統合の行方

①ギリシャ危機で露呈したEUの問題点

　ヨーロッパだけでなく、世界を震撼させたギリシャ危機の発端は、2009年末になって、ギリシャが財政赤字をごまかしてユーロに参加していたことや、金融危機の煽りで、財政赤字がGDP比10％を超える水準にまで悪化していることが突如発覚したことにある。そのため、ギリシャ国債のリスク・プレミアが跳ね上がり、ギリシャ政府による金融市場からの財政資金調達が事実上困難となった。しかも、ギリシャの救済を巡って、ドイツとそれ以外のユーロ圏の国々が対立し、それがユーロの動揺と招くと同時に、ユーロのガバナンスに関する問題点を顕在化させることになった。

　ユーロの参加国は、SGP（Stability and Growth Pact: 安定成長協定）によって、対GDP比3％を超える過剰な財政赤字を出さないように求められている。そして、仮に過剰な財政赤字を出した場合には、制裁を含む措置が科されることになっている。にもかかわらず、提案者のドイツ自らが規定を守れなかったこともあり、ユーロの導入以降、SGPが厳格に運用されることはなかった。通貨主権はヨーロッパ中央銀行に移譲されたものの、財政政策の主権は、依然加盟国の政府にある。言い換えれば、

10　田中素香、「世界金融・通貨危機とユーロ」、田中素香編『世界経済・金融危機とヨーロッパ』、勁草書房、2010年、176ページ。

一部で超国家的な統合が進んでいるものの、EUは依然主権国家の連合体に留まっている。そのため、加盟国に対して財政規律を遵守させる制度や仕組みは十分確立されていない。他方で、EU自らが調整を果たす機能や権限も限られている。かねてからEU加盟国間の連帯や結束の強化、格差是正のためには、EUレベルに財政政策の権限を移譲し、EUレベルで財政資金の再配分を実施するのが望ましいとの意見がある。しかし、そのような財政連邦主義の実現には政治統合の画期的な進展が必要であり、現状では財政主権をEUに移譲することに対しては加盟国の間に根強い反対がある。

とはいえ、今回のように、一旦ユーロ参加国に財政危機が起きれば、他のユーロ参加国にも即座にその影響が及ぶ。ギリシャの救済で鍵を握っていたドイツは、救済に批判的な国内世論を背景に資金提供を渋った。しかし、危機が他のPIIGS諸国にも広がる様相を見せ、今回の金融危機で同じく巨額の財政赤字を負うことになったアメリカも危機の波及を恐れ、圧力を掛けたことで、ドイツもしぶしぶ救済に同意した。ギリシャには財政緊縮政策の採用と引き換えに緊急支援が提供される一方、今後の危機への対応策として、ユーロ参加国、EUそしてIMFが拠出して4400億ユーロからなる安定化ファンドが設立された。また、恒久的な対策として、欧州版IMFといわれるEMF（European Monetary Fund：欧州通貨基金）の創設も決定され、今後は財政政策を始めEU各国の経済政策の運営に関する監視が強化される見通しである。すでにEU域内の金融機関の規制・監督体制も強化され、今回の危機をきっかけに、ユーロ圏並びにEUの経済ガバナンスが改善に向かう可能性もある。けれども、金融危機の行方は依然不透明であり、深刻な不況の下で財政再建策の一環として進められている福祉の削減や社会保障・労働市場改革は、国民の強い反発を招き、EUの正当性やヨーロッパ統合に対する批判を高める恐れもある。

②ヨーロッパ統合は輝きを失いつつあるか

今回の金融危機により、アメリカ同様、ヨーロッパも深刻な打撃を

被った。その一方で、中国やインド、ブラジルといった新興国の台頭が鮮明となっている。グローバル経済における攻守の逆転、欧米の後退と新興国の台頭は、決して一時的なものではなく、今後の趨勢であり、少子・高齢化の進展により人口の減少が予想されるヨーロッパは、世界経済におけるその比重を今後確実に低下させていくと見られている。また、今回の金融危機以前には、ヨーロッパ統合は、地域統合の先駆者かつ成功例として、東アジアを始め他の地域共同体形成のモデルにもされていたが、さまざまな問題点や課題を抱えていることが図らずも明らかとなってしまった。ヨーロッパ統合の危機はこれまで何度もあったが、今回の危機はいうまでもなく最大級のものである。

とはいえ、ヨーロッパ統合がこの先行き詰まり、輝きを失ってしまうだろうと考えるのは、早計であろう。ヨーロッパは、野心的な統合構想と懐疑論の間を絶えず揺れ動きつつ、これまで半世紀以上にわたって発展を続け、多元的で多層な国際協調・協力の枠組みを進化・拡大させてきた。深刻な金融・経済危機にもかかわらず、産業の国際競争力や、教育・社会保障制度、生活の質や豊かさといった幸福指数では、ヨーロッパは、北欧諸国を筆頭に依然世界のトップに君臨している。環境や人権の保護といった領域でも、世界の最先端を行っており、グローバル・ガバナンスの多くの領域で有用なモデルを提供していると言ってよい。よってヨーロッパ統合は未だ輝きを失っておらず、EUの営みからは依然多くの学ぶべき点があるといえよう。

〈推薦文献〉
1　遠藤乾（編）『ヨーロッパ統合史』名古屋大学出版会、2008年
　　ヨーロッパ統合過程に関する和文での最良の通史。姉妹編でありヨーロッパ統合過程の歴史史料集である、遠藤乾編『原典ヨーロッパ統合史』（名古屋大学出版会、2008）と併読することにより、2008年までの統合の詳細な流れを把握することができる。
2　ゲア・ルンデスタッド（河田潤一訳）『ヨーロッパの統合とアメリカの戦略——統合による「帝国」への道』NTT出版、2005年

ヨーロッパ統合に対する冷戦を背景にしたアメリカの関与を論じた著名な書籍の翻訳。専門的ではあるが内容は比較的平易である。冷戦史の理解にも有益な書物

3　細谷雄一（編）『イギリスとヨーロッパ　孤立と統合の二百年』勁草書房、2009年
主要なヨーロッパ諸国の中で唯一ヨーロッパ統合に対して留保的姿勢をとってきたイギリスのこれまでの対ヨーロッパ政策について19世紀以前にまで遡り解説したもの。

4　トニー・ジャット『ヨーロッパ戦後史』上・下、みすず書房、2008年
戦後ヨーロッパ史の最良の通史。より大きな歴史的過程の中でのヨーロッパ統合過程の意味を理解するのに有益である。

5　庄司克宏、『欧州連合──統治の論理とゆくえ』岩波新書、2007年
拡大や条約の改変など、21世紀に入って以降EUが直面しているさまざまな課題について、わかりやすく簡潔に紹介され、東アジアの地域統合や国際的なテロ対策等に言及されている入門書。

6　田中素香（編著）『世界経済・金融危機とヨーロッパ』勁草書房、2010年
アメリカ発の金融危機がヨーロッパにも広がった背景と共に、金融危機発生以降のヨーロッパ経済の現状をさまざまな分野について分析・紹介するとともに、金融危機の克服に向けてヨーロッパないしEUが取り組むべき課題について詳細に解説している。

------ 用語解説 ------

関税同盟
　　Customs Unionの訳語。加盟国は相互の貿易に関して関税と数量規制を撤廃し、非加盟国との貿易については共通の対外関税を採用する。相互の貿易に関しては関税と数量規制を撤廃するが、非加盟国との貿易については独自の関税を維持する自由貿易協定（Free Trade Agreement）とは異なる。

ドイツ問題
　　大陸の中心に位置する強力な国家ドイツは、その存在自体がヨーロッパの平和と安定を乱す要因であり、その力を抑制する必要があるとの問題認識。

EMU
　　経済同盟と通貨同盟の2つから構成される。前者は、単一市場、単一市場における公平な競争を保証する競争政策、地域格差を是正するための構造・地域政策、健全なマクロ経済政策運営のルール等からなる。後者は、単一通貨、自由な資本指導、ECB（欧州中央銀行）によって運営される単一金融政策等

からなる。

特定多数決

　EUの意思決定は、全会一致方式と特定多数決制の2つからなる。前者は、EU構成国すべての賛成が必要で、一カ国でも反対があれば、議案は否決される。EU条約の批准や外交・安全保障、税制等の分野がこれに該当する。他方、後者は、EU構成国に、人口や経済力などに応じて票が配分され、そのうちの一定割合を確保すれば、可決される。もともとは全会一致方式が多かったが、構成国数の増加や迅速な意思決定のために、特定多数決で決定される分野が増加している。

第10章　情報とメディア

清本　修身（1・2節）
岡田　滋行（3節）

―――〈本章のねらい〉―――

　今日の世界は、情報化社会、あるいは高度情報化社会として、しばしば特徴づけられている。情報を、時代のキーワード、あるいは一種のシンボルとして位置づけながら、政治、経済、文化など、あらゆる社会活動の変化を理解しようという立場がこの社会学的分析を生んでいる。

　たしかに、進展するグローバリゼーションの背景には、インターネットをはじめとする時空間を越えた情報通信技術（IT）の新たな登場があり、それが歴史的な社会変動の大きな起爆剤になっている。そうした変動の全体像を正確に理解することは極めて困難ではあるが、情報を取捨選択しながら生活をしている以上、その実像に少しでも接近し、内実を解明していく必要はある。

　そうした狙いから、本章では、まず、情報そのものについて歴史的な経緯をたどりながらさまざまな角度から考察する。次いで、IT革命とマス・メディア、さらに国際政治の極めて複雑な相互関係について、検討を加えていく。

1 情報化と社会変動の構図

1 情報の価値体系

　情報とは具体的にどういうものなのか。これには当然ながら、限定的な定義はあり様がない。だが、一般的には「そこからメッセージが読み取れるもの」「区別でき、差異のあるもののすべて」ということになり、新聞、テレビなどメディアの発するニュース情報もあれば、音楽、書籍、映画、漫画、絵画、踊りなどあらゆる文芸活動に含まれているのも情報である。むろん、政治、経済、文化などだけでなく、**DNA**情報、指紋情報、医療情報など科学、物理などの分野でも同じである。ほかにも、たとえば、古代遺跡が発掘されると、そこに往時の生活状況などの情報が読み取れるわけだから、そうした遺跡も情報となる。つまり、人間活動の歴史のすべての所産として情報というものがある。

　こうして見ると、情報というものは量と質の両面から見て、計量的に測定不可能なものであろう。情報社会というのも、古来、人間は共同体の中で、さまざまな情報によって生きてきたことから、必ずしも特別新しい社会実体ではない。

　それでも、今日、情報化社会と改めて言われるのは、どういうことだろうか。それは数々の通信手段の技術革新によって情報の飛躍的な増加と地球規模の拡散が急速に進み、社会変容の重大なパラダイム（枠組み）となるまでになったからである。

　これに関しては多様な分析がされている。主要な技術革新が「創造的な破壊」をもたらし、情報流通の「量と速度」が増大して、社会活動のさまざまな分野で、情報の新しい価値体系が生まれ、社会変容につながっているのだ、という技術決定論的な考え方や、多様な情報メディアの驚くべき拡大によって今日の社会はその情報環境の大きな影響、支配をうけているためであるという見方もされている。また、社会の職業構成の変化に焦点を当て、あらゆるサービス産業を包含した情報関連労働者の膨張から、その社会変容を捉える分析もある。この傾向に関しては先進

国クラブとされる OECD(経済協力開発機構)がその報告書(1986年)で、「加盟国において、情報の創造や操作、およびそのための基盤支援に主として関わる雇用が増加を続けている」と述べている。

　これらの分析的観察はそれぞれが孤立してあるものではなく、相互関連性で理解するのが適切であるのだろうが、理論的研究としては米国の著名な社会学者ダニエル・ベルの論考や未来学者アルビン・トフラー、メディア研究者のハーバート・シラーの諸論文などさまざまある。

　ベルは著作『脱工業社会の到来』(1973年)などで、社会発展の歴史を前工業社会(農業中心)、工業社会(製造業中心)、脱工業社会(サービス業中心)の三段階に類型化し、脱工業社会では情報の量的、質的拡大が社会変化の重要な特徴になっている、と分析している。ベルはさらにその新しい社会がサービス産業で情報労働者の雇用増大をもたらしていると論じ、情報化社会の出現を規定した。

　トフラーは『第三の波』(1970年)で、現代文明は「第一の波」(農業革命)、「第二の波」(工業革命)に続く「第三の波」(情報革命)のうねりの中にあると指摘し、多様性を内包した新しい価値観と秩序を持った社会の出現を予測した。また、シラーは「高度資本主義が情報や情報技術に依存し、全体的な社会システムで情報の生産と流通が主要で不可欠な活動となった」との認識を示した。

　これらは産業社会論、あるいは文明論的な視点で捉えられた先駆的な研究であり、やや大まかな分析枠組みであることも否めないが、情報と現代の社会構造を考える一定の座標軸にはなっている。情報社会論的な研究はこのほかにも多くあるし、1960年代以降のポスト・モダニズム言説の世界にも情報を文化論的に研究する多彩な成果が生まれている。

　歴史の連続性という観点からすれば、どの情報社会分析もすべて段階的な発展として考えるべきで、やはり正確な全体像を見定めることは難しいと言えるが、われわれは「情報」がかつてないほど大きな価値体系に組み込まれた時代に生きていることは確かである。

2　情報公共圏の変容

　概観的に言えば、情報伝達の主役となってきたマス・メディアの発展の歴史は社会空間の変容と深い関わりを持っている。

　グーテンベルグの印刷術の発明（15世紀半ば）は聖書の普及によって、それまでの中世の宗教共同体に風穴をあけ、宗教改革への道を拓いたとされる。さらにその後、新聞、雑誌、書籍などの活字文化の興隆をもたらし、それぞれの領域内での共通言語（国語）の形成に一定の役割を果たした。それが国民的アイデンティティの確立を促し、18世紀の国民国家の誕生につながっていったと言われる。この活字メディアの発達が公共の空間で市民の活発な言論活動を誘発し、国家の姿や形にも大きな影響を与えてきたのである。ドイツの社会学者ユルゲン・ハーバマスは19世紀の初期資本主義の時代において、活字文化がカフェやサロンで、開かれた議論、批判的精神を醸成し、国家から独立して「ブルジョア（市民的）公共圏」の形成につながった、と論じている。これは必ずしも新しいメディア技術が歴史的な社会変容を決定づけたということではなく、社会自体にも変化の芽が胚胎していたことは当然見逃せない。が、それでもそれなりの駆動力になったと言える。

　情報メディアは続いて19世紀半ばのモールス信号の発明を皮切りに電話、映画、無線通信などの相次ぐ登場による情報伝達手段の革新によって、次第にその活動領域の多様化と広域化を実現していくが、これらも同時に時代ごとの社会変容の誘因になってきた。

　20世紀に入り、ラジオ、次いで半ば以降にテレビが生まれ、とりわけ目と耳に訴求する（映像と音声）テレビは、市民生活に絶大な影響を与えてきた。テレビは衛星放送の時代を迎えて時空間の壁も一気に突き破り、本格的な情報化時代を担う主要メディアとして、多様な世界像を茶の間に持ち込み、世界の政治、経済、文化など人間の社会活動の領域を動かすまでになった。選挙の動向に少なからずの影響力を発揮し、経済の大衆消費社会を下支えし、ファッション、ライフスタイルなどを牽引している。現代の社会空間にこれほど深い刻印を残してきたメディア

はほかにあまりないと言えるだろう。

　テレビの衛星放送は情報グローバリゼーションの先兵としても位置づけられるが、20世紀末に登場したインターネットは既存のメディア概念を根底から揺さぶり、社会の新しいパラダイム・シフトを引き起こそうとしている。グローバリゼーションはすでに国民国家の溶解ともとれる現象を広げ、国家機能の数々の変容も迫っているが、インターネットの世界はそれらの現象をさらに定着させている。時空間の壁を今度は「瞬時」に飛び越え、しかも個人的なメディアとしての機能を持つインターネットは、世界的に爆発的な普及を遂げ、すでにメール（通信）、情報検索・交換、多様な電子ビジネスの展開のほか、行政サービス、選挙など公私の分野で、積極的に活用されている。

　政治におけるインターネット利用はこれまでの代表民主主義に代わる直接民主主義の推進に役立つとの議論もされるようになっているが、世界の紛争や戦争でもネットの進出が目立つ。90年代半ばには、メキシコ・チアパス州で起こったマヤ先住民の反乱と政府の鎮圧作戦をめぐり、世界の人権団体がメキシコ政府に抗議するネット介入を行った。また、2011年にはチュニジア、エジプトで、ネットを駆使した反政府デモが、長期独裁政権を倒し、「ネット革命」が中東全域に波及した。

　これらは既存メディアの情報独占を崩しかねない、国境を越えた市民レベルの情報発信の新しい地平を示すとともに、インターネットによる独自の公共圏形成の可能性さえ示唆するものである。しかし、問題はまだ数多い。たしかにこのネット空間は利便性や効率性に大きな利点があるが、基本的に無秩序のまま成長している。個人性の高いメディアであることがその理由であり、制御や管理システムがきわめて困難であり、そのシステムが開発途上にあることからすれば、どう信頼性を高め一定の秩序を構築できるのか、今後の推移を見守る必要があるだろう。

3　ネット社会の諸相

　メディアと法制という関係も情報化社会の正確な理解には欠かせな

い。新聞や雑誌、書籍はもっとも古い情報メディアであり、民主主義の発展の歴史の中で成長し、多くの国の憲法で保障された「言論・表現の自由」を基盤に公共圏での事業を自由に広げてきた。ラジオやテレビ事業は公共空間を利用する電波という特殊性から、それを管理する国家の許認可制のもとに置かれて、放送法などに基づいて運営されている。事業自体の法的な枠組みはやや違うが、報道の内容的にはどちらも「国民の知る権利」に応える情報サービスであり、公共性や倫理性、プライバシーや名誉棄損などの人権保護の法的義務の遵守が課せられている。今日の雑誌や新聞でしばしば名誉棄損の問題が発生し、またテレビでは視聴率至上主義による番組の低俗化が公共性や倫理性にからんで、これらメディアへの批判の目が向けられていることは否めないが、メディアと法制でもっとも議論を呼んでいるのはコンピューターによるサイバースペース（電脳空間）とそのネット社会の管理問題である。

　従来、電気通信の分野は放送と通信に大別され、それぞれ異なった法制度で運営されてきた。放送は不特定多数を対象に電波で情報を伝達するマスコミュニケーションの形態をとるが、通信は電話や郵便を主体とした私的な形態であると規定されてきた。このため通信政策の基本は、憲法にある「通信の秘密保護」が前提とされ、表現の自由に関する諸問題は起こらないと考えられてきた経緯がある。

　しかし、インターネットの登場で、不特定多数を対象とする通信が可能になり、いわば公然性を有する通信であるということから、新たな法的対応が求められるようになった。ネット上の情報に、公序良俗に反するような猥褻表現や映像、名誉棄損、プライバシー侵害、さらには詐欺など数々の犯罪の温床となるような問題が発生したためである。また、ネット情報に侵入し、破壊するハッカー事件やネット情報と著作権の問題、クレジットカードや種々の個人情報の漏洩問題もしばしば起こるようになった。ネットは「匿名社会」であることにもよって、すでに述べたように無秩序な成長過程にある。

　こうした問題に対して、政府はネット不正アクセス禁止法やプロバイ

ダー責任法などの新法を制定するほか、既存の法律の改正・適用などの措置をとっているが、ネットはその匿名性のほか、情報発信源の移動容易性などの問題もあり、事件としての摘発がいたちごっこにもなっている。ネットはむろん国際犯罪にも利用されているため、対応の国際的協調体制も進んでいるが、被害者は着実に増加している。

　これら犯罪性との関連は別にしても、ネット社会は情報化時代の中で、新しい監視社会の出現であるという認識も求められるだろう。個人情報が行政機関や金融機関などさまざまな企業組織、民間団体のコンピューターで管理され、ビジネス用、行政サービス用などそれぞれの目的で使われているが、この情報管理システム自体が各個人への監視機能を持ったものである。我が国で2005年4月から施行された個人情報保護法は、情報の悪用を防止することを目指したものであるが、利用と悪用の境界線を具体的にどう引くかは、「意識」というきわめて個人的な心理の領域にもからみ運用の難しさは避けられない。もっとも、行政と個人情報という視点に立てば、この問題も新しいものではない。国家の発展過程では国民の個人情報は社会福祉や税制など幅広い政策の基礎データになってきたからである。そういう意味では監視社会は歴史的に展開されてきたとも言える（英作家ジョージ・オーウェルが著作『1984年』で描いた独裁者による監視社会とは違う意味で）。しかしながら、個人情報が異常に拡散した現代のネット社会は近代的な自由社会の危険な影と評することもできるだろう。

2　グローバル化時代のメディア

1　情報戦略（操作）

　情報操作というのは、社会活動、さらに個別的な人間生活のあらゆる断面で起こりうる現象と考えられる。情報戦略と情報操作の区別は本質的に難しいし、明確な区別の必要もないとは言えるが、一般的に前者は

それほど悪意的なイメージがないのに対し、後者は一定の意図的な欺瞞性が含意されて使われている。そうだとしても、なお情報操作は何らかの主体が能動的に行うものばかりではなく、受動的なもの、情報環境によって結果的にだまされるということがしばしばあることも認識すべきだろう。この前提も踏まえた上で、情報操作を定義すれば、「情報の送り手として個人あるいた多様な統合組織（国家や国際機関も含む）が何らかの意図を持ち、直接またはメディアなどを介して、対象を一定の方向に誘導するコミュニケーション行動」ということになる。

情報操作がメディア報道の中で、際立って目立つのは戦争報道である。その実情を少し考察をしておこう。

「戦争が始まって、最初の犠牲者になるのは真実である」。この言葉は第一次世界大戦（1914～18年）に際して、ハイラム・ジョンソン米上院議員が発した警鐘として有名である。この言葉は戦争報道の歴史と照らしてみても、きわめて有効性がある。だが、それはいわば当たり前のことでもある。どんな戦争でも情報戦略は、武器の力より死活的な重要性を持っているからである。戦争はほとんどの場合、「大義」が唱えられ、その正否は別にして、大義自体がすでに情報戦略を構成することになる。その戦略は敵を凌駕し、国民を駆り立てるのにも必要と解されている。

歴史的に国民動員の情報操作を巧みに駆使した例としてよく引き合いに出されるのがドイツ・ヒトラー時代である。第一次世界大戦の敗北とワイマール共和国の政治的混迷期から登場したヒトラー・ナチズム政権は、鉤十字（ハーケンクロイツ）というシンボルマーク（現代風に言えば、ロゴ）を創案し、ゲッペルス宣伝相を起用して、数々の宣伝映画を製作した。1936年のベルリン・オリンピックもナチス・ドイツの威勢を国際的に誇示する行事として利用した。オリンピックで初めて聖火リレーを導入し、イベント性も演出した。しかし、それとて、戦争は国家の総力戦である、検閲を含む情報統制は戦争遂行の不可欠な要素であることからすれば、報道上の困難さが常に付きまとう。これも無視するわけにはいかないだろう。このように20世紀前半の戦争は、すべてではない

にしても、おおむね報道メディアが戦争への協力体制に組み込まれていた、と言ってもよいだろう。

　第一次世界大戦は、大量虐殺戦争として予想以上に長期化したが、報道との関連で言えば、英国に情報省が設置されるなど、検閲制度が本格的に確立したことが見逃せない。また、米ウィルソン大統領は、戦後の国際連盟の基盤となった「14か条の平和原則」を発表した。ジャーナリストのウォルター・リップマンは、古典的名著『世論』の中で、「海底ケーブルやラジオ、通信、毎日の新聞がなかったら、『14カ条』の実験は不可能であったろう」と述べ、この段階で、ジャーナリズムは、地球規模での共通意識を形成できるところまで到達したとの見解を明らかにしている。[1]

　第二次世界大戦ではラジオが登場し、報道の特性として、「同時性」が新たに加わった。報道自体は、客観性を度外視した「愛国報道」が概ね主流となり、日本軍部の戦況発表にも多くの「ごまかし」があったことは周知の通りだが、むろん、連合国軍側の報道も同様である。これに対し、「報道メディアは、真実を歪めた」との重大な批判は免れないことになる。

2　報道と国益

　1960年代に燃え上がったベトナム戦争では、最も自由な報道が行われたとされている。この戦争における米軍のベトナム・ゲリラ勢力掃討作戦は多くの一般民間人を巻き込んで展開され、ミライ（ソンミ）村虐殺など数々の戦争の悲惨な内情がペンとカメラによって報道された。それによって米国内を始め世界で反戦運動が盛り上がり、70年半ば、当時のニクソン米政権は米軍撤退へと追い込まれ、和平協定によって戦争が終結した。戦争の真実を暴いたということでは、報道の大きな成果と

---

[1] リップマン『世論』（下）（掛川トミ子訳）岩波文庫、1987年、30－31ページ。

言えるだろう。

　他方、この戦争は米国社会に深刻なトラウマを残し、米政府が戦争の報道対策を再検討する契機にもなった。この際の議論は国家の安全保障と国民の「知る権利」をどう両立させるかという点が中心テーマになった。

　両者の妥協案として浮上したのが、「プール取材（代表取材）」という方式で、90年－91年の湾岸危機、湾岸戦争で本格的に適用された。プール取材というのは、前線取材に報道メディアを選択して（欧米の主要メディアは優先される）、全体の代表として同行させる方式だが、報道内容には、作戦遂行上の障害防止に関する数々の禁止項目も規定され、事実上の情報統制となった。この戦争ではコンピューター制御のハイテク近代兵器が登場したこともあり、「クリーンな戦争」とか「ビデオゲームのような戦争」と呼ばれたが、報道の制約があったことも、それには関係する。

　湾岸戦争では、開戦時に米CNN放送がバグダッドからライブ放送を行い、これがホワイトハウスでも視聴された。静止画のみの中継だったが、戦争報道史上初めて、現場からのレポートが可能になった意義は大きい。

　2001年9月11日の9・11同時テロに端を発するアフガニスタン戦争では、中東のメディアとしてアルジャジーラが登場してCNNに対抗したこと、簡略化された映像機材ビデオフォンによってビデオジャーナリズムが飛躍的に向上したことなどが特筆される。一方で、米テレビ・メディアにテロの卑劣さを訴え、国民を結束させる愛国主義的な報道が際立った。米主要テレビは「立ち上がるアメリカ」(CBS)、「われわれは勝つ」(ABC)、「アメリカの精神」(CNN) など、報道の中立性をほとんど省みないようなキャッチフレーズを掲げた。米政府も反テロ対策に障害となるような報道を自粛するようテレビ局に要請した。

　続くイラク戦争（2003年）では、今度は「埋め込み取材」という報道方式が採用された。これは軍と寝食を共にしながら、前線取材を認める

というものだが、そのねらいは報道陣に軍との連帯感を持たせるものであった。イラク戦争では、開戦の大義となった「大量破壊兵器の存在」が偽りであることが最終的に判明するが、多くのメディアはそれに振り回されることになった。

近年のこれらの戦争でもメディア側の報道に多様な疑問が投げかけられたが、見逃してならないのは、戦争推進主体のますます巧妙化する

補　論

パブリック・ディプロマシー（Public Diplomacy）

　1989年のベルリンの壁崩壊によって東西冷戦が終結し、世界は新しい国際秩序を模索しながら、複雑な展開を見せている。国家間では、国益追求が一層、重視されるようになり、激しい外交合戦となっているが、冷戦後の外交分野で「パブリック・ディプロマシー」という概念が注目を集めている。

　外交では、伝統的に、国家が最大のプレーヤーであり、その基本はむろん、今日もそれほど変わらない。しかし、冷戦後の世界では、グローバリゼーションの進展に伴い、国家の安全保障や民主主義のあり方などに大きな変化が生まれている。

　こうした時代背景の中で、国家観、国力に関する見方が変化し、軍事力や経済力（ハードパワー）だけでなく、知識や文化などのソフトパワーの重要性が強調されるようになった（ジョセフ・ナイのソフトパワー論はその代表例）。

　この新しい思考を情報化時代の中で推進しようとしているのが「パブリック・ディプロマシー」である。それぞれの国家の持つ政治、経済、文化などあらゆる活動の「魅力的な」要素を官民総力をあげて、広く国際社会に売り込もうという戦略である。ソフトパワー外交の情報戦略と捉えることもできるし、国家イメージのブランド戦略と言ってもよいだろう。従来の外交が、お互いの政府、外交当局者の間だけで展開されていたのに比べれば、直接、相手国の「国民」や「大衆」をターゲットにした点に大きな違いを認められる。

　代表例としては、英国のブレア政権の「クール・ブリタニア」キャンペーン、2001年の米同時テロを受けて始まった米国務省による対アラブ諸国向けの文化広報戦略、さらには日本の小泉政権による「クール・ジャパン」作戦などが挙げられる。

情報操作手法である。戦争は古来、情報戦略が重要な装置となってきたが、情報化時代という今日の状況では、国民、国際世論を味方につけなければ、どんな戦争も勝利できない。それがこうした流れの背景にあるが、とは言っても、操作に踊らされた報道はやはりメディアの責任である。理解しておくべきことは、一般ニュースも含め、とりわけ戦争報道では、各報道陣の国籍、彼らの社会的、政治的価値観がその報道の立場や内容に大きく投影されることである。

また、伝達手段の加速度的な発達と兵器のハイテク化は、いわば同じコインの両面であり、お互いが強く影響しあっていることを見逃してはならない。さらに、通信手段が発達したことは、報道の送り手側から見れば、送稿が簡便化され、連絡も緊密化するメリットがあるが、一方で、差し替え原稿や速報性の過度の重視という弊害も招いている。

3　メディア・リテラシー

多様なメディアの発展に伴い、われわれは「情報爆発」とも言われる情報氾濫の時代を迎えている。ときにそれは「情報公害」とも言えるような有害情報の氾濫の様相も呈しているが、誰もがその多様なメディアに浸って生活している。それが現実である以上、メディアが形成する社会のイメージに、多かれ少なかれ影響を受けるのは避けられない。そのため、メディアが発信する情報をどう読み解くべきかを学ぼうという活動が情報の受容者側から起こり、近年、盛んになってきたのがメディア・リテラシーである。

情報をめぐる環境というのは基本的に発信側と受容側が「非対称」形になっている、と考えてよい。受容側はどんな情報のテーマにも専門家であることはないだろうから、どうしても発信側の情報メッセージに操作されがちとなる。ウォルター・リップマンは『世論』で、人間とメディア情報に関して「疑似環境」という概念で捉え、「われわれは自分で見る前に外界について教えられ、経験する前に、ほとんどの物事を想像する。そして先入観に支配される」という議論を展開した。さらに「われ

われはたいていの場合、見てから定義しないで、定義してから見る」とし、大量の情報を制御する必要からメディアによって採用される「ステレオタイプ」に大きな影響を受けていることに警鐘を発した。リップマンの著作は第一次世界大戦後の混乱期の中で、大衆心理の形成過程を分析するために書かれたものだが、今日でも人間と情報環境を考える際によく引用され、メディア・リテラシーの必要性を支える有効な思考基盤となるだろう。

　メディア・リテラシーはむろん情報の受動的な解読努力を意味しているだけではない。メディアは公共の空間での活動であるため、市民はその公共の領域を広げるための積極的な活動にも取り組まなければならない。リテラシーとは識字力や読解力を意味するだけではなく、広く教養があることをいう。したがって、メディア・リテラシーは、多様なメディアの制度化された情報発信に関し、その情報操作の圧力に対するいわば予防ワクチンのようなものである、と考えるだけではすまない。公共空間での表現の領域をいかに多様化し、民主化し、意義のある表現の交流を活発化させるかという能動的な問題でもある、と理解すべきだろう。

　メディア教育あるいは情報教育は今日、世界の小学校から大学まで多くの教育現場でいろいろな取り組み方で実践されている。民間の団体もNGO方式などで、その活動を活発化させている。インターネットやビデオ機器を使って、情報を発信する手法も採用されている。情報の受け手としての立場から発信する立場としてもこのリテラシー問題に取り組む能動的な姿勢である。

　アメリカではこの市民の情報発信を支援する「パブリック・アクセス」という制度がある。これは自治体とケーブルテレビ（CATV）会社の契約によって成立している市民に開放されたチャンネルである。CATVは地域の独占サービスであるため、自治体はその見返りとして市民にチャ

2　リップマン、『世論』（上）、109 － 116 ページ。

198 第10章 情報とメディア

ンネルの一部を開放するよう要求できる。このシステムによって市民が自由に製作した番組を一定の時間（時間は各社によって多少がある）無料で流すことができる。アメリカは全国に1万社近くのCATVがあり、数千社がこの「パブリック・アクセス」を活用した番組を流しているが、その内容も政治・社会問題を扱ったドキュメンタリーや一般討論番組、芸術や趣味の番組など多岐にわたっている。番組の中には地域のチャンネルから飛び出して全国的にヒットしたものも生まれている。

　市民の手作りのこうした番組がメディア・リテラシーの手段となっていることは、情報への多様な視点を提供するという意味で、たしかに市民参加型民主主義の前進に大いに役立つものであろうし、一層複雑化する情報社会を読み解く参考にもなる。しかし、もっとも重要なことは、これらも含めたメディア情報をいかに冷静に、批判的に分析できるかどうかである。批判的というのは、決して否定的というネガティブな思考ではなく、適切な基準や根拠に基づく論理的思考である。

　テレビを見て、ビデオゲームをし、音楽を聴いて、パソコンでインターネットというのは現代の若者の生活風景である。彼らは「差し込み世代」（機器をプラグに差し込む）とも形容されているが、どの情報メディアにも潜むマイナス効果にはしっかりと目を向けていくことこそ、リテラシーということになる。

3　情報通信（IT）革命と国際政治

1　変革の波

　1989年11月9日のベルリンの壁崩壊は、東西冷戦の終焉を象徴する画期的なできごとだったが、ちょうどその頃、情報通信（Information Technology）の世界でも大きな変革が起きていた。

　アップルⅡ家庭用コンピュータが売り出されたのは1977年で、その

後、1981 年の IBM のパソコン市場への参入、1985 年の OS ソフト・ウィンドウズの登場などを経て、1980 年代末から 1990 年代初めにかけて、IT の環境が大幅に整備された。この時期に、パソコン、ファックス、ウィンドウズ、モデムの普及などが一気に進み、グローバルな情報通信革命を引き起こすプラットホーム（ハードウェアなどの基礎的環境）ができあがった[3]。

　米国の政治学者ジョセフ・ナイは、コンピュータの電算処理能力の増大による通信コストの劇的な削減と、ウェブサイトの増大による伝達量、手段の拡大が「第三次産業革命」を生み、こうした変化が、政府の主権の性質の変更やパワーの拡散につながっていると分析している。

　これまでのマス・メディアの主流を占めていた新聞、ラジオ、テレビといった媒体は、編集者による統制を経た情報を伝達していたが、インターネット上では、送り手と受け手が、「1 対 1」、「1 対多」、「多対 1」、「多対多」とさまざまなネットワークを形成し、従来とは比較にならないほどのスピードで情報がやりとりされている。こうした情報革命が国際政治のうえでどのような作用を引き起こすのかについてはさまざまな分析があり、金融の流通、気候変動、テロなど、従来の国家主権だけでは解決できないさまざまな現象、非政府組織（NGO）をはじめとする脱国家主体の登場などをめぐって議論が続いている。ナイは、情報通信革命をめぐる 4 つの視点として、①国家間のパワーを均等化する力はない、②国境を越えた接触経路には重大な変化がある、③信憑性をめぐる新たな競争が展開される、④ソフト・パワーの重大性が増加した……と指摘し、「国家は世界政治の舞台で、依然として最も重要な主体だが、情報化時代には、その舞台は（他のさまざまなアクターの登場によって）より複雑化しつつある」と述べている[4]。

3　トーマス・フリードマン『フラット化する世界』（上）（伏見威蕃訳）日本経済新聞出版社、2008 年、80 − 91 ページ。
4　ナイ『国際紛争（原書第 7 版）』（田中明彦、村田晃嗣訳）有斐閣、2009 年、283 − 309 ページ。

イラク戦争前後から米国による一極支配の限界が指摘され始め、その延長線上で、ナイは、「ソフト・パワー」という概念を提唱し、「強制や報酬ではなく、魅力によって望む結果を得る能力である。ソフト・パワーは国の文化、政治的な理想、政策の魅力によって生まれる」と規定した。[5]

東西冷戦崩壊後の国際政治の舞台では、情報通信革命によってメディアが飛躍的な変化を遂げ、単なる「報告者」、「観察者」にはとどまらぬ力を備えてきたため、外交とメディアがリアルタイムで相互に関係しあう新しい複雑な現象も現れた。

2　新聞の衰退、ネットの興隆？

90年代半ばから急速に進展した情報通信革命は、一方で、17世紀以降の近代ジャーナリズムの主流を占めてきた新聞産業に深刻な影響を及ぼしている。最も、顕著にその傾向が表れているのが米国で、多くの地方紙、高級紙が部数減や廃刊に直面し、インターネットに活躍の舞台を明け渡し始めている。広告と販売という二大収入源に大きな打撃を受けた米新聞界は、海外取材網の縮小をはじめとする経費の大幅削減、調査報道からの撤退という形での経営再建を図っているが、米社会は、これを「民主主義の危機」と捉え、さまざまな対応策を検討している。2009年5月には、上院合同小委員会が「ジャーナリズムの将来に関する公聴会」を開き、NPO組織による調査報道や、パブリック・ジャーナリズムなどの具体的な対応策が協議された。危機感の背景にあるのは、ベトナム戦争やウォーターゲート事件の報道などで米社会をリードしてきた調査報道は、結局、大量の資金と優秀な記者を集中的に投入することによってのみ可能な「luxury（ぜいたくな）」報道スタイルであり、もはや、単独の新聞社がこのような環境を維持することができなくなってきてい

5　ナイ『ソフト・パワー』（山岡洋一訳）日本経済新聞出版社、2004年、19－64ページ。

るという認識である。

　米国で非営利報道組織、Center for Public Integrity（CPI）を創設したチャールズ・ルイス氏（アメリカン大学教授）は、最も野心的な調査報道のプロジェクトが、「民間の商業的な場」から「公共の場」へ移りつつあると指摘し、非営利の調査報道機関が全世界的な広がりを持ちつつある現象を「ジャーナリズムの新しい生態系」という言葉で表現している[6]。

　日本の新聞の経営との比較で言うと、①米国では、広告売上が収入の約8割を占めているのに対し、日本は、広告と販売の収入がほぼ半々という構造になっている、②米国の新聞の買収や統合は「自由競争」にさらされ、経営者が短期の利益を求める傾向があるが、日本は、新聞社の株の売買に一定の制限がある……などの違いがあり、こうした米国の新聞界の実情が直ちに日本を襲うとは必ずしも言えない。

　問題は、長い間、新聞産業が背負ってきた良質の報道が劣化しつつあるという傾向である。今後、インターネットを通じた報道が主流になるとしても、プロの記者、編集者による健全なジャーナリズムをどう継承していくかが、大きな課題として浮かびあがっている。

　ウォーターゲート事件を報道した元ワシントン・ポスト紙のカール・バーンスタイン記者は、良質のジャーナリズムは、取材者、編集者、情報源などさまざまな人々の共同作業であると強調し、インターネットやテレビには、「救命ネットやブレーキがなく、疑問を投げたり、疑念を呈したり、ヒントを与える人間がいない」と指摘している[7]。

　新聞に限らず、伝統的にマスコミ・メディアとされてきたテレビ、ラジオ、映画などの分野で、近年、画期的な変革・再編の動きが活発化している。これは、多様なメディアの統合によって、情報発信力を高め、ビジネス利益の向上を図ろうとするメディア業界の狙いによる動きであ

6　日本記者クラブ研究会「世界の新聞・メディア」第3回　2009年12月。
7　ボブ・ウッドワード『ディープ・スロート　大統領を葬った男』（伏見威蕃訳）文藝春秋、2005年、232ページ。

る。が、それは同時に、業界の競争激化で、マルチ・メディア時代にうまく対応しなければ、生き残れないという新メディアの出現、情報処理のデジタル技術革命がこの流れを加速させることになった。

社会文化の差異や規制の度合いによって、その変化のスピードに多少の違いはあるにしても、本格的なブロードバンド（高速大容量通信）時代を迎えた今日、動画のネット配信などでメディア融合はさらに大きな波になろうとしている。また、電子書籍などの新分野の動向も、注目を集めている。

このメディア融合を媒介している新技術は、それ自体は本質的に「中立」的であるにしても、その適用には「思想（価値観）」や「影響力」が内包されている。そのことを考えれば、利益主義とメディア本来の公共的役割との折り合いをどう考え、調整すべきかの議論は今後、さらに

補論

デジタル・ネイティブ（Digital Native）

物心ついた頃から、コンピュータや携帯電話などのIT機器やデジタル技術に慣れ親しみ、独特の思考法を持つ世代を「デジタル・ネイティブ」と呼ぶ。これに対して、後天的にIT機器などを学ばざるを得ない上の世代は「デジタル・イミグレイト（Digital Immigrate）」、もしくは「アナログ世代」などと規定される。

2006年に米ガートナー社のピーター・ソンダーガード氏が講演などで、1990年以降に生まれた世代を「Digital Native」と呼んだのが始まり。同氏は、IT技術の進化は、こうした世代の動向に大きく左右されるため、社会全体としては、これまで以上に柔軟な発想を持つ必要が一層、強まると主張した。

コンピュータや携帯電話が普及したことにより、メール、ブログ、動画、楽曲など実に膨大な量の情報やサービスが瞬時に地球規模で送受信されるようになり、そこから新しい価値観や生活様式が生まれている。新旧両世代の間では、価値観の衝突などが見られるが、いたずらに対立するばかりでなく、いかに両者が協調して新しい時代に対応していけるかが、大きな課題となる。

高まっていくだろう。

〈推薦文献〉
1　佐藤卓巳**『現代メディア史』**岩波書店、2004 年
　19 世紀半ばから今日に至る出版、新聞、ラジオ、テレビなどマス・メディアの発展の歴史とその社会的影響などを概観した必読すべき書である。
2　フランク・ウエブスター（田畑暁生訳）**『「情報化社会」を読む』**青土社、2004 年
　情報化社会に関する理論分析を俎上に乗せて、多様な角度から検討を加えた著作で、わかりやすく書かれており、大いに参考になる。
3　アンソニー・スミス（小糸忠吾訳）**『情報の地政学』**TBS ブリタニカ、1982 年
　歴史的な情報秩序の形成過程を踏まえ、先進国と途上国の情報格差の問題、それに対する取り組みなどが解説されている。
4　山田健太**『法とジャーナリズム』**学陽書房、2004 年
　ジャーナリズムとその法的な枠組み、具体的な諸問題をめぐる判例などを取り上げて解説している。報道に関する法制を理解するのに役立つ。
5　ウォルター・リップマン（掛川トミ子訳）**『世論』**（上）（下）岩波文庫、1987 年
　大衆心理、マス・メディア論に関する古典的名著。分析の主な対象は新聞であり、読み手としては若干の違和感があるが、報道の基本について、さまざまな論点が示されている。
6　トーマス・フリードマン（伏見威蕃訳）**『フラット化する世界』**（上）（下）日本経済新聞出版社、2008 年
　米「ニューヨーク・タイムズ」紙のコラムニストが、丹念な取材をもとに描いた IT 革命の実情。中東専門家から出発した記者が、どのように取材対象を広げていったか、という読み物としても興味深い。
7　ケン・オーレッタ（土方奈美訳）**『グーグル秘録』**文藝春秋、2010 年
　グーグルの歴史・可能性と限界、謎に満ちた創業者たちを、米誌のメディア担当記者が徹底解剖した著作。「ググる」という行為が何をもたらしているのかが、丁寧に解き明かされる。

第11章　近代工業化のあゆみと南北問題

森岡　真史

―〈本章のねらい〉―

　本章のテーマは、先進国と発展途上国の間の貧富の格差である。先進国と発展途上国の一人あたり貨幣所得や教育・健康の状態には、大きな格差が存在する。豊かな国々に住む世界の16％ほどの人々が世界の総所得のうちの半分以上を得ている一方で、相対的に貧しい国々に住む人々の所得の合計は、世界の総所得の1割にしかならない。また、所得水準の低い国々の多くは、先進国に比して、教育水準が低く、平均余命は短い。このような貧富の国際的な格差は、どのようにして形成されたのであろうか。

　第二次大戦後、発展途上国は自国の経済発展をめざし、国際機関や先進国の政府もまた、途上国の貧困問題についてさまざまなとりくみを行ってきた。現在では、発展途上国の状況は、地域的にも、また国ごとにもいちじるしく異なっている。発展途上国の中には、急速な経済発展によって先進国の一員に加わり、あるいは先進国に追いつきつつある国もあれば、長期にわたって経済の停滞や政治の混乱に苦しみ、貧困から脱却できずにいる国も存在している。このような違いをもたらした要因は何であろうか。

　本章では、これらの問題について、次のような順序で議論を進める。第1節では、世界の国々の間の貧富の格差の現状と、その変化の傾向を概観する。第2節では、南北問題の起源をなす、ヨーロッパにおける近代工業化の歴史をふりかえる。第3節では、第二次大戦後の南北問題の展開を、いくつかの観点から整理する。最後に、結びとして、人類の長期的な歴史という視点から、近代工業化の到達点と今後の課題について考える。

1 国際的な格差の現状

1 一人あたり GDP の分布

　世界の国々の経済水準を比較する指標として最も一般的に用いられているのは、国民一人当たりの国内総生産（GDP）である。GDP とは、ある期間（通常1年間）に、一国の国内で生み出された付加価値（生産された財・サービスの価値と原材料の価値の差）であり、その国の住民の貨幣所得を構成する。したがって、国ごとの一人あたり GDP の違いは、国民内部の所得格差の問題を無視して、一国の国民の平均的な所得水準に注目するとき、そこにどのような格差があるかを示している。貨幣所得の高さは、各国における人間生活の豊かさを直接に表すものではないが、それを規定する最も重要な要因の1つである。

　GDP の単位は、直接にはドル、円、ユーロ、人民元など各国・地域の通貨であり、国際比較の際には、これを共通の単位（通常はドル）に換算する必要がある。換算の方法としては、その年の平均的な為替レート（外国為替の市場での各国通貨の交換比率）を用いる方法と、各国のその年の物価水準の比較から導かれる購買力平価（各国の通貨で購入できる財貨の数量が等しくなる交換比率）を用いる方法がある。為替レートは、投機的売買によってしばしば実体経済から乖離して変動し、また、各国政府の為替管理政策の影響を受ける。以下では、生活水準の比較という観点から、購買力平価による換算を用いることにする。

　さて、世界の 180 余りの国々（ここでは台湾や香港などの経済的な独立性をもつ地域を「国」に含める）の 2009 年の一人あたり GDP を購買力平価によってドルに換算して比較すると、そこには、80,000 ドル台から、300 ドル台までに至る大きな格差が存在する[1]。一人当たり GDP が

---

[1] IMF, *World Economic Outlook Database*, October 2010, 世界銀行『世界開発報告 2010』。Web 上では IMF のデータは http://www.imf.org/external/pubs/ft/weo/2010/02/weodata/index.aspx で、また世銀のデータは http://data.worldbank.

表 11-1 一人あたりGDPの国際的分布

2009年の一人あたりGDP	国数	一人あたりGDPの平均	人口（億人）	人口の比重（％）	GDP総額の比重（％）
2,000ドル以下	36	1,164	8.1	12.0	1.3
2,000〜5,000ドル	37	3,087	22.5	33.4	10.0
5,000〜1,0000ドル	29	6,753	17.2	25.6	16.7
10,000〜20,000ドル	37	12,862	9.5	13.4	16.6
20,000ドル以上	42	36,790	10.0	15.6	55.4

出所）IMF, *World Economic Outlook Database*, October 2010.

20,000ドルを越えているのは42カ国で、その人口の合計10億人は、2009年時点の世界の総人口67億人の16％にあたる。これらの16％の国民のGDPの総額は、世界のGDP総額70兆ドルの54％を占める。一方、一人当たりGDPが10,000ドル（これは一人あたりGDPの世界平均にほぼ等しい）を下回る国は102カ国で、その人口の合計48億人は世界の総人口の71％を占めるが、GDPの総額は世界のGDP総額の28％にとどまる。一人当たりGDPが5,000ドル以下であるのは73カ国31億人で、人口比率45％に対して、GDP比率は11％にすぎない（**表11-1**）。

2　世界の諸地域間の格差

　IMFにしたがって世界の国々を先進国と発展途上国（「先進経済」と「新興・発展途上経済」）に分けると、2010年時点で先進国に分類される国々のGDP総額は、1980〜90年には世界のGDP総額のほぼ7割を占めていたが、この比率は、2009年には54％にまで低下した。また、発展途上国と先進国の一人あたりGDPの格差は、1980〜2000年の20年間はほぼ1対9に固定され、縮小の傾向が全く見られなかったが、2000〜09年の期間に、1対6.5にまで縮小した（**表11-2**）。

---

org/ で利用できる。IMFと世銀は異なる購買力平価を用いているので、各国の一人あたりGDPの換算値は一致しないが、全体的な傾向をみるうえでは、どちらを用いても大きな違いはない。ここでは、より多くの国の推計値を含んでいるIMFのデータを用いる。

表 11-2 世界の諸地域の GDP のシェアおよび一人あたり GDP（購買力平価換算）

	世界の GDP に占める比率（%）				一人当たり実質 GDP（ドル，2009 年基準）[a]				一人あたり実質 GDP の年平均増加率（%）		
	2009	2000	1990	1980	2009	2000	1990	1980	00-09	90-00	80-90
先進国	53.8	63.0	69.4	69.4	36,931	34,336	28,209	22,090	0.8	2.0	2.4
米国	20.4	23.6	24.8	24.6	45,934	43,613	35,213	28,004	0.6	2.2	2.3
EU 諸国	21.2	25.1	28.7	31.2	29,689	27,161	22,870	18,731	1.0	1.7	2.0
日本	6.0	7.6	9.9	9.2	32,608	31,342	28,614	19,154	0.4	0.9	4.1
アジア NIES 4 カ国[b]	3.8	3.6	2.9	1.8	31,561	23,725	14,502	8,041	3.2	5.0	6.0
発展途上国	46.2	37.0	30.6	30.6	5,702	3,862	3,147	2,476	4.4	2.1	2.4
中東欧	3.5	3.4	3.5	3.9	13,864	10,268	8,974	8,194	3.4	1.4	0.9
CIS 諸国（旧ソ連圏）	4.3	3.6	—	—	10,604	6,636	13,796	—	5.3	−7.1	—
アジア	22.6	15.1	11.0	7.9	4,564	2,515	1,456	952	6.8	5.6	4.6
（うち）ASEAN 5 カ国[c]	3.5	3.1	2.9	2.4	4,872	3,647	2,716	1,964	3.3	3.0	3.3
中国	12.6	7.2	3.9	2.2	6,778	2,940	1,208	574	9.7	9.3	7.7
インド	5.1	3.6	3.0	2.4	3,015	1,878	1,321	951	5.4	3.6	3.3
ラテンアメリカ	8.5	8.8	9.4	11.2	10,612	9,282	8,002	8,528	1.5	1.5	−0.6
中東・北アフリカ	4.9	4.2	4.4	5.0	8,576	7,126	6,266	7,542	2.1	1.3	−1.8
サハラ以南アフリカ	2.4	2.0	2.4	2.6	2,189	1,725	1,841	2,000	2.7	−0.7	−0.8

a. 購買力平価換算の GDP を米国の GDP デフレータ（2009 年を 100 とする）で割った値
b. 香港、台湾、シンガポール、韓国。
c. インドネシア、マレーシア、フィリピン、タイ、ベトナム。
出所）IMF, *World Economic Outlook Database*, October 2010.

　発展途上国の動向を地域別にみると、アジア（とりわけ東アジア）の発展途上国の一人あたり GDP の伸びは顕著であり、先進国との格差はこの 30 年間に、1 対 24 から 1 対 8 へ（中国では 1 対 38 から 1 対 5.4 へ）と大幅に縮小した。一方、アジア以外の地域における先進国との一人あたり GDP の格差は、1980 年から 2000 年にかけて、中東欧では 1 対 2.7 から 1 対 3.3 へ、ラテンアメリカでは 1 対 2.6 から 1 対 3.7 へ、中東・北アフリカでは 1 対 2.9 から 1 対 5.2 へ、サハラ以南アフリカに至っては 1 対 11 から 1 対 20 へと、いずれも拡大した。ロシアと旧ソ連諸国も、ソ連崩壊直後の 90 年代に、大幅なマイナス成長を経験した。しかし、21 世紀に入り、天然資源価格の高騰などを背景に、サハラ以南アフリカを含む多くの地域で、一人あたり GDP の成長率に回復・上昇傾向

表 11-3 世界の諸地域の主要開発指標

	初等教育修了率 (%)		成人識字率 (%)		平均余命 (歳)		5歳未満幼児死亡率 (1000人あたり人)	
	2007/08	1991	2008	1990	2009	1980	2009	1980
サハラ以南アフリカ	64	51	62	53	52	48	146	193
南アジア	79	62	63	47	64	55	71	158
中東・北アフリカ	95	84	74	57	71	58	33	134
ラテンアメリカ	97	84	91	84	73	64	23	83
ヨーロッパ・中央アジア	96	92	98	96	69	67	23	70
東アジア	99	100	93	80	72	64	26	75
高所得国	98	98	98	98	80	73	7	18

出所) *World Development Report Databank.*

がみられる。上述の所得格差の縮小は、こうしたアジア以外の地域の経済状況の好転が、引き続くアジアの高成長および先進国における成長の鈍化と結びついて生じた変化である。ただし、途上国の国内では、成長に伴って、富裕層と貧困層の間の格差が拡大しつつある。

所得水準の低い国々の多くは、教育や健康など、人間の生存に関わる基礎的条件の面でも、貧困な状況にある（**表11-3**）。とりわけ、最も所得水準の低い国々が集中しているサハラ以南アフリカと南アジアの国々は、各種の開発指標の低さで際立っている。しかし、1980年との比較が示すように、長期的にみれば、これらの指標は全体として改善傾向にあり、とりわけ幼児死亡率の減少はめざましい。また、貨幣所得の高さと、教育・健康の状態との相関は絶対的なものではない。たとえば、赤道ギニアは、油田の発見により、サハラ以南アフリカでは突出して一人当たりGDPの高い国となったが(2009年で18,599ドル)、幼児死亡率は145人、平均余命は50歳で同地域の平均に近い。一方、キューバの一人当たりGDPは中南米の平均を下回っている（2007年で推計6,876ドル）であるが、幼児死亡率6人、平均余命79歳は先進国に劣らない水準である。

2　United Nations, *World Millennium Goals Report 2007*, p. 7.
3　出所は表11-3に同じ．キューバのGDPの推計値は、*Human Development Report 2009*, p. 171 による。

3 先進国と発展途上国

　IMFが先進国に分類する35カ国のうち、29カ国はヨーロッパとそこから分岐した北米・オセアニアの国々であり、しかも非ヨーロッパ圏の6カ国（日本、韓国、台湾、シンガポール、香港、イスラエル）のうち、日本以外の5カ国は1996年まで発展途上国に分類されていた。[4] これに対して、発展途上国の多くは地球の南半球に分布している。このため、国際的な貧富の格差に関わる問題は、東西の冷戦（アメリカとソ連の対立）と対比する意味で、南北問題と呼ばれ、第二次大戦後の国際社会における基本問題の1つとなってきた。

　先進国は高所得国であるが、平均所得が高くても、天然資源への依存度がきわめて大きい国は、通常、先進国には含めない。国際社会において先進国とみなされるのは、近代工業化を達成し、機械化された製造業と大規模な運輸・通信体系のもつ高い生産性によって、所得水準を急速に高めることに成功した国々である。すなわち、先進国と発展途上国は、〈近代工業化を通じた所得の増大〉という歴史的段階を通過しているか否かで区別される。産業構造の面では、製造業が国際競争力をもち、それに対応して、経済活動の中心が流通・仲介・金融を含む広い意味でのサービス業に移っていることが、先進国の要件をなす。

　この区別は、発展途上国が資源に頼らずに豊かになるためには、まず、近代工業化を達成しなければならない、という認識と結びついている。それでは、西欧諸国が世界の諸地域に先行して工業化を達成できたのは、いかなる歴史的事情によるものであったのか。西欧諸国の工業化は、世界の諸地域とのどのような関係のもとで進行し、またそれらの関係をどう変えていったのか。これらの点について考えるために、次節では、南北問題の起源をなす、ヨーロッパにおける近代工業化のあゆみをふりかえることにしよう。

4　IMF, *World Economic Outlook*, May 1997. その後、2001年にキプロス、2007年にスロベニア、2008年にマルタ、2009年にチェコとスロバキアが、IMFの分類において、発展途上国から先進国に移行した。

2 近代工業化のあゆみ

1 ヨーロッパ人の大航海

　近代工業化は、それぞれの国で進行する地域的な過程であると同時に、世界の諸地域の結びつきを通じて準備され、新しい結びつきを創出しながら進行するグローバルな過程でもある。15世紀後半から16世紀初頭にかけての大航海時代は、このグローバルな過程としての近代工業化の1つの起点とみることができる。

　4世紀末にローマ帝国が崩壊して以降、ヨーロッパは長い停滞に陥り、10世紀のはじめには、世界で最も貧しい地域の1つとなっていた。しかし、11世紀頃から農業生産における進歩が始まり、十字軍戦争を経た13世紀後半には、イタリアの諸都市において、貿易や金融が活発化した。この頃、ヨーロッパ人は、イスラム世界からもたらされた（またそこで保存されていたギリシア・ローマ世界の）知識や技術を旺盛に吸収するにとどまらず、現実世界を数量化してとらえ、そこに法則や規則性を見出すという新たな思考様式を生み出した。商業はイスラム諸国でもさかんであったが、中世末期のヨーロッパにおける商業の発展は、こうした数量化の思考の成果である地図・時計・簿記などの積極的活用と結びついたものであった点に、それまでにない特徴を持っていた。

　やがて、ヨーロッパの商人とこれを支援するスペイン・ポルトガルの王室は、イスラム諸国が支配する地域を迂回して、アフリカやインドと貿易できる航路を開拓する事業に乗り出していった。こうして行われたのがコロンブスらによる一連の大航海である。それは、通商の範囲を地中海沿岸からアメリカ・アジア・アフリカへと一挙に拡大し、中南米から膨大な量の銀をもたらすことによって、ヨーロッパにおける商業・金融の発展に、きわめて大きな刺激を与えた。大航海が開いた新たな航路はまた、ヨーロッパ人が世界の諸地域にキリスト教を布教し、その文化的影響力を拡大するルートとなった。

中南米では、ヨーロッパ人による征服と植民は、破滅的な結果をもたらした。メキシコやペルーの王国は滅ぼされ、先住民族は、銀山での強制労働や、持ち込まれた天然痘などの疫病により、征服前の1150万人から、17世紀初頭には380万人にまで減少した[5]。これは、その後も、北米大陸、インドネシア、オーストラリア、日本（北海道）など、多くの地域で繰り返されることになる、先住民族に対する大規模な迫害の最初の事例である。先住民の人口が減少した後、カリブ海沿岸や北米大陸では、奴隷貿易によって運ばれたアフリカ人奴隷を酷使するプランテーション経営がさかんになった。砂糖、コーヒー、カカオ、煙草などの嗜好品は、当初は高価な珍品であったが、16世紀以降の奴隷制農場の急速な拡大によって、しだいにヨーロッパ人の日用品となってゆく。

16世紀から19世紀半ばに至る期間に、アフリカ南西部から大西洋を横断して南北アメリカに「輸出」された奴隷の総数は1100万人に達し、輸送中の死亡率は10％をこえた[6]。これらの奴隷の多くは、王国・部族間の戦争で捕らえられ、ヨーロッパの奴隷商人に売り渡された人々からなっていた。奴隷獲得のための戦争を刺激し、アフリカ内部の青年・壮年人口の減少をもたらすことによって、奴隷貿易はアフリカのその後の経済発展に重大な否定的影響を及ぼした。欧米諸国で奴隷貿易や奴隷制に反対する運動が広がり、それらが廃止されるのは、ようやく19世紀初頭から後半にかけてのことである。

一方、アジアにおいては、ヨーロッパ人は、イスラム商人と抗争しつつ、インド・東南アジア・中国南部の沿岸に、貿易と布教の拠点となる要塞を建設した。ただし、16～17世紀には、ヨーロッパ諸国にはまだ、アジア諸国を圧倒する力はなかった。ヨーロッパとアジアの貿易では、インドの綿織物や中国の茶・陶器に代表されるアジアの多様な物産がヨーロッパに大量に流入し、その消費生活にきわめて大きな影響を与

5　A・マディソン『世界経済2000年史』柏書房、2004年、274－275ページ。
6　池本孝三他『近代世界と奴隷制』人文書院、1995年、122－127ページおよびマディソン前掲書、124－127ページ。

えた。

2　産業革命と資本主義

　ヨーロッパにおける新たな思考様式の登場は、自然科学の革命的な進歩と、人間社会に関する批判的洞察に道を開いた。こうした知的な面での発展は、18世紀後半から19世紀前半にかけてイギリスで進行し、やがて他のヨーロッパ諸国に広がった産業革命において、機械を備えた大工場や、汽船・鉄道に代表される近代的な生産・輸送技術の創出に結実した。産業革命によって、近代工業化はその準備段階から、離陸と飛翔への段階へと移行する。産業革命は、たんなる生産方法や生産組織の変化ではない。それは、農民を工場で働く賃金労働者へと変え、人々が密集する巨大な工業都市を生み出し、市場取引と雇用関係が支配する空間を拡大してゆく、経済社会の全面的な変貌の過程でもある。

　産業革命における一連の発明や発見は、知的探求心と企業家精神の結合の産物であり、そうした結合を可能にしたのは、資本主義と、それを支える政治的・法律的諸制度や文化的環境の形成であった。資本主義とは、生産の主要な部分が、企業家（資本家）によって、利潤の獲得と蓄積を直接の目的として私的かつ分散的に組織される経済体制である。社会的な分業が、企業間の売買・貸借や企業による労働者の雇用という、市場での自由な取引（契約）を媒介として展開されることから、資本主義は、市場経済とも呼ばれる。

　自由な交換の場としての市場は、きわめて古くから存在する。しかし、市場が生産活動をも包摂し、労働や土地を含むあらゆるモノが商品となって市場価値という1つの量で表されようになるのは、近代資本主義に固有の現象である。資本主義は私的営利（金儲け）を推進動機とするが、他の企業との競争のなかで利潤を獲得・蓄積するためには、個々の企業は、より安くより良質な商品を市場に供給すべく努力しなければならない。このことは、企業に対して、資源の効率的な利用を促し、新たな技術・商品の開発を刺激するはたらきをもつ。資本主義はまた、これまで

のところ、広範な政治的・市民的自由と両立することが経験によって示された、唯一の経済体制である。

　大航海時代の後、ヨーロッパ経済の中心は、スペイン・ポルトガルから、オランダを経て、18世紀のはじめには、イギリスに移った。早い時期に中央集権的な国民国家が成立し、1688年の名誉革命によって立憲君主制を確立したイギリスでは、安定した統治のもとで、私有財産と契約の自由を尊重する諸制度が形成され、それに伴って、貿易だけでなく、国内の農業・手工業生産および国内市場と結びついた資本主義の発展が進んでいた。しかし、イギリスが最初の工業国家となった理由は、こうした資本主義の自生的な発展だけでは説明できない。イギリス政府は、自国の商工業を積極的に奨励する政策を推進する一方で、貿易拡大の障害であったオランダによる海洋支配を戦争によって打ち倒し、隣国アイルランドを征服してその経済発展を抑圧した。また、産業革命の端緒をなす綿工業の機械化は、17世紀以降国内市場に大量に流入したインド製綿織物を模倣する努力の産物であった（イギリス政府は国内の綿工業者をインド製綿織物の脅威から保護するために、18世紀はじめにはインド製綿織物の輸入を禁止する措置をとっている）。さらに、イギリスは18世紀には最大の奴隷貿易国であり、北米大陸の南部に広大な奴隷制農場を保有していた。アフリカや北米植民地との大西洋貿易は、それによる利潤に加えて、イギリスの工業製品に広大な販売市場を提供した点において、産業革命の重要な歴史的条件の1つを構成する。

　要するに、イギリスの産業革命は、社会経済的要因と政治的要因、国内的と国際的要因とが絡み合って生じた複合的な過程であり、ある単一の要因のみに還元して説明することはできない。同じことは、イギリスの産業革命に限らず、その後に生じた欧米諸国や日本の産業革命、さらには発展途上国の工業化についてもあてはまる。経済の発展、とりわけ近代工業化は、さまざまな側面からなる複雑な過程であり、しかも、それぞれの国・地域がその時々に直面する歴史的条件の多くは、一回限りのものという性格をもっている。そのことが、各国の近代工業化の過程

と帰結に、独自の地域的・民族的特徴を刻み込むのである。

3 帝国主義と植民地支配

　ヨーロッパ諸国が産業革命によって工業国家となると、それまでヨーロッパと対等な関係を保ってきた地域も、近代工業が必要とするグローバルな規模での市場と分業のなかに編入されるようになる。この編入は、市場におけるヨーロッパの工業製品の優位という経済的要因のみによってもたらされたものではない。中国（清）では産業革命後もイギリスの工業製品の輸出は伸びなかった。そのためイギリスは、インドで栽培したアヘンを大量に中国に輸出し、中国がこれを取り締まると、大艦隊を派遣した（1840〜42年のアヘン戦争）。戦争に敗れた中国は、賠償金を支払い、香港を割譲し、関税自主権や司法上の主権を失った。この事例が示すように、グローバルな資本主義への世界の諸地域の編入は、多くの地域で、軍事的な威嚇や戦争による征服を伴っていた。

　19世紀後半から20世紀前半にかけての帝国主義の時代には、「列強」と呼ばれるイギリス・フランス・ドイツなどの西欧諸国は、その経済力・軍事力における圧倒的優位によって、アジア・アフリカの地域を植民地として分割した。19世紀初頭以来独立国であったラテンアメリカ諸国を含めて、特定国の植民地とならなかった国々の多くも、列強への従属や半植民地化を免れなかった。明治維新後に近代工業化に踏み出した日本は、台湾や朝鮮半島を支配し、中国の勢力圏分割に加わることによって、列強の一員に割り込むことに成功した。

　植民地の獲得は、列強の国内において、国威の発揚と愛国心の鼓舞を通じて、国民の政治的統合を強化する役割を果たした。経済的な面では、植民地の獲得は、特定の地域を、製品販売市場、原料・資源の供給基地、国内の過剰資本の投資先、移民の受け入れ先などとして囲い込むという意義を持っていた。植民地・半植民地化された地域では、伝統的な農業に代わって、宗主国が原料・食糧として必要とする、特定種類の農産物への特化が強制された。また、新たに開発された鉱山や油田での作業に

は、現地の住民に加えて、インドや中国からの移民も大量に動員され、それに伴って、大規模な労働力移動が生じた。

　こうして、植民地や従属地域の経済は、宗主国との分業の中に、さらにそれを通じて国際的な分業の中に、強制的に組み込まれ、一部の地域では、農産物や鉱産物など、少数の一次産品の生産に偏った、モノカルチュアと呼ばれる産業構造が形成された。とはいえ、植民地化や従属化によって生じた社会や経済の変化は、地域や時代によって多様であり、植民地の中には、宗主国による輸送・通信施設や学校教育の整備などを通じて、その後の工業化の条件がある程度形成された地域も存在する。また、帝国主義列強にとっては、植民地支配は、利益だけでなく、統治と防衛に関わる膨大な財政負担をも伴うものであった。

　産業革命から帝国主義の時代にかけて、西欧および列強に加わった日本の人々の間には、植民地・半植民地の諸民族を、自然の秩序によって隷属を運命づけられた劣等な民族として蔑視する、人種差別的な人間観が広がった。この人間観では、アフリカの諸民族は、高い知性を持たずむしろ猿に近い野蛮人とされ、古い歴史をもつアジアの諸民族も、長い間の怠惰によって進歩を停止した弱く無気力な集団とみなされる。宗主国の人々が抱くこうした差別意識は、差別された民族の側に、深い怒りを呼び起こさずにはおかなかった。これは、植民地支配の歴史を論じるうえで忘れてはならない点である。

3　南北問題の展開

1　国連における南北交渉

　勢力圏の拡大や植民地の再分割をめぐる帝国主義列強の対立は、20世紀前半に、二度の世界戦争という、人類史上最大の破局をもたらした。両戦争による死者は、動員された植民地住民や交戦国の民間人を含めて、数千万人にのぼる。騎馬兵による戦闘に始まり、無差別爆撃と核兵器の

投下に終わったこれらの戦争は、近代工業化が人類に与えた力の大きさを、破壊と殺戮という面で実証するものであった。

　第二次世界大戦の終結によって帝国主義の時代は終わり、1960年代までに、アジア・アフリカの植民地は、次々と独立を達成した。国際連合に加盟したこれらの新興独立諸国は、ラテンアメリカ諸国とともに、その数をいかして発展途上国グループを形成し、国際社会において大きな発言権を持つようになる。一方、先進国の側でも、1950年代末から1960年代前半にかけて、国際機関や各国政府のもとに援助機関が次々に設立された。この時期の途上国の要求の中心は、主要な輸出品である一次産品の価格安定化や、途上国からの製品輸出に対する先進国の関税減免、途上国の工業化のための資金援助などであった。1961年の「国連開発の10年」の宣言を起点とする一連の交渉は、1964年の国連貿易開発会議（UNCTAD）の開催を経て、1970年の一般特恵関税制度に関する合意に結実した。

　1970年代に入ると、発展途上国の間に、現行の国際経済のもとでは先進国への経済的従属から逃れることは困難であるとの認識が広がり、南北交渉は激しさを増した。発展途上国は、自国の天然資源に対する恒久主権を提唱し、1973年には、石油輸出国機構（OPEC）に結集した産油国が、原油価格の大幅な引き上げと輸出制限を断行した。1974年の国連資源特別総会における「新国際経済秩序」（NIEO）の樹立宣言は、こうした発展途上国の先進国に対する攻勢のピークをなすものである。しかし、原油価格の引き上げは、先進国から発展途上国への巨額の所得移転をもたらした一方で、先進国の側での原材料輸入の減退や製品輸出価格の上昇を通じて、産油国でない発展途上国の経済を悪化させる結果となった。こうして、石油危機をきっかけとして、発展途上国内部で「持てる国」と「持たざる国」の対立が顕在化し、1980年代には途上国の団結は弱まった。

　1990年代から本格化した地球環境問題に関する国際的交渉では、発展途上国はかつてのまとまりをいくらか取り戻しつつある。この問題で

は、すでに近代工業化を達成した先進国が、環境保全を理由に発展途上国の工業化を抑制しようすることに対して、途上国の側に強い反発がある。1992年の国連環境開発会議では、先進国と途上国が、地球環境の保全に対して、「共通だが差異のある責任」を負うことが確認され、近年では、環境面での先進国と途上国の経済協力も増加している。しかし、責任の差異の一般的な確認から、差異の具体的・数量的な程度についての合意に進むには、なお多くの段階が必要であろう。

2　経済開発政策の転換

　独立した発展途上国の多くは、経済的自立には工業力が不可欠と考え、近代工業化に取り組んだ。当時、これらの国々の前には、西欧諸国における工業化の事例と並んで、社会主義の経済体制をとるソ連における工業化という事例が存在していた。

　思想としての社会主義はより広い内容をもつが、ここで言う社会主義は、1917年のロシア革命によって誕生した、国家が生産手段を直接に統制する経済体制のことである。それは、計画と指令を通じて生産を組織する点で、計画経済とも呼ばれる。ソ連は、資本主義諸国が世界恐慌に苦しんだ1920年代末〜1930年代に、巨大な規模の設備投資を重工業部門に集中することによって、工業生産の急速な量的拡大に成功した。ソ連の工業化は数百万の人々の収容所での強制労働を伴っており、その生産物は、費用が高く品質が低いという問題を抱えていた。しかし、こうした側面は、当時は、まだ広く認識されておらず、また、独立後まもない発展途上国の間には、宗主国の経済体制である資本主義への根強い反感が存在していた。このため、社会主義国となった中国や東欧諸国だけでなく、資本主義を維持した発展途上国の中にも、インドのように、基幹産業の国有化などの社会主義色の強い開発政策をとる国が少なくなかった。

　これらの国々がとった一連の政策は、高関税や輸入制限によって国内の工業を外国資本との競争から保護し、これまで輸入に頼ってきた工業

製品を自国で生産することをめざすものである点で、輸入代替工業化と呼ばれる。輸入代替工業化は、工業製品の自給化という点では、たしかに一定の有効性を発揮した。しかし、この政策は、民間企業の活動を制約し、また、国家の保護のもとで肥大化した国営部門は、補助金に依存する状況から脱却することができなかった。

　1980年代に入ると、社会主義国や社会主義的な開発路線をとる国々に代わって、それまで外資への依存という面で批判的にみられることが多かったアジアNIESが、そのめざましい成長で注目を集めるようになる。韓国・台湾・香港・シンガポールの一人あたり実質GDPは、1960年から1980年にかけて、いずれも年6~7％という高い率で増大し、その勢いは、80年代に入っても続いた。[7] これに伴って、多くの発展途上国で、国内の工業を保護・統制する政策から、市場の積極的活用をはかる政策への転換が始まった。中国は、1978年に経済の「改革開放」を掲げ、漸進的・段階的な方法で、資本主義への移行に踏み出した。インドでは、1990年に経済自由化と市場開放が宣言されてから、急速な改革が進行した。こうした流れを決定的に加速したのが、1989-1991年に生じた、ソ連・東欧の社会主義体制の崩壊である。これらの国々では、経済規模の一時的な（旧ソ連諸国ではきわめて大幅な）縮小を伴いながらも、一連の急進的な措置によって、資本主義への転換が強行された。

　NIESや改革後の中国などがとった開発政策は、経済成長率を上回るテンポでの輸出の拡大を伴うものであったことから、輸出志向工業化と呼ばれる。輸出志向工業化は、当初国内工業を保護・育成する政策をとる点では、輸入代替工業化と一致する。しかし、その目的は、自給化ではなく、国際競争力のある工業を育成し、国際分業の中で工業製品の輸出国としての地位を確保することにある。ここでは、政府は、重点的に育成すべき部門を選定し、国内市場を段階的に開放してゆく際の方法やテンポを決定する。政府はまた、国際競争力の長期的な向上の観点から、

7　マディゾン、前掲書、350－351ページの表から筆者が計算。

教育・衛生への支出を通じた労働の質の向上や、財政・金融・為替政策による経済のマクロ的安定の維持の面でも、重要な役割を担う

　東アジア諸国で形成された新しい資本主義とそれを支える政治体制は、それぞれに固有の特徴を持っている。なかでも中国の政治体制は、欧米諸国によって、言論の自由や人権の保障を欠くものとして批判を受けてきた。欧米諸国の過去の歴史が示すように、経済を発展させ、国内の所得水準を引き上げるという点でのある国の成功は、必ずしも常に、その国での政治的自由や民主主義の並行的な拡大を伴っていたわけではない。とはいえ、人々の基本的人権を制限する諸制度を維持することは、短期的には社会の安定性の維持という点で経済発展に寄与することがあるとしても、長期的には、人々の潜在的諸能力の発揮と活用を妨げることによって、経済発展の阻害要因に転化するであろう。

　こうした開発政策の選択とは別に、発展途上国の経済発展に大きな否定的影響を及ぼしてきた要因として、紛争や内戦の問題がある。発展途上国の一部、とりわけサハラ以南アフリカ諸国では独立後、権力闘争、民族・宗教対立、領土問題などを原因として武力紛争が繰り返され、大量の難民が生み出されてきた。こうした紛争の中には、植民地時代に列強の政策によって定められた国境・民族の区分や、冷戦時代に米ソの双方によって行われた反政府ゲリラの育成・支援などに起因するものも少なくない。しかし、どのような社会にも潜在的な対立要因は存在する。紛争が多発する地域における困難は、独立後、さまざまな対立要因を非暴力的な方法で調停するしくみが形成されてこなかった点にある。

　21世紀に入り、天然資源価格の高騰や外国からの直接投資の増大によって、アフリカの経済成長率は好転し、安定した統治に移行した国も増えつつある。しかし、資源輸出で潤う国を含めて、なお多くの国が政治的に不安定な状況にあり、ソマリアなどいくつかの国々では、複数の武装勢力の抗争により国家の機能をはたす機関が実質的に消滅する、「破綻国家」と呼ばれる現象も生まれている。アフリカの経済発展が持続性をもつためには、紛争の克服と法的秩序の回復という統治（ガバナンス）

の面での抜本的改善が不可欠である。

3　債務危機と構造調整

　1970年から80年にかけて、石油危機後の原油高騰や一次産品価格の低迷のもとで、途上国の公的な対外債務の残高は45億ドルから3125億ドルへ、年率で21%というテンポで膨張した[8]。このため、開発資金の多くを外国からの借入に依存してきたメキシコなどラテンアメリカの一部諸国は、1980年代はじめに債務の支払困難に陥り、国際的な累積債務危機が発生した。そこで、IMFや世界銀行は緊急の融資に応じるとともに、付帯条件（コンディショナリティ）として、援助を受ける国々に、財政赤字や貿易赤字を削減するための一連の政策を実施するよう求めた。1989年以降、国際機関と先進国の協議により、返済に困難を抱えた途上国の債務を猶予・減免する措置がとられたため、途上国の公的債務残高の伸び率は、80年代の年平均16%から、90年代以降は、年平均2%にまで鈍化した。しかし、債務の累積自体はなお続いており（途上国の公的な対外債務残高は2008年末の時点で1兆3760億ドル）、債務問題が根本的に解決されたわけではない。

　IMF・世銀による融資の条件として80年半ば以降に多くの途上国で実行された一連の改革は、構造調整政策と呼ばれる。その主な内容は、貿易・投資・外貨取引などの自由化、通貨供給量の抑制、規制緩和、政府補助金の削減、国営企業の民営化などである。こうした政策は、市場の積極的な活用と開放をはかる点で、途上国の側での開発政策の転換と重なり合う面をもつ。構造調整融資は、途上国における物価の安定化、経常収支赤字の緩和、財政状態の改善、経済成長率の回復あるいは引き上げなどの面で、少なくない成果をあげた。

　しかし、構造調整には、次のような大きな問題点もあった。それは、改革の関心が、物価や所得に関わる指標の改善に偏り、(1) 歴史的前提、

8　IMF, *World Economic Outlook Database*, October 2010.

文化的背景を含めた国ごとの特殊性、(2) 政府の統治能力や住民の教育水準をはじめとする、市場が効果的に機能するための前提あるいは基盤に関わる諸要因、(3) 改革が貧困層や社会的弱者に及ぼす影響を緩和する方策、などについての考慮がきわめて弱かったという点である。そのため、これらがとりわけ重要であったサハラ以南のアフリカ諸国では、構造調整政策は、少数の例外を除いて、かえってこれらの国々の経済状態の悪化をもたらす結果となった。構造調整のこうした経験と教訓をふまえて、90年代以降、国際援助機関は、経済発展を含みながらもそれより広い内容をもつ「社会発展」や、途上国の住民が主体的に関わる「参加型開発」により大きな関心を払うようになっている。

債務危機に伴う構造調整政策の推進は、世界の多くの地域で、IMF・世銀・米国に対する強い反発と、反グローバリズムの運動を生み出した。とりわけ中南米では、21世紀に入って、ベネズエラが社会主義を宣言してキューバと連携し、いくつかの国で反米・親社会主義の傾向をもつ政権が成立するという、新たな動きが見られる。キューバの社会主義の特徴は、平等で、きわめて手厚い公的医療制度を確立したきたことにある。政治的自由の制限という面で欧米諸国の批判を受けながらも、キューバは、資本主義によらない社会発展の可能性を示す事例として、反グローバル資本主義の潮流において求心力を高めている。

4　政府開発援助

第二次大戦後、先進国から途上国に向けて技術協力・資金協力など多様な形で援助が行われてきた。その中心は、政府開発援助（ODA）と呼ばれる、政府ベースでの途上国に対する贈与や寛大な条件での貸付、国際援助機関への資金供与などである。1970年の国連総会で採択された「第二次国連開発の10年」の宣言は、先進国に対して、1975年までに、ODAの規模をGNPの0.7％まで高めるよう定めた。[9] 2008年のODA総

9　国民総生産（GNP、現在の名称は国民総所得GNI）は、GDPに、外国からの利子・賃金等の純受け取り額を加えたものであり、1990年代半ばまで、国民経済の規模を表す代表的指標として用いられていた。

額は1215億ドル、経済協力開発機構（OECD）の開発委員会（DAC）に加盟する先進諸国のGNIに占める援助の比率は、加重平均で0.31％（日本は96億ドル、0.19％で金額は第5位、比率では米国と並んでDAC 22カ国中最下位）であり、1970年の目標には達していない。ただし、2000年代に入ってからは、ODAの各国GNIに占める比率は漸増傾向にある。[10]

　ODAは当初、工業化のための大規模な設備投資の支援を中心としていたが、80年代以降は、食糧・衛生・水道・教育・医療など、貧困層の生活に直接関わる「ベーシック・ヒューマン・ニーズ」（BHN）と呼ばれる分野での援助が拡大した。2000年に採択された「国連ミレニアム宣言」は、極度の貧困と飢餓の撲滅、初等教育の完全普及、乳幼児死亡率の減少、女性の地位向上、環境資源の保全など8項目からなる、2015年を達成期限とする「ミレニアム開発目標」（MDGs）を掲げている。

　ODAは、援助を受ける国がこれを効果的に利用する場合にはじめて、その国の経済発展に寄与するものとなりうる。目的外の流用がなくとも、援助を受ける国が、援助が増額された分だけ開発のための自国の支出を節約して別の用途にあてるのでは、ODAはその目的を達成できない。こうした事態を防ぐためには、先進国は、援助の内容を厳しく吟味し、援助の実施にあたっては、援助事業以外の面でも、援助を受ける国の行動を監視する必要がある。しかし、先進国が援助に際して多くの条件を付せば、それはおのずと、発展途上国への「介入」という性格を帯びる。前項でみた構造調整は、その最も端的な事例である。また、アメリカが冷戦時代に展開した援助政策も、被援助国に親米・反共産主義の立場をとることを求めるものであった点で、介入の側面が強かった。

　もちろん、援助を行う先進国が、援助対象国の選定や援助の規模・内容について、不適切な判断を行っているという場合もありうる。先進国側の問題としてはこれまで、援助国がODAを途上国への輸出や直接投

10　ODAの規模と後述のアンタイド比率は、OECD, *Development Cooperation Report*, 2010 による。

資を増やす手段として商業的に利用している、あるいは、発電所や道路の建設に対する援助は住民の生活状態の改善につながらない、といった批判がなされてきた。このうち、第一の点について、DAC はこれまで、透明性や監視可能性を高める観点から、工事の発注や資財の調達などの面での条件を付さない「アンタイド」と呼ばれる方式での援助の比率を高めるよう各国に勧告してきた。その結果、2008 年においては、2 国間援助の総額 931 億ドルのうち、87％にあたる 836 億ドルをアンタイドの援助が占めるようになっている。一方、第二の批判は、援助の問題であると同時に、開発それ自体に関わる面をもつ。大規模な建設事業は、たしかに、時として、伝統的な営農・遊牧の場を破壊し、現地住民の半ば強制的な大量移住を引き起こす。しかしそれは、先進国が通ってきた道でもあり、近代工業化の過程では、多かれ少なかれ、それまでの生活基盤や自然環境の一部が失われることは避けられない。先進国は開発が持つこうした側面に対して無関心であってはならないが、途上国の内部での政治的意思決定や、政府と住民の対立にどこまで関与すべきかは、単純に答えの出せる問題ではない。

　近年の開発援助では、公的な援助機関と並んで、政府から独立した市民組織である NGO（NPO）が大きな役割を果たしている。NGO は、現地の住民と連携しながら、開発に関わる決定への住民の主体的参加、伝統的な生活環境の保全、女性・子ども・障害者・先住民族の権利保障と自立（エンパワーメント）などに関わる活動を展開しており、その提言の一部は国際機関にも取り入れられてきた。先進国の中には、ODA 予算の一定割合の運用を NGO に委ねる制度を持つ国もあり、国際機関や先進国政府と NGO の連携は、今後いっそう深まってゆくと予想される。ただし、NGO といえども、住民にとって部外者であることに変わりはない。また、「住民」は単一の集団ではなく、その内部には多くの場合、多様な、互いに対立する立場が存在する。NGO がそれらのうちの特定の立場を支持して運動を行うこともまた（国際機関や援助国の場合とは次元を異にするとはいえ）、発展途上国が進むべき道についての、特定の価

値観に基づく「介入」という性格を持っている。

むすび

　近代工業化以前の時代における経済発展のテンポは緩慢であり、個々の人間が生きる時間からすれば、無視できるほどでしかなかった。ある推計によれば、実質GDPに換算した世界の経済規模は、紀元1世紀から15世紀末まで、1500年をかけてようやく2.4倍になったにすぎない。ところがそれは、16世紀〜1820年すなわち大航海からイギリスの産業革命に至る時期に3.2倍に増え、1820年から2009年までの190年間には、実に71倍に増大した（世界の人口はこれらの期間にそれぞれ、1.9倍、2.4倍、15.4倍に増大した）[11]。これらの数字は、あくまでごく粗い推計にすぎないとはいえ、産業革命以降の経済成長が、人類の歴史においていかに大きな飛躍であったかを如実に物語る。

　もし人間の欲望が固定された大きさであったならば、近代工業化による物的生産の急激な増大は、人口の増加を考慮に入れてもなお、人類を不足と欠乏から解放するのに十分であったかもしれない。だが、資本主義の歴史的特質の1つは、生産総量を増やすだけでなく、絶えず新たな商品を生み出し、それによって、新たな欲望をも創出する（そして人々を購入に駆り立てる）ところにある。事実、資本主義の発展は、商品の種類を無限に多様化することを通じて、人間の欲望自体の多方面にわたる膨張を引き起こしてきた。現代の資本主義に生きる人間の欲望は、このようにして生み出された巨大な商品世界に半ば埋め込まれている。

　ヨーロッパにおける近代工業化は、地球上の一地域による他の広範な地域の帝国主義的支配を伴っていた。これに対して、第二次大戦後の東

11　マディソン、前掲書、281、309ページの世界の経済成長率に関する表から筆者が計算。ただし、1998〜2009年の期間についてはIMF, *Economic Outlook Database* の世界経済の実質GDP成長率を用いた。

アジア・東南アジア諸国における近代工業化は、対等な対外関係のもとで達成された。それゆえ、近代工業化と帝国主義の間に必然的な結びつきは存在しない。アジアの経験はまた、発展途上国が近代工業化を通じて所得水準の面で先進国に追いつくことは不可能ではなく、その意味で「先進国」と「発展途上国」の境界は流動的であることを示している。

とはいえ、今日でもなお、貧困に苦しむ国は多数存在する。それゆえ、国際的な富と貧困の格差をめぐる問題としての南北問題は、何らその意義を失っていない。むしろそれは、発展途上国間の分岐が進んだことによって、いっそう重要性を増したとも言える。というのも、それまで貧しかった一部の発展途上国が、また途上国内部で一部の人々が、経済発展の機会をとらえて大きな富を手にすることは、発展に取り残された国々や人々の絶望感を強め、分配に関わる社会的対立を尖鋭化する要因にもなりうるからである。そのような事態を回避するためには、マクロ的な経済発展と、底辺にいる人々の雇用拡大や生活向上との間に、相互促進的な結びつきが形成されなければならない。この点で、先進国・発展途上国双方の政府、国際機関、そして国際的な市民運動がはたすべき役割は大きい。

グローバルな過程としての近代工業化はいま、資源・環境面での限界につきあたりつつある。近代工業化の成果である先進国の現在の生産・消費様式は、発展途上国に住む人々の目標となってきた。しかしそれは、エネルギーの大量消費を伴うがゆえに、現状のままでは持続可能性を持たない。資源・環境面の限界は、代替エネルギーの開発や、エネルギーの利用効率の引き上げによって、ある程度まで緩和できるかもしれない。しかし最終的には、人類は、生産と消費のあり方を、永続的な拡張を前提するものから長期的な持続可能性を持つものに転換する、という課題を避けて通ることはできない。21世紀の南北問題は、人類社会全体によるこの課題への取り組みと、深く関わるものになるであろう。

〈推薦文献〉

1　世界銀行『世界開発報告』各年版、国連開発計画『人間開発報告書』各年版
開発問題の基本文献として必読である。

2　アンガス・マディソン（金森久雄監訳）『経済統計でみる世界経済 2000 年史』
柏書房、2004 年
紀元 1 年から 2000 年までの世界の全ての地域の経済規模の変遷を実質 GDP に換算して示す豊富な図表を収録しており、世界経済の歴史を数量的な観点から俯瞰的にとらえることができる。

3　アルフレッド・クロスビー（小沢千重子訳）『数量化革命――ヨーロッパ覇権をもたらした世界観の誕生』紀伊國屋書店、2003 年
近代ヨーロッパの優越性の源泉の 1 つが、万物を測定し数量化するという思考様式の革命的転換にあることを、豊富な実例によって跡づける。

4　池本幸三・布留川正博・下山晃『近代世界と奴隷制――大西洋システムの中で』
人文書院、1995 年
近代資本主義の発展と密接に関連するアメリカの黒人奴隷制と大西洋貿易の全体像を考察しており、南北問題の起源を考えるうえで示唆に富む。

5　猪木武徳『戦後世界経済史――自由と平等の視点から』中公新書、2009 年
第二次世界大戦後の世界経済の曲折に満ちた展開についてのバランスのとれた概説。たんなる年代記的な記述にとどまらず、随所に著者独自の周到な考察が散りばめられている。

6　西垣明・辻一人・下村恭民『開発援助の経済学――「共生の世界」と日本のＯＤＡ』有斐閣、2009 年
国連や世界銀行における開発理念の変遷や、日本の ODA の仕組みと評価など、開発援助に関わる基本事項をコンパクトに整理したテキスト。NGO との連携についての解説も多い。

7　ハジュン・チャン（横川信治監訳）『はしごを外せ――蹴落とされる発展途上国』日本評論社、2009 年
途上国に市場開放を要求している米国その他の先進国が、その発展過程の多くの時期に、保護主義的な経済政策をとってきたことを実証した研究。

8　アマルティア・セン（大石りら訳）『貧困の克服――アジア発展の鍵は何か』
集英社新書、2002 年
貧困とはどのような状態か、またそれを克服するためにどのような政策が必要であるかを、潜在能力の概念に基づきながら、実例をあげて説いている。

9　白土圭一『ルポ資源大陸アフリカ――暴力が結ぶ貧困と繁栄』東洋経済新報社、2009 年
資源価格の高騰により経済が活況を呈する一方で、暴力・犯罪・汚職が日常化し混沌たる状況にあるサハラ以南アフリカ諸国の実情を、現場での取材に

基づいて生々しく描く。
10 速水佑次郎『**開発経済学――諸国民の貧困と富**』創文社、2000 年
発展途上国の開発に関わる多くの問題について、緻密な経済学的考察をふまえた政策構想を提示する本格的テキスト。やさしくはないが、挑戦に値する。

第12章　世界の中の日本経済

高橋　伸彰

──〈本章のねらい〉──

　敗戦後の復興期、高度成長期を通し GDP（国内総生産）の拡大として示される経済成長は物質的な豊かさを満たすことで、日本の経済社会に生活の豊かさ（広い意味での福祉の向上）をもたらしたと言える。高度成長の象徴とも言われる『国民所得倍増計画』（池田勇人内閣の下で 1960 年 12 月に閣議決定）の冒頭では、「速やかに国民総生産を倍増して、雇用の増大による完全雇用の達成をはかり、国民の生活水準を大幅に引き上げることを目的とする……この場合とくに農業と非農業間、大企業と中小企業間、地域相互間ならびに所得階層間に存在する生活上および所得上の格差の是正につとめ、もって国民経済と国民生活の均衡ある発展を期さなければならない」とうたわれ GDP の倍増だけではなく、成長を通して生活水準の向上や格差の是正を図ることも目標にされていた。

　しかし、理論経済学者の小宮隆太郎氏が指摘するように GDP とは「本来、一国の経済活動、あるいは生産・消費・投資の水準を示す指標」（小宮隆太郎「現代資本主義の展開」『週刊エコノミスト』1970 年 11 月 10 日号）にすぎない。その意味で経済成長によって GDP が増えたからと言って、人々の心が豊かになったり、豊かな社会が実現されたりする保証がないことは「経済学の常識」である。実際、高度成長が終わった 1970 年代後半頃には内閣府が毎年実施している『国民生活に関する世論調査』で、「物の豊かさ」を重視したいという国民の割合と、「心の豊かさ」を重視したいという

国民の割合が拮抗し始め、1980年前後を境に「心の豊かさ」が「物の豊かさ」を一貫して凌駕するようになった（**図12-1**参照）。それにもかかわらず、その後もGDPの拡大を優先する成長政策が日本で採られ続けたのはなぜだろうか。

本章ではイギリスでサッチャー首相が、またアメリカでレーガン大統領が誕生したのを契機に、日本の経済政策にも強い影響を与えるようになった新自由主義に焦点を当て、成長を至上目的に掲げる市場優位の政策が採用された背景や、その弊害および豊かな社会の実現に向けた展望について概説する。

1　新自由主義 VS ケインズ

1　貨幣欲に阻まれた非経済的な目的

　財政学者の神野直彦氏は、「物の豊かさ」と「心の豊かさ」が逆転した背景には物を所有することで充足される「所有欲求」よりも、人間と人間のふれあいによって充足される「存在欲求」を人々が重視し始めたことがあると指摘する[1]。たしかに、高度成長が終わってからは、1950年代後半に起きた三種の神器（電気洗濯機、電気冷蔵庫、白黒テレビ）や1960年代半ばに生じた3C（カラーテレビ、クーラー、自家用車）に匹敵する耐久消費財のブームは見られない。

　だが、「所有欲求が衰えていくことは、日本の工業にとって危機である」だけではなく、新自由主義の「競争社会」にとっても危機となる恐れがある。なぜなら「所有欲求が衰退し、富がインセンティブにならずに、貧困も恫喝にならなくなると、社会の構成員をさもしい競争へとかりたてられなくなってしまう」からだ。すなわち「『お金を儲ける』こ

1　神野直彦『教育再生の条件』、岩波書店、2006年、16 − 20ページ。

とが『飴』にならず、貧困に陥ることが『鞭』にならなくなることは、新自由主義にとっては危機」なのである。そこで「この危機を打開する」ために、「人間的な存在欲求を抑圧し、所有欲求を吹き込むこと」が、「新自由主義的教育改革の重要な目的となる」と神野氏は警告する。そう考えると、小泉純一郎元首相が進めた新自由主義的な構造改革（以下、小泉改革と言う）の司令塔と言われた竹中平蔵氏が、金融相在任時代に株や投資信託に関する金融教育の必要性を執拗に唱えていたのも、小中学校の時代から存在欲求を抑えて所有欲求を吹き込むことが目的だったのかもしれない。

　少しでも多くのお金を儲けたいという貨幣欲は、具体的に欲しい物がなくても膨らみ続け、決して飽和することのない欲でもある。そうした貨幣欲が教育を通して社会に普及すれば、ケインズが『わが孫たちの経済的可能性』で示した「重大な戦争と顕著な人口の増加がないものと仮定すれば、経済問題は一〇〇年以内に解決されるか、あるいは少なくとも解決のめどがつくであろう……。これは、経済問題が－将来を見通す

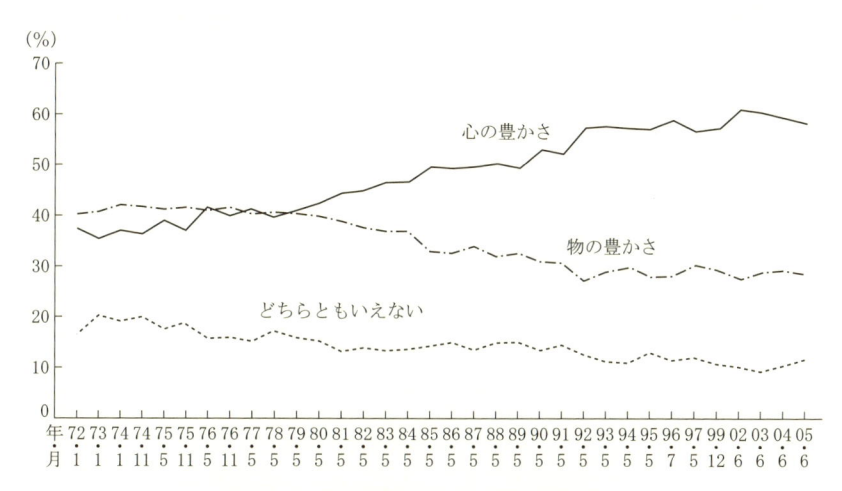

図 12-1　「心の豊かさ」と「物の豊かさ」

注）心の豊かさ：「物質的にある程度豊かになったので、これからは心の豊かさやゆとりのある生活
　　をすることに重きをおきたい」
　　物の豊かさ：「まだまだ物質的な面で生活を豊かにすることに重きをおきたい」
出所）内閣府「国民生活に関する世論調査」2005年6月調査。

かぎり－人類の恒久的な問題ではないことを意味する」[2]という予測が外れるのも当然である。

実際、ケインズは「資本がたとえば年二パーセントで増加すると、世界の資本設備は二〇年間に五〇パーセント増加することになるし、一〇〇年間では七倍半も増加することになる……進歩的な諸国における生活水準は今後一〇〇年間に現在の四倍ないし八倍の高さに達する」[3]と述べ、その結果「仲間の人間の状態の如何にかかわらず感じるという意味で（の）絶対的な必要」（括弧内は筆者追加）は100年以内に満たされ、その後は「非経済的な目的にたいしてよりいっそうの精力をささげる道を選ぶ」ことができると予測した。だが、新自由主義が吹き込んだ貨幣欲によって非経済的な目的への道は妨げられてしまったのである。

2　市場は効率、政府は非効率というドグマ

新自由主義を構成するイデオロギーは大きく分けて3つあると考えられる。1つは市場原理主義であり、人間の欲望を伝統主義や道徳で抑えるよりも、むしろ自由な競争の下で私利私欲を追求したほうが、個人の効用（満足）だけではなく社会の厚生（福祉）も最大になるというイデオロギーである。2つめが、ケインズが『雇用、貨幣および利子の一般理論』で説いたマクロの経済理論が、新自由主義にとっては「不都合」だったから（どのように不都合だったかは後述）、意図的にケインズを葬り去ろうとした反ケインズ主義である。そして3つめが民営化や規制緩和および福祉削減によって公共サービスの分野にまで資本の論理（民間企業による利潤最大化の原則）を貫徹し、政府の規模を可能な限り小さくするのが望ましいという小さな政府論でもある。

3つのイデオロギーに共通しているのは、政府は非効率、市場（民間）は効率というドグマ（独断）であり、このドグマを支えているのが、市

---

[2]　宮崎義一訳『ケインズ全集第9巻　説得論集』、東洋経済新報社、393－394ページ。

[3]　前掲書、391－392ページ。

場メカニズムにしたがい「資源」の単位価格あたりの限界生産価値が均等化するように生産性の低い分野から、より生産性の高い分野へと稀少な資源を移動すれば経済は効率的になり、人々の厚生（福祉）も最大化するという「古典派の均衡理論」である。この理論が現実に成立するためには資本やカネに加えて人間も市場原理にしたがい自由に移動すること、仮に住み慣れた土地や長年務めた仕事から離れたくないという人間がいれば、既述した貧困の「鞭」で容赦なく移動を強いることが成立の必要条件となる。そのために新自由主義的な構造改革を推進した小泉純一郎内閣は、派遣労働の原則自由化など労働規制の緩和を進め、多様な労働の流動化を図ると共に、賃金の引き下げに抵抗する労働組合を「既得権益」の温床だと喧伝してその交渉力を弱め、ケインズ政策ではタブーとされた名目賃金の引き下げを企業が容易にできるような環境を創出したと考えられる。

3　賃金の引き下げと物価下落の悪循環

　ケインズが名目賃金の引き下げをタブーとしたのは、労働の供給が需要を上回っているときに、労働市場が機能して賃金が下がると経済全体の有効需要が減少し、賃金以上に一般物価が下落する恐れがあると考えたからである。この恐れが現実になれば、企業は利潤を維持するために雇用をさらに減らすか、あるいは賃金をさらに引き下げるかの選択を迫られることになる。だが、いずれを選択しても経済全体の有効需要は再び減少することになり、物価はさらに下落する。そうなると企業は雇用減か賃金引き下げかの選択を迫られ、物価の下落に歯止めが効かなくなってしまう。つまり、企業が市場原理（価格）にしたがって合理的な選択を続ける限り、賃金と物価下落のスパイラル（悪循環）は終わらない。そこで改めて悪循環のはじまりを辿ってみると、労働の超過供給（失業）を市場における賃金の引き下げで解決しようとした「古典派の均衡理論」に帰着する。ケインズが大不況期の失業を、市場メカニズム（賃金の引き下げ）に依存するのではなくマクロ的な有効需要の拡大で解決すべき

だと提言した理由もここにあったと言える。

　これに対し、労働者の生活を支える賃金といえども市場価格の1つにすぎないと見る新自由主義にとっては、その均衡回復に向けた動き（賃金の下落）が悪循環を生むというケインズ理論が不都合に映ったと言える。だから、大きな政府のレッテルをケインズに貼り、実証的な反証もせずに政府は非効率だと決めつけて、政府による市場介入を支持するケインズを経済学の世界から駆逐しようとしたのである。

　もちろん、経済が不況に陥っている場合に、ケインズ政策がいつも正しいとは限らない。わずかな需給のミスマッチで失業が生じているなら、市場に解決を委ねたほうが望ましいケースもある。危険なのは、市場は効率、政府は非効率というドグマにもとづき、政府の役割を一方的に否定し市場の機能を無条件に支持する新自由主義のイデオロギーである。実際、労働の規制緩和は好況のときには雇用の多様化や労働の流動化を促進するが、不況になれば職と住がセットになった製造業の生産労働まで派遣を自由化した誤りが顕在化することは、2008年末に東京都心の日比谷公園で開村された派遣村を思い起こせば明らかである。同じことはセーフティネットにも言える。薄いセーフティネットは雇用機会が豊富な好況のときには自助努力を促すかもしれないが、不況になれば薄すぎて生活できない人が続出することになるのである。

2　成長だけでは実現できない豊かさ

1　一人あたりGDP1万ドルの転機

　経済政策の目的は生活する人間にとってより良い社会を築くことにある。GDPの拡大で示される経済成長も完全雇用の達成だけではなく、格差是正や福祉の向上につながるかぎりにおいて肯定的に評価される。雇用や生活を破壊し格差拡大を放置してもGDPさえ増えれば、成長の成果はいずれ均霑されるという安易なトリクルダウン説は本末転倒なの

である。求められているのは目の前の問題（危機）を対処療法的に解決することではなく、問題（危機）の根源にある要因を摘出し、より高い次元で複雑に絡み合っている問題をまとめて解決する方策を見いだすことである。

そのためにはより高い所得やより多くの貨幣がなければ、より豊かな生活はできないという幻想から離脱することが肝要である。所得と幸福度の関係を計量的に分析したフライ＆スタッツァー『幸福の政治経済学』（ダイヤモンド社、2006年）では、一人あたりGDPが1万ドルくらいまでは両者の間に高い相関が見られるが、同1万ドルを超えると相関は見られなくなるという結果が示されている。一人あたり1万ドルという水準は、アメリカで言えばベトナム戦争が始まる前の1960年代の時期、また日本ではバブルが始まる前の1970年代後半の時期であり、既述した「心の豊かさ」と「物の豊かさ」の重要度が拮抗し始めた時期とも重なる。それは、ある意味でケインズの「絶対的必要」が飽和した時期でもあったはずだ。

そもそも人間の欲望は無限だから有限な資源を効率的に配分し、少しでも大きなGDPを実現するために成長を優先すべきだという主張には矛盾がある。もし欲望が無限なら、有限のGDPをどんなに大きくしても欲望とGDPとの距離は永遠に縮まらないからだ。つまりGDP統計の拡大は無限の欲望を満たす手段にはなり得ないのである。それでも成長が必要だと主張する人は、単に多ければ多いほど、大きければ大きいほど望ましいという拡大主義に陥っていると言える。そこでは成長は手段ではなく目的と化し、人間としての幸福や豊かさを享受するよりも、成長の「奴隷」として1円でも多く稼ぎ1円でも多く消費するように強いられてしまうのだ。

マクロ経済学者の吉川洋氏は成長に否定的な人の考えを、「老子」の思想と重ねて、「現代社会において『反経済』『反近代主義』を唱える人は、自らが病気になったときに抗生物質の使用を拒否するのだろうか。

そのとき初めて『文明のありがたさ』を思い知るのではないか」[4]と言って批判する。しかし、経済統計としてのGDPは増えなくても、その生産に必要なインプットの量や質、あるいは生産されるアウトプットの中身を変えることによって、人々の福祉を向上させることは可能である。月並みだが、生産に投入されるエネルギーが化石燃料から再生可能なエネルギーに変われば、GDPは増えなくても地球環境の保全を通して人々の生活は豊かになる。また、所得は増えなくても労働時間が減れば家族や親しい人との団欒も増える。さらに、通信技術の進歩によって安価な通信費で高度なコミュニケーションができるようになればGDPは増えなくても、人々の世界は広がるはずだ。

2　豊かな社会の条件

　理論経済学者の宇沢弘文氏によれば、豊かな社会とは「すべての人々が、その先天的、後天的資質と能力とを十分に生かし、それぞれのもっている夢とアスピレーション（aspiration、熱望、抱負）が最大限に実現できるような仕事にたずさわり、その私的、社会的貢献に相応しい所得を得て、幸福で、安定的な家庭を営み、できるだけ多様な社会的接触をもち、文化的水準の高い一生をおくることができるような社会」[5]である。そのためには、第一に「美しいゆたかな自然環境が安定的、持続的に維持されている」こと、第二に「快適で、清潔な生活を営むことができるような住居と生活的、文化的環境が用意されている」こと、第三に「すべての子どもたちが、それぞれのもっている多様な資質と能力をできるだけ伸ばし、発展させ、調和のとれた社会的人間として成長しうる学校教育制度が用意されている」こと、第四に「疾病、傷害にさいして、そのときどきにおける最高水準の医療サービスを受けることができる」こと、そして第五に「さまざまな希少資源が、以上の目的を達成するためにもっ

4　「今経済学に何が問われているか」『現代思想』2009年8月号、青土社。
5　『社会的共通資本』岩波新書、2000年、2ページ。

とも効率的、かつ公平に配分されるような経済的、社会的制度が整備されている」ことが満たされていなければならないと指摘する。

そのような社会はユートピアであり、言葉の意味どおり地球上には存在しない夢の社会である。存在しない理由は物質的な成長の不足ではなく、成長を続けるだけでは実現できない社会だからだ。たとえば、日本の高度成長時代に深刻な問題を引き起こした生産優先主義は、現在でも環境規制の緩い途上国において「健在」であり、環境を破壊し公害を放置しても GDP の拡大を優先する動きは世界中で続いている。経済統計的には、それによって健康被害を受けた住民が治療を受けて医療費が増えれば、さらに GDP は拡大することになる。自動車の利用に伴う大気汚染や騒音公害および交通事故による人的あるいは物的被害も GDP の拡大に対してはマイナスとならず、逆に被害を修復するために投じられた費用が GDP に加算されてしまうのである。

宇沢氏の言う豊かな社会を実現するためには豊かな社会の条件を満たす努力を重ねていく必要がある。たとえば、「快適で、清潔な生活を営むことができるような住居」についても、GDP が増えれば人が暮らす住居が自然に良くなるわけではない。快適で、清潔な生活とはどのような生活か、また、そうした生活を営むにふさわしい住居とはどのような住居かに関して、生活する人の身になって公正かつ中立的な立場の専門家が、責任をもって実効性のある住宅「制度」を確立していかなければ、営利本位の住宅ばかりが建ち並んでしまうことになる。同じことは、自動車優先の公共投資が残した横断歩道橋にも言える。自動車が平面を走り、人間のほうが数十段もの階段を昇降して道路を横断するという道路整備の発想は、明らかに豊かな社会の条件に反している。

3　幸福にグローバル・スタンダードはない

それでは、いまの日本に、そして世界に何が不足しており、何が必要なのだろうか。そのキーワードの1つが宇沢氏の唱える「社会的共通資本」である。同氏によれば「社会的共通資本は、その機能によって大ざっ

ぱに言って次の三種類に分けることができる。大気、河川、土壌などの自然環境、道路、橋、港湾などの社会的インフラストラクチャー、そして、教育、医療、金融、司法などを生み出す多様な制度資本の3つである」。ただ、「この分類法は必ずしも排他的ではなく、また包括的でもない」、重要なのは概念であり、具体的な事例については時代や環境および国や地域などによって弾力的に定めればよいと宇沢氏は述べる。概念を規定しながら、具体的な事例について解釈の余地を残したのは、社会の豊かさや人間の幸福には統一されたスタンダード（基準）がないことを宇沢氏は示そうとしたからだ。

　グローバルスタンダード（世界標準）とかナショナルスタンダード（国内標準）が、社会的共通資本の機能と可能性を考える上でいかに無意味かを示す事例として「日照権」や「景観権」がある。たとえば、ニューヨークでは日照権は ancient light（古代の光）だとか、ancient right（古代の権利）と言われて、個人の権利としては認められていないと言う。これに対して、日本では東京においても陽光は高層マンションの住人だけに与えられる特権ではなく、すべての人に共通な基本的権利として認められてきた。一日に何時間か太陽の光が差し込む環境で生活しなければ人間らしい暮らしはできないというのが、日本における日照権の考えであり、それが日本の社会的共通資本なのである。

　何を社会的共通資本として維持・管理するかは、同じ国の中でも地域が違えば、異なるのが普通である。その1つが景観権である。京都ではお寺などを拝観する際にお寺の庭から高層ビルや近代的な街の風景が見えない様に色々な工夫をして景観の維持に努めている。この結果、東京では通用しない建築規制も、京都の場合には通用するケースが多い。どこまで景観権を社会的共通資本として管理するかは国が一律に決めるのではなく地域が決める問題であり、それが地域の豊かさを支える条件でもあるのだ。

6　『経済解析　展開編』岩波書店、2003年、573ページ。

4 縮小しない世界の所得格差

　標準的な経済学の教えに従うなら、グローバル化は二重の意味で世界経済にとって望ましい効果をもたらす。1つは世界規模で資源配分の効率化を実現し世界経済全体のパイを拡大させること、もう1つは世界規模で商品だけではなく労働、資本、技術などの生産要素が自由に移動できるようになれば、商品の価格だけではなく賃金や利潤および金利など生産要素の「価格」も世界中で均等化し（等しくなり）、個別の要因による価格差は残るとしても、国（含む地域）の違いによる価格差は解消され、同一財および同一生産要素の価格が世界レベルで収斂することである（より詳しい説明は、国際経済学のテキストに載っているストルパー＝サミュエルソン効果の解説を参照されたい）。

　しかし、実際には標準的な経済学が期待するような効果が世界の国々に行き渡らないことは、グローバル化が進む中での所得格差や貧困の実態をみれば明らかである。事実、世界全体のGDPは世界銀行の調査によれば1900年には5800億ドル、世界人口一人あたり360ドルだったが、2007年には同53兆ドル、一人あたりでは平均7958ドルにまで成長した。このように世界のGDP（2007年の数値はGNI（総国民所得））は1世紀余りの間に91倍、一人あたりで22倍にも拡大したが、その成果は必ずしも世界の国々に行き渡っていない。事実、高所得国、つまり一人当たりの所得が1万1456ドル以上の国には、世界人口の16％にあたる10億5600万人が暮らしているが、その一人あたり平均所得は3万7566ドルに達しており、高所得国だけで39兆6821億ドル、世界のGDPの75％を占めている。これに対して、一人あたりの平均が936～3705ドルの低位中所得国と同935ドル以下の低所得国には、それぞれ34億3700万人および12億9600万人と世界人口の72％、47億3300万人が生活しているが、その合計は7.2兆ドルと世界のGDPに占めるシェアも僅か13.6％と低い。まさに世界全体の所得が拡大しても、格差解消に対する配慮を怠れば相対的な貧困だけではなく絶対的な貧困さえ解決できないのである。

こうした格差の拡大を前にして、我々としては経済のグローバル化をどう捉えればよいのだろうか。それは、先進国か途上国か、あるいは生産者か消費者かといった立場の違いだけではなく、効率と公平、あるいは現在と未来のどちらを重視するかという価値観や時間的視野の違いによっても評価は大きく異なる。その意味でグローバル化に賛成か反対か、あるいはグローバル化は良いか悪いかと二者択一的に問うよりも、良いところを伸ばし、悪いところを抑えていく対応が現実的には求められていると言えよう。

加えて、常に自分とは立場の違う、また自分とは価値観の異なる人がいること、さらに、長期的に望ましいことが必ずしも短期的に望ましいとは限らないこと（逆も同じ）も忘れてはならない。グローバル化とは世界中の国々が1つのスタンダード（標準）にしたがうことではない。むしろ、国によって、地域によって、人によって多様な標準があることを相互に認め合ったうえで交流を深めることのほうが大切であり、その発想は宇沢氏の唱える社会的共通資本とも通底するところがあるのではないだろうか。

3　成長の限界と先進国の責務

1　平均からは見えない日本の貧困

バブル崩壊以降、長期にわたり成長率が低迷しているとはいえ、日本の経済社会は平均でみるかぎり所得面でも、資産面でも欧米の先進諸国と比較して遜色ない水準にある。ドルベースのGDPは2008年で4.3兆ドル（1ドル103円37銭で換算。内閣府「国民経済計算確報」参考表）とアメリカの14.4兆ドルに次ぎ世界第二位（ただし2010年には中国に抜かれ世界第三位になった）、一人あたりGDPでは3万8371ドルと順位は世界第19位だが、前述した世界平均の5倍近い水準にあり、2009年以降の円高を考慮すれば一人あたりではフランス、ドイツ、イギリスに匹敵す

る高い所得を維持していると言える。

　また、家計が所有する金融資産の総額も 2010 年 6 月末で 1445 兆円（日本銀行「資金循環統計」）一人あたり 1000 万円を超えている。もっとも金融資産については家計や個人間での格差が所得以上に大きいので、2009 年の「家計調査」で一般世帯（世帯人員二人以上の全世帯、平均世帯人員 3.11 人）の状況を調べると平均 1638 万円（中央値 988 万円）、一人あたり 527 万円（同 318 万円）となっている。

　しかし、平均という集計された統計から、個々の世帯に目を転じると看過できない格差や不平等が存在していることがわかる。実際、2008 年の厚生労働省「国民生活基礎調査」によれば、一世帯あたりの平均所得は 578 万円だが、約 6 割の世帯の所得は平均以下であり、同 300 万円未満の世帯が 3 割強、また、同 200 万円未満の世帯も 2 割弱に達している。さらに、OECD の基準で算定した相対貧困率も 2007 年で 15.7％と、絶対的貧困とは概念が異なるものの、周囲の世帯よりも所得が低いために社会的に排除される可能性がある世帯が日本には 7 世帯に 1 世帯も存在しているのである。

2　大きな政府と小さな政府はどこが違うのか

　全体の所得の拡大を目的とする成長政策とは異なり、分配政策の目的は経済格差によって生じるさまざまな問題の緩和にある。誤解がないように付言すれば、分配とは高きから低きに向けて一方的に所得を移転する「完全平等」政策を意味するのではない。人間としての尊厳を維持しながら社会生活を営むために最低限必要となる社会サービスの費用を、各世帯あるいは各個人の経済力に応じて「分かちあう」という政策である。所得や資産の少ない人の負担が少ないからと言って、負担が少ない人ほど「幸福」なわけではない。そもそも重い病気に罹って膨大な医療費がかかったが、医療保険のお陰で自己負担は安くて済んだからといって「儲けた」と喜ぶ人はほとんどいないはずだ（結果的に金銭的な負担が軽くて経済的に助かったと思う人はいるかもしれないが）。むしろ、病気など

には罹らずに健康で生活できるほうが余程「幸福」に違いない。同じことは雇用保険や介護保険についても言える。また、死別や離別によって母子家庭になったり生活保護を受けざるを得なかったりする場合にも、給付を受ける立場の人間から言えば、そうした給付を受けずに自立した生活を送れるほうが「幸福」に違いない。このように、本来なら受けないほうがずっと「幸福」なのに、不幸にも自助努力や自己責任だけでは生活上の困難に対応できない状況に陥ったとき、不安を抱かずに安心して生活できる仕組みを提供するのが分配政策の目的である。

　それにもかかわらず弱者に対する政策的支援の必要性を訴えると、支援の前に真の弱者を絞り込むことが必要だと反論する識者は後を絶たない。反論の理由は、弱者と言っても自助努力を怠ったり、既得権益を手放さずに過分な保障を受けたり、本当は強者なのに弱者のふりしている者も多いからだと言う。しかし、どのようにして真の弱者を絞り込むのか、また、絞り込む過程で本当に支援が必要な弱者まで排除される危険はないかについて十分な議論も行わずに、一方的に弱者支援を批判するのは、あまりに短絡的な議論のように思われる。とくに、財源不足を理由にして一律に給付を削ったり、負担を増やしたりすれば、所得の低い弱者から順番に社会サービスから「排除」される可能性が高いことを見落としてはならない。

　小泉純一郎内閣は年金財政の破綻防止が最優先だと言って、2004年の夏に年金改革を断行したが、年金は保険料の支払い開始から給付の完了まで60年以上も要する超長期の制度である。現在の高齢者を既得権益者に仕立てるだけの改革では負担面で現役世代の理解は得られても、いずれ現役世代も高齢者になることを思えば現役世代が抱く老後の不安が逆に高まる恐れもある。そもそも政府が率先して世代間での負担と給付の大小を比較して世代間の対立を煽ったり、時の政権が新自由主義のイデオロギーに基づき大きな政府か小さな政府かと二者択一的な選択を迫ったりすることによって、分配政策が持つ本来の意義が矮小化されてしまう危険がある。

実際、デンマークの社会学者であるエスピン－アンデルセンによれば国民負担の大小、すなわち政府の規模の大小にかかわらず自己負担も含めれば社会サービスの供給に要する費用（医療、年金、介護、福祉、教育など人間の尊厳を維持しながら安心した生活をするためのサービスを得るために社会として必要な支出）の総額は対 GDP 比で見て、小さな政府のアメリカと大きな政府のスウェーデンの間でほとんど変わらないと言う。[7]違うのはアメリカのような小さな政府では自己負担能力の低い人が社会サービスから排除され、質の高い医療や介護などの社会サービスは経済的に裕福な人だけに集中してしまう一方、公共依存の割合が高いスウェーデンのような大きな政府では、必要に応じて誰もが公平に社会サービスの給付を受けることができる点である。

3　それでも成長に固執する新自由主義

小泉内閣の閣僚として新自由主義的な改革を進めた前出の竹中平蔵氏は、大臣退任後も日本経済新聞のネットコラム（「竹中平蔵教授のオフィスアワー」）で、「環境分野や社会福祉分野の重視は間違いではないが、それだけで内需主導の成長はできない」と述べ、2009 年 8 月の総選挙で誕生した民主党政権の経済政策には成長戦略が欠けていると批判する。その理由として竹中氏は「日本経済は GDP500 兆円と規模が大きく一分野の需要拡大だけでの成長はありえない。幅広い分野で成長を実現しなければならない」と言う。しかし、GDP 統計の制約も省みずに、成長に対する寄与の大小だけで環境や社会福祉という極めて重要な問題を評価しようとする竹中氏の発想は、既述した「経済学の常識」に反するのではないか。加えて、環境や社会福祉を「一分野」と呼ぶ経済的なセンスにも問題がある。なぜなら、環境は産業分類でいえば、ほとんどすべての産業活動のインプットとアウトプットに関連する分野であり、

---

[7]　『ポスト工業経済の社会的基礎』、渡辺雅男・渡辺景子訳、桜井書店、2000 年、247 ページ。

社会福祉は生きている人間の生涯を通して無関係では済ますことのできない分野だからだ。それを「一分野」と呼ぶのは、モノを作る製造業を「一分野」と括るに等しい議論ではないだろうか。

　手段に過ぎない経済成長を目的として神格化しようとする竹中氏の新自由主義的な考えは、「クリーンなエネルギーの開発は望ましいが、結果的にはエネルギーの投入が減少すれば、成長力は高まらない。せいぜい既存のエネルギーシステムから新システムへの切り替え需要が、一時的に発生するだけである」という主張にも現れている。要するに竹中氏は枯渇資源である化石燃料から循環的な太陽光にエネルギー源が変わり、エネルギーがクリーンになっても、GDPが増加（経済が成長）しなければ意味はないと言っているのである。

4　成長の限界と地球の掟

　成長の限界と、それを否定する技術楽観主義の対立は、古くて新しい人類の未来をめぐる論争である。1971年にローマクラブが発表した『成長の限界』[8]では、「成長に自主的な限界を設定することによって、自然の限界内で生きようとするほうがよいのであろうか。あるいは、なんらかの自然の限界に突き当たった場合には、技術の飛躍によってさらに成長を続けうる望みをもって成長し続けるほうがよいのであろうか」[9]と問うたうえで、「ここ数世紀の間、人類社会は一貫して後者の道をとって成功をおさめてきたので、前者の道を選択するということをまったく忘れてしまっていた」と、技術楽観主義が厳しく批判されている。なぜなら「歴史的な証拠は、生存に対するさし迫った脅威を克服するために……重要な発明がなされたという例がきわめてまれであることを示して」[10]いるからだ。その典型的な事例として挙げられているのが「基礎科

8　D・H・メドウズ、D・L・メドウズ他著『成長の限界』大来佐武郎監訳、ダイヤモンド社、1972年。
9　前掲書135ページ。
10　前掲書161ページ。

学の研究所で、化石燃料が枯渇するおそれがあることに気づいていない人々によって発見された」原子力エネルギーである。

『成長の限界』のプロジェクトに参加したことで、人生が大きく変わったドネラ・H・メドウズは、享年59で世を去る前に書き綴ったコラムの中で、いまだに気づかない人類に「私たちがありったけの爆弾を爆発させて、地球上に生き残ったのはわずかな原生バクテリアだけになってしまったとしても、バクテリアたちは平然と、数十億年前と同じように新たな種の変化を始める」[11]と述べ、危険にさらされているのは地球ではなく「私たちが後生大事にしている……『永久に続く経済成長』という幻想」だと警告した。そう考えると、「永遠に成長すること」を目指す経済学の掟よりも、「足るを知る」地球の掟を選択するほうが、いまやはるかに重要であることがわかる。

その重要な選択の責めを負っているのが「成長症候群をまき散らしてきた」[12]先進諸国である。先進諸国が踏んだ失敗の轍を繰り返さないためにも、中国をはじめとする新興工業国はいたずらにGDPの拡大を追求するのではなく、人類の未来に思いを馳せるべきではないか。成長から分配、延いては「足るを知る」ルールへの転換は、国家を越えて今を生きる私たちに課せられたミッションなのである。

〈推薦文献〉

1　伊東光晴『政権交代の政治経済学』岩波書店、2010年
　　新自由主義は「不平等も、貧困も放置した。それへの反対、批判が民主党政権に期待を寄せた」と、ケインズ研究の第一人者である著者は言う。2009年8月の総選挙で起きた政権交代に対する期待と、その後の現実を比較しながら日本の経済政策のあり方を問う切れ味のいい時論である。
2　井村喜代子『世界的金融危機の構図』勁草書房、2010年
　　マルクス経済学の視点から日本経済を分析してきた著者は、サブプライムロー

11　枝廣淳子訳『地球の法則と選ぶべき未来』ランダムハウス講談社、2009年、17ページ。
12　前掲『成長の限界』182ページ。

ン問題に端を発した世界的な金融危機は資本主義が経験したことのない新しい危機であり、1929年の大恐慌以来とか100年に一度といった見方では危機の本質を解明できないと言う。その解明を怠り旧態依然としたケインズ政策で解決を試みても「ますます多くの難題」が噴出するだけだと警告する。通説、俗説では納得できないという人はぜひ読んでほしい。

3　宇沢弘文『社会的共通資本』（岩波新書）岩波書店、2000年
　　本章でも取り上げた社会的共通資本についてわかりやすく解説してあると同時に、その具体的な事例として教育、医療、都市問題、地球環境および金融制度を取り上げ、伝統的な経済学の限界と問題点について根源的な批判が試みられている。

4　柄谷行人『世界史の構造』岩波書店、2010年
　　カントのいう「永遠平和」、すなわち「たんなる戦争の不在としての平和ではなく、国家間の一切の敵対性の廃棄」を単なる理想論ではなく、カントのいう「統整的理念」（無限に遠くても人がそれに近づこうと努める仮象）として世界システムの観点から体系的に示すことを目指した壮大な挑戦。むずかしくても、いずれ理解できる日が来ると信じて読むに値する本。

5　スーザン・ジョージ『なぜ世界の半分が飢えるのか』小南祐一郎、谷口真理子訳、朝日新聞社、1984年
　　先進国主導の開発が、なぜ途上国の人々を救済することに失敗したのかを、農業（食糧）問題に焦点を当て分析した古典的な名著。経済的に貧しいから飢えるのではなく、途上国の農業が国際的な市場メカニズムの中に取り込まれることに飢えの原因があると主張。

用語解説

　　あえて省略する。わからない用語があれば自分で調べる労を惜しまないでほしい。

第13章　国際社会のなかの日本と東アジア

文　京洙

───〈本章のねらい〉───

　21世紀に入って東アジアでも国境の垣根を越えた経済的連携や共同に向けた取り組みが盛んだ。日本でも現在の民主党政権は、「東アジア共同体」の推進にかつてない意欲を示している。2010年11月、横浜で開かれたAPEC（アジア太平洋経済協力会議）に際しても、管直人首相は「平成の開国」を掲げ、首脳宣言にもTPP（環太平洋戦略的経済連携協定）やASEAN＋3（日韓中）などの枠組での自由貿易の推進が盛り込まれた。

　もちろん、とはいっても、冷戦の終焉やグローバル化の波に乗って目覚しく拡大したEUやNAFTAに比べるとき、アジアの地域統合の歩みは、いまだ緒についたばかりと言うほかない。そもそも、戦後日本は、アメリカとの同盟関係を軸に先進国への階段をのぼりつめ、米・欧とともに世界経済の三極をなすほどの経済大国として地位を築いてきた。この日本にとってアジアは、資本や商品市場、もしくは開発援助の対象ではあっても、経済統合や地域共同体のパートナーとしてはほとんど意識されてこなかった。

　だが、今世紀に入って状況は一変しつつある。中国のみをとっても、すでに2004年に、日本の対中貿易の総額は対米貿易を上回り、中国は日本にとって最大の貿易相手国となった。しかも、この中国は2010年、GDPで日本を抜いて世界第二位の経済大国に躍進し、韓国やASEANの経済成長もめざましい。東アジアは、21世紀の世界経済で最もダイナミックな発展の極となることは間違いない。

日本がこうした東アジアとの連携や共同を模索し始めたのも当然のことといえるが、日本と東アジア諸国・地域との溝は依然として深く、歴史や領土をめぐる反目や行き違いも絶えない。言語や文化、価値観の多様性にくわえて侵略や支配にまつわる記憶が、東アジアの連携や共同を妨げているのである。こうした溝を乗り越えて東アジアへの仲間入りを果たそうとする日本政府の意欲や努力も充分であったとはいえい。外務官僚としてOECDや国連などの重職も歴任してきた谷口誠も、「未だ日本人のエリートの中にくすぶっている『脱亜入欧』の精神構造」（『東アジア共同体　経済統合のいくえと日本』岩波新書）が日本の東アジアへの仲間入りを妨げてきたと書いている。

　近代日本は、この「脱亜」、つまりアジアから脱し、むしろ他のアジアを踏み台にして近代的国民国家としての発展をとげてきた。やや大げさに言えば、21世紀の東アジアの地域統合の問題は、そういう近代日本の歩みそのものを根本的に問うものであるともいえよう。本章では、そういう見方に立って、まず近代日本の歩みをふりかえり、ついで東アジアとの歴史的な和解をめぐる戦後日本の到達点を検証する。さらにこれを踏まえて冷戦以後の東アジアの経済協力の推移について触れ、いま、日本がこの地域との協力・共同をめぐって重大な岐路にあることを示したい。

1　近代日本の国民国家形成とアジア

1　黒船と吉田松陰

　1853年（嘉永6年）、マシュー・C・ペリーを司令官とするアメリカ合衆国の4隻からなる艦隊が江戸湾入口の浦賀沖に姿をあらわし、当時の江戸庶民を驚かせた。いわゆる「ペリー来航」であり、徳川幕府は、その恫喝に屈して開国を余儀なくされる。さらに、この開国を皮切りに日本が欧米列強に強いられた一連の条約（安政の5カ国条約）は、関税自主権や領事裁判権を一方的に制限された不平等条約であり、これを結んだ幕府の弱腰に対する非難や攘夷（外国勢力の排撃）への機運が朝野に渦巻いた。

こうして「黒船」の衝撃に揺れる日本にあって、「夷情を審(つまびらか)にせずんば何ぞ夷を馭せん」(敵を知らなければ敵に打ち勝てないという意)としてアメリカへの密航を企て失敗して囚われの身となった吉田松陰(1830～59年)は、次のように書いた。

「魯・墨講和一定す、決然として我よりこれを破り信を戎狄(じゅうてき)に失うべからず、但章呈を厳にして信義を厚ふし、其間を以て国力を養ひ、取易き朝鮮・満州・支那を切り随(したが)へ、交易にて魯国に失ふ所は又土地にて鮮満に償ふべし」¹

つまり、列強との条約や約束ごとは国際社会の"信義"として重んじられる反面、不平等条約による経済的損失は、「取易き朝鮮・満州・支那」への領土拡張によって埋め合わせよ、という主張なのである。「主権国家」の要件を欠く「取り易き」地への侵略は、単に正当化されるばかりか、「善く国を保つ」ための必須の条件とさえされていた。

産業革命を経た欧米列強は「主権国家」として互いの関係を「万国公法」で律する反面、アジア、アフリカに対してはまさに「取り易き」地、「無主の地」として侵略や分割の対象とした。じっさい、黒船を経験した幕末や明治の指導者たちも、まかり間違えば、日本自身が「取り易き」地として列強の餌食になりかねない、という強い危機感を抱いていた。

吉田松陰は、「一君万民」論によって天皇の前の平等(封建的身分制度の否定)を説き、明治維新の思想的前提を用意した思想家としても知られている。王政復古に始まる明治日本の歩みは、天皇制にまつわる伝統の再創造によって一枚岩の国民を生み出していく過程であり、それはまさに松陰の描いた道筋に沿うものでもあった。つまり、日本の近代的国民国家としての自立は、「文明開化」や「富国強兵」といった文字通り

1　吉田松陰『吉田松陰全集8巻』山口県教育委員会、マツノ書店、2001年、423ページ(旧漢字は新漢字に改めた)。

の近代化と、日本人の伝統意識の掘り起こしという、伝統と近代の錯綜する過程にほかならない。しかもその過程は、近隣の「取り易き」地への「国権の拡張」と表裏の関係をなしていた。明治政府が推進した上からの強引な近代化政策は、さまざまな社会的ひずみや摩擦を国内に生み、そのはけ口としての対外侵略を避けられなくしていた。日本を万世一系の天皇の統治する神国だとする松陰の「国体」思想は、朝鮮を初めとする、周辺民族・地域への蔑みや侵略を粉飾するイデオロギーとしても機能した。

　だが、「琉球処分」（1871 年）や「征台」（台湾への出兵、1874 年）、江華島事件（1875 年）などを通じてすすめられた初期の国権拡張政策は、日本と同じように不平等条約から抜け出そうと近代化をすすめていた中国（清朝）と決定的に対立することになった。対立の焦点は朝鮮であった。同じように不平等条約によって苦しめられていた日中両国が朝鮮に対してより過酷な不平等条約を押しつけ、そのことによって自国の国際的な地位の向上をはかろうとしていたのである。[2]

2　近代日本の自立———"脱亜"への道

　日中両国の狭間にあって 19 世紀半ばの朝鮮王朝（1392〜1910 年）も、外国勢力の排撃を主張する「衛正斥邪」論と近代化を主張する「開化派」の対立に揺れ動いていた。1882 年には日本の浸透に反発する保守派の軍人反乱（壬午軍乱）があり、1884 年には明治維新にならって朝鮮の近代化をすすめようとする金玉均ら急進開化派のクーデタが起こった（甲申政変）。福澤諭吉は、「彼の国勢果たして未開ならば之を誘うて之を導く可し」（「朝鮮の交際を論ず」『時事新報』: 82 年）[3] として、この金玉均らの動きを支援していた。だが、開化派の試みが清朝の軍事干渉によって失敗に終わると、日本がとるべき進路を「ただ〈脱亜〉の二字にあるの

2　江口朴郎、『世界史の現段階と日本』岩波書店、1986 年、48 ページ。
3　福澤諭吉、『福澤諭吉全集』8 巻、岩波書店、1960 年、29 ページ（旧漢字は新漢字に改めた）。

み」として次のように書いた。

　「……わが国は隣国の開明を待ってともにアジアを興す猶予、あるべからず。むしろその伍を脱して、西洋の文明国と進退をともにし、その支那・朝鮮に接するの法も、隣国なるがゆえにとて特別の会釈におよばず。まさに西洋人がこれに接するの風に従って処分すべきのみ」
（福澤諭吉、1960、10巻、240）

　ところで、甲申政変を経て、朝鮮をめぐる日中間の対立がぬきさしならない段階に至っていた1890年代はじめ、国際社会は、露仏同盟の（1891～94年）の成立を中心に新しい局面を迎えつつあった。この露仏同盟は、普仏戦争（1871年）以来、ドイツのビスマルク（1815～98年）が露仏両国を離間させつつ腐心してつくりあげたヨーロッパの国際秩序が崩れ去ったことを意味した。ヨーロッパの国際関係はいわば支柱を失って流動化する。この時期、ドイツのウィルヘルム二世の「世界政策」や帝政ロシアの「東進政策」など、列強の対外進出がひときわ加速したのは、一面では、そういうヨーロッパの国際関係のゆきづまりや矛盾を外部世界に転嫁する意味合いも帯びていた。しかもこの時期は、列強の世界分割も最終局面にあってほぼ日・中・朝の東北アジアを残すばかりとなり、この地域は1890年代の国際政治の最大の焦点の1つとなる。

　さらに、この19世紀末には、覇権国イギリスの地位の低下が明らかとなる。抜きん出たスーパーパワーとして世界に君臨したこのイギリスも、1890年代には列強のうちの1つともいうべき地位に転落し、世界各地で大陸諸国の厳しい挑戦にさらされる。東北アジアでは、ロシアがこのイギリスに挑戦した。ドイツはロシアの矛先を逸らそうとする意図から、フランスは同盟国の立場から、それぞれこのロシアを後押しする。一方、これを迎え撃つイギリスは、南アフリカその他でも難題をかかえ、東アジアに十分な軍事力を送る余裕はなかった。19世紀を通じて「名誉ある孤立」を押し通してきたイギリスも、けっきょくは、一方でロシ

アの脅威に対抗し、他方で東アジアの民衆反乱を、自身に代わって抑えうる同盟国を求めざるを得ない状況にあった。

日清戦争（1894〜95年）は、そういう国際環境のもとにあって列強諸国が注視するなかでたたかわれた戦争であった。戦争は、朝鮮半島の南部を中心に起こった大規模な農民反乱に端を発していた。「東学党の乱」とか「甲午農民戦争」として知られるこの農民反乱の報に接した日本が、列強の干渉をおそれながらも朝鮮に出兵して清との開戦に踏み切ったのは、東アジアをめぐる英露間の対立を見越してことであった[4]。

日清戦争は、単に朝鮮をめぐる覇権だけではなく日中両国の生き残りをかけた戦争でもあった。この戦争に敗北した清朝は、列強の勢力分割の対象となって半植民地化の道をたどった。勝利した日本は、莫大な賠償金や領土を譲り受け、近代的強国への足がかりを得た。明治維新以後最初の大規模な対外戦争は、日本人の"国民"としての一体感の形成にも大いに役立った[5]。

日清戦争以後、日本は中国北部を中心に起こった民衆反乱（義和団事件、1900年）の鎮圧で主要な役割を演じた。さらに日本は、イギリスとの同盟関係（日英同盟、1902年）のもとでロシアと対決（日露戦争、1904〜05年）して辛うじてこれに勝利し、アジアで唯一の自立した国民国家としての地位を決定的なものにした。その間、日本は、甲午農民戦争や義和団の鎮圧など東アジア民衆の列強への抵抗を抑える軍事力として働いた。逆にいうと、日本の近代国家としての出発は、列強の東アジアでの利害を代弁しつつ民衆の抵抗を抑える軍事力として承認されることで初めて可能であったともいえる。

3　侵略と戦争の時代

日露戦争を経た20世紀の初めには、列強諸国による世界分割が完了

4　陸奥宗光、『新訂　蹇蹇録』岩波文庫、1983年、95−96ページ。
5　原田敬一、『日本近現代史③ 日清・日露戦争』岩波新書、2007年、88−94ページ。

して、世界は、一握りの帝国主義国と、何らかの形でその支配の下に置かれた圧倒的多数の地域の人々に二分された。日本は、前者の一員として、他の列強諸国と権益を分かち合い、共同して植民地や半植民地での抵抗を抑圧する体制の一翼をになった。日本は、イギリスと第二次日英同盟（1905年）を締結し、アジアでの互いの権益（英国＝インド、日本＝朝鮮）を認め合い、フィリピンを支配するアメリカとも同様の協定（桂・タフト協定）をむすんだ。さらに1907年には日仏協約を締結して中国及びその周辺地域での互いの権益を認め合い、こうした列強諸国の承認のもとで日本は朝鮮の植民地化（韓国併合、1910年）を断行した。

　第一次大戦は、そういう列強同士の権益をめぐる調整がこじれることによって起こった地球の再分割のための戦争であった。戦争の中心はヨーロッパ列強間の確執にあり、日本は、この未曾有の大惨事に乗じて、資本主義の発展を遂げる一方、すでに植民地としていた朝鮮半島を足場に中国大陸への進出をはかった。

　第一次大戦の経験を経て国際的には、欧米諸国での民主主義の成長や植民地での民族運動の台頭があり、そのことは、第二次世界大戦を、植民地の再分割という性格にくわえて、国際的な民主主義勢力とファシズムや軍国主義の対立という性格を与えることになった。すでに日本は、20年代の末に始まる世界恐慌以降、国内的には、青年将校らによる5・15事件（31年）や、2・26事件（36年）などを通して軍国主義化がすすむ一方、対外的には満州事変（31年）や盧溝橋事件（37年）を起こして中国大陸への侵略を拡大していった。

　ナチス・ドイツのポーランド侵攻（39年9月）によって第二次大戦が勃発すると、日本は一方でドイツ、イタリアのファシズム諸国とむすび（日独伊三国同盟、40年9月）、他方で大東亜共栄圏構想を打ち出して、石油・ゴムなどの天然資源を求めて侵略の矛先を東南アジアにひろげる。日本のアジア侵略はこの地に権益をもつ米英との対立をまねき、41年12月、ついに日本は真珠湾（ハワイ）を奇襲攻撃して米英との無謀な戦争に突入する。

満州事変に始まり、日本の無条件降伏（45年8月）に終わる、足掛け15年に及んだアジア・太平洋戦争の過程で、日本はその最盛期には、東はニューギニアから西はビルマ、南はジャワ島に至る広大な地域を支配するまでその版図をひろげた。だが、日本のアジア侵略と支配は、けっきょく、中国を初めとするアジアの人々の粘り強い抵抗と米英ソなど連合諸国の反撃にあって惨憺たる敗北に終わる。

2　戦後日本の歩みと歴史認識

1　冷戦体制下の日本

　日本のアジアでの侵略戦争は、大量・無差別の虐殺、化学戦、細菌戦、生体実験、アヘン・麻薬の利用、捕虜の虐待、強制労働などありとあらゆる反人道的行為がともない、これによって命を失った犠牲者は2千2百万人を越えるといわれる。強制連行、軍人・軍属・慰安婦としての戦地への動員など、植民地朝鮮・台湾の人々のこうむった心理的・肉体的犠牲もはなはだしかった。もちろん、この戦争による日本人自身の被害も大きい。その犠牲者（死者）は軍人・軍属が約230万人、広島・長崎への原爆、沖縄戦、東京大空襲、「満蒙開拓団」などによる国内外での民間人の犠牲者は80万人にのぼるとされている。

　敗戦は、日本が民主国家として生まれ変わる好機でもあり、アメリカの占領政策もその出発点では、日本の徹底した非軍事化と民主化を目指した。占領下の46年11月に公布された日本国憲法は、まさにそういう戦後日本の再生の方向を集大成したものであった。新憲法は、主権在民、基本的人権の尊重という国内制度の民主化とともに、対外関係においても恒久平和の追求と、国際紛争解決の手段としての戦争の放棄を世界に

6　浜林正夫・木村英亮・佐々木隆爾、『新版　戦後世界史上』大月書店、1996年、56ページ。

宣言した。

　新憲法の平和主義の規定は、日本が過去を問い直してアジアの一員として生まれ変わる手立てともなりうるはずのものであった。だが、敗戦の衝撃にもかかわらずアジアに対する「侵略者・加害者」としての自己認識は、日本人の間でひろく共有されることはなかった。日本の戦争責任を問う東京裁判（極東国際軍事裁判46年5月〜48年11月）も主として欧米に対する戦争犯罪や開戦責任を問うものであって、日本人の差別的なアジア観は、これといって問われないまま意識の底に潜在化し、アジアは日本人の関心の外に消え去ろうとしていた。やがて、ヨーロッパの戦後処理をめぐる米ソ間の対立（冷戦）を背景に占領政策の転換が始まり、中国革命の勝利(1949年)はこの転換を加速した。「日本を反共の防壁」とすることが公然と宣言され、占領政策の基調も「西側の一員」として政治の安定と経済復興を目指すものへと変っていく。

　国際冷戦は、東アジアでは熱戦（朝鮮戦争：1950年〜53年）となり、戦後世界の多様な発展の可能性を閉ざしつつ、世界を引き裂き、人々を二項対立の呪縛の下に置いた。サンフランシスコ講和条約（1952年）による日本の独立の回復も、「西側の一員」として米軍に基地を提供し（日米安保条約）、沖縄を米国の施政下に残したままの独立であった。ここに確定した「脱亜入米」ともいうべき日本の外交政策の基調は、今日まで一貫して変っていない。1960年には、「安保闘争」という、日米関係を揺るがす、戦後最大規模の国民運動の高揚があったが、この安保闘争を支えた国民意識や歴史感覚も唯一の被爆国としての戦争体験、戦争の被害者としての国民的体験であって「侵略者・加害者」としての自覚にたったアジアとの和解・共存を志向する意識は薄かった。

　この頃では、経済面でもアジア諸国との関係はそれほど切実なものと意識されていなかった。戦後復興から高度経済成長の初期段階は、もっぱら内需やアメリカ市場に導かれた経済発展が実現していた。だが、60年代に入ると、民間の設備投資と米国市場に依存する経済成長も限界に達し、資本財と耐久消費財の双方の機械製品に対する大量で安定的な海

外市場（前者⇒アジア、後者⇒欧米）を必要とする段階となる。60年代に本格化する日本のアジアへの経済進出は、インドシナへの軍事介入や経済開発優先の強権体制樹立を内容とする、この頃の米国のアジア政策とも深く結びついていた。70年代には、米国の力の陰りを背景に、アジアの資本主義圏と日本の結びつきも一段とつよまり、東アジアは、日本の商品市場、資源・低賃金労働の供給地、公害産業の移転先として組み入れられていく。

　こうして日本が高度成長に邁進した50年代後半から70年代初めの時期は、世界的にも先進資本主義国を中心に景気拡大がつづいた時期であった。世界史的には、この時期以降の現在は、人の移動が大規模かつグローバル化した時代であり、先進諸国の経済成長も、これを底辺で支えた大量の移民労働者の存在を抜きにして語ることはできない。英独仏に代表されるヨーロッパの先進諸国では、早くも70年代の半ばからすでに法的にうけ入れていた移民たちの定住が課題となり、国際社会では、マイノリティや外国人労働者の権利保障が国や国民を超える普遍的な課題として自覚されるようになっていた。そんななかにあって、日本やイタリア、スペインといった、北側に属しながらも工業化や都市化が比較的立ち遅れていた国々では、高度成長期の労働力のプールを専ら国内に見出すことが出来た。とりわけ、日本は、頑ななまでに外からの労働力の流入を拒み、70年代に至るまで「単一民族社会の神話」を保ちえた、先進国では稀有の国であった。つまり、一般に欧米の先進諸国では高度経済成長は、多かれ少なかれ、他者認識の変容や多文化主義の受容をともなうものであったが、日本はこうした体験を経ずにこれを実現したのだった。

2　歴史認識の到達点——グローバル化とナショナリズムの相克

7　小熊英二、『〈民主〉と〈愛国〉　戦後日本のナショナリズムと公共性』新曜社、2002年、551－558ページ。

だが、アジアへの日本のかかわりの増大は、日本とアジアの関係を、その歴史をも含めて、あらためて問い直さずにはおかなかった。米中和解につづいた1972年の日中共同声明では「過去において日本国が中国国民に重大な損害を与えたことについて責任を痛感し、深く反省する」と侵略戦争に対する認識を明確にすることが求められた。74年、東南アジアを歴訪した当時の田中角栄首相は各地で反日デモにあい、田中政権を引き継いだ福田（赳夫）政権は軍事大国化の否定や「心と心の触れ合い」を謳った「福田ドクトリン」を打ち出してアジア外交の手直しに着手する。

　日中共同声明から10年後の82年、当時の文部省が教科書検定で「侵略」を「進出」などと書き換えを指示して中国・韓国などから猛烈な非難を浴びた。この「教科書問題」をめぐる世論の喚起には、植民地支配や侵略戦争を問い直そうとする日本の市民自身による取り組みが大きな役割を果たした。「教科書問題」以来、日本の首相や天皇がアジアへの加害責任をいかに認識しているのか、ということがくり返し問われることにもなった。

　一方、85年のプラザ合意以後の急激な円高によって地域社会に流入するアジア系外国人が急増し、日本人の海外体験の機会もかつてなく増大した。経済生活がほぼ一国で完結しえた時代の日本人の他者認識にようやく変化が兆しつつあり、立命館大学に国際関係学部が設置（88年）されたのもそういう時代の機運を映し出していた。やがて冷戦体制の崩壊と湾岸戦争（90年）が同時に訪れ、日本はその経済力に見合った国際社会への貢献を迫られる。だが、「国際貢献」に乗り出せば、日本の軍事大国化を恐れるアジア諸国の反発は必至であり、「冷戦後の日本の国際的役割を定義するためには、過去の清算が必要であった」[8]。

　91年、当時の海部俊樹首相は、シンガポールでの外交政策演説で「多

8　新井信一、『歴史和解は可能か　東アジアでの対話を求めて』岩波書店、2006年、31ページ。

くのアジア・太平洋地域の人びとに、耐え難い苦しみと悲しみもたらした我が国の行為を厳しく反省する」と語った。時代の変化は日本人の価値観や投票行動にも変化を生み、93年7月の総選挙で自民党は過半数を大きく割り込んだ。8月には、細川護煕・非自民連立内閣が成立したが、細川首相は、所信表明演説で過去の「侵略戦争」と「植民地支配」について首相としては異例なほどに踏み込んだ形で「反省とおわびの気持ち」を述べた。

　非自民政権は短命に終わり、94年には、自民党が、社会党・さきがけと結んで政権に返り咲いた。そして、かねてから過去清算を重要な政策課題としてきた社会党・党首村山富市を首班とする内閣が成立する運びとなり、95年8月、以下のような村山談話（内閣総理大臣談話）が発せられることになった。

　　「わが国は、遠くない過去の一時期、国策を誤り、戦争への道を歩んで国民を存亡の危機に陥れ、植民地支配と侵略によって、多くの国々、とりわけアジア諸国の人々に対して多大の損害と苦痛を与えました。私は、未来に誤ち無からしめんとするが故に、疑うべくもないこの歴史の事実を謙虚に受け止め、ここにあらためて痛切な反省の意を表し、心からのお詫びの気持ちを表明いたします」。

　90年代は、日本の市民社会のアジア認識にも大きな変化がみられた。さまざまなレベルの個人や市民団体（NGO）、自治体などが、日本の過去を問い、政府開発援助（ODA）を見直し、進出企業による乱開発や搾取に抗議し、アジアの人々の身の丈にあった援助活動に汗を流した。韓国などかつての開発独裁諸国の民主化がすすみ、戦後補償をめぐるアジアとの市民レベルの交流・協力も着実に前進した。「植民地支配と侵略」の反省がいわば一点の曇りない言葉で語られたこの「村山談話」は、そうした時代の機運を反映して、まがりなりにも日本政府の「公式見解」として示されたものであった。

ところが、「過去の反省」は、日本の"近代"そのものの否定につながり、ひいては日本人のアイデンティティさえも揺るがしかねない、という危機感が日本社会の底流を捕らえ始めたのもこの90年代半ばからであった。「村山談話」を経た96年には、自民党など100人を超える議員が「〈明るい日本〉国会議員連盟」をつくり、「自虐的な歴史認識や卑屈な謝罪外交には同調しない」ことを宣言した。「自由主義史観研究会」「新しい教科書をつくる会」なども相次いで発足し、グローバル化の潮流に水を差すかのように、「国民意識」の立て直しやナショナリズムの復権への動きが目立った。そもそも、「ナショナリズムのグローバル化」[9]と言われるように、国際化やグローバル化は、必ずしも、国民のナショナルな箍(たが)の弛緩にはつながらない。むしろ、それは、この日本でもナショナリズムに新しい息吹を与え、ナショナルな記憶や"国民"の中身をめぐっての綱引きを新しいレベルで顕在化させているのである。そして、この綱引きは、東アジアの地域統合への日本の対応をめぐる政策や議論にも影を落としている。

3　グローバル時代の日本と東アジア

1　環日本海経済圏

「21世紀を間近に控えた今、日本海沿岸地域では、『環日本海時代』ともいうべき、グローバルな交流の時代が始まっています。」

「環日本海アカデミックフォーラム」（現在は「東北アジアアカデミックフォーラム」と名称変更）の設立（1995年）に際して荒巻禎一京都府知事

9　テッサ・モーリス＝鈴木、「グローバルな記憶・ナショナルな記述」（『思想』No.890）、1998年、34ページ。

（当時）はそう宣言した。同フォーラムは、日本海（韓国・朝鮮側の呼称は東海）沿岸諸国・地域の相互理解と協力の増進を目的に、日本海に面した舞鶴港をもつ京都府の肝いりで組織されていた。90年代の前半は、富山県の「環日本海交流拠点構想」（90年）、新潟県の「環日本海研究学術連絡協議会」（93年）など、日本海側の諸府県がこぞって日本海を囲む地域の交流に新たな発展への夢を膨らませた時期であった。

　戦後日本の「脱亜入米」的な経済発展のあり方は国土の産業構造にも影を落としていた。急速な経済成長を実現した東京、名古屋、大阪を結ぶ「太平洋ベルト地帯」に比べ、かつて「ウラ日本」と呼ばれていた日本海側の成長は立ち遅れ、80年代には過疎化が深刻となった。日本海を囲む東北アジアは東西冷戦にくわえて中ソ対立や南北朝鮮の分断など対立の錯綜する国際的確執の結節点であり、日本の国土政策も日本海沿岸地域の発展が対岸諸国との交易よりも、重点開発地域の波及効果（「全国総合開発計画」62年）や交流の円滑化（「新全国総合開発計画」69年）を通して副次的に達成されるものとしていた。

　だが、冷戦の終焉は、この地域の縦横に立ちはだかっていた氷の壁を溶かし、日本海を対立の海から、体制や国を超えた「協力の海」に変えることが期待された。この時期には、華南に始まる中国の改革開放政策が東北三省（遼寧、黒龍江、吉林の各省）にまで及び、民主化（87年）以後の韓国政府も「北方政策」を掲げ、ソ連との国交樹立（90年）につづいて中国とも国交を回復した（92年）。90年代初めには北朝鮮の核兵器開発問題が浮上し、アメリカは北朝鮮の爆撃まで考慮して戦争の危機が高まったが、ジミー・カーター米前大統領が電撃的に訪朝（94年6月）して危機は回避された。7月、金日成が死去するが、10月には北朝鮮が核施設の凍結とIAEA（国際原子力機関）の査察を受け入れる一方、米国は重油提供、韓国・日本・EUは軽水炉を建設するという多国間の合意（ジュ

10　「北東アジアアカデミックフォーラム」ホームページ（http://www.joho-kyoto.or.jp/~acdfo/forum/aisatu.html）検索日、2010年11月15日

ネーブ枠組合意）が成立した。米国は、朝鮮戦争以来つづいた北朝鮮への経済制裁を解いた。さらに、95年3月には、自民など三党代表団が平壌を訪れ92年以来中断していた国交正常化交渉の再開に合意する。

　「環日本海時代」という言い方は、そういう雪解けムードを反映して発せられた言葉であった。そして、この日本海を取り巻く地域を1つの経済圏として発展させようとする構想の焦点とされたのが図們江（朝鮮側からの名称は豆満江）開発であった。中朝国境の白頭山の東を日本海に流れるこの川の流域開発は、UNDP（国連開発計画）が第五次事業計画（92〜96年）の一環として推進することを決定したことから一躍脚光を浴びることになった。92年4月にはUNDP主催の第一回「図們江流域開発のための関係5カ国専門家会議」（中・露・北朝鮮・韓国・モンゴルの5カ国で日本はオブザーバー参加）が北京で開かれ、UNDPが初期費用として350万ドルを拠出することになった。北朝鮮も、図們江開発とリンクさせて、図們江河口に隣接する羅津・先鋒（現在は羅先として合併）を「自由経済貿易地帯」とする構想を対外開放政策の目玉として打ち出した。[11]「ジュネーブ枠組合意」後は、日朝交渉もすすみ両国の国交がなれば日本の多額の請求権資金が北朝鮮に供与され、図們江開発にも弾みがつく見通しであった。

　だが、図們江開発は21世紀に入っても期待通りの進展を見せなかった。日本政府自体が環日本海交流に対して沿岸の諸府県ほど乗り気ではなかったし、北朝鮮との関係も曲折を重ねた。2002年、北朝鮮は核開発のためのウラニウム濃縮施設の建設を明らかにしたが、これに対する関係諸国の反発が強まり、ジュネーブ枠組合意が破綻した。北朝鮮は凍結核施設の再稼動とIAEA査察官追放、NPT（核拡散防止条約）脱退を強行し、核危機が再燃した（2003年）。9・11同時多発テロの衝撃の下に「反テロ戦争」に乗り出した米国ブッシュ政権は北朝鮮をイラン・イラクと

11　坂田幹男、「図們江地域開発計画の現状と展望」（本田健吉・韓義泳・凌星光・坂田幹男『北東アジア経済圏の形成』新評論、1995年、301－305ページ

並ぶ「悪の枢軸」と呼び、米朝関係はふたたび悪化した。北朝鮮は、日本の小泉（純一郎）首相を平壌に招き、日本人拉致を謝罪して関係改善をはかるが(2002年9月)、北朝鮮の拉致問題への対応が不十分だったことから、日本での世論の北朝鮮非難が沸騰し、日朝関係も行き詰った。その後、北朝鮮は2006年、09年の二度にわたって核実験を強行し、核問題解決のために開かれてきた6カ国協議（南北朝鮮、米、中、露、日が参加）も07年3月に第6回が開かれたのを最後に中断したままとなっている。

2　東アジア経済統合への模索

　アジアの地域統合をめぐる日本の消極的な姿勢は、東アジアの経済統合へのコミットの仕方にも現れている。91年、マレーシアのマハティール首相（当時）がEAEC（East Asian Economic Caucus 東アジア経済評議会）構想を提唱したとき、日本は、米国抜きの東アジアの統合を嫌うアメリカの意向を配慮してその受け入れを拒否した。これ以来「日本には（東アジア経済統合の）メンバーをASEAN＋3（日中韓）に限定することに対する一種のトラウマがある」（谷口誠、2004、41ページ）とさえいわれる。

　だが、97年末〜98年に東アジアを襲った未曾有の金融通貨危機以後、このASEAN＋3という枠組みでの経済統合や貿易自由化の動きが急速に進んだ。金融通貨危機は、資本市場の無分別な自由化を求め、通貨危機への適切な対策も打ち出せなかったIMFに対するASEAN諸国の不満を募らせ、金融・通貨・財政問題で東アジア諸国・地域が互いに協力しあうことの必要性を痛感させることになった。こうした地域協力のイニシアチブをとったのはASEANであった。危機のただなかにあった97年12月、ASEAN首脳会議に日中韓が招かれた。会議ではIMFへの不満が噴き出す一方で、日本への期待が表明された。日本は、通貨危機に際して、アジア通貨基金（AMF）構想を打ち出すが、アメリカがこれに反対し、中国もこれに同調して頓挫した。しかし、98年10月には合計300億ドルという巨額の資金支援を盛り込んだ「新宮沢構想」を打ち

出し、ASEAN・韓国など危機に苦しむ東アジア経済の回復に貢献した。

　98年12月にはASEAN首脳会議にふたたび日中韓の首脳が招かれ、その後、ASEAN＋3の首脳会議が定例化した。2000年5月には、タイでASEAN＋3の財務相会議が開催され通貨スワップ協定（通貨危機に備えて2国間の中央銀行が通貨を互いに預け合う取り決め）など地域協力の枠組み（チェンマイ・イニシアティブ）が合意され、ASEAN＋3という枠組みでの東アジアの地域協力が着実に進展した。

　21世紀に入ると改革開放政策の下で高度経済成長に邁進する中国が地域統合に積極的に乗り出した。この中国は、1978年に「改革開放路線」に転じて以来、「社会主義市場経済」（92年の第14期共産党全国代表者大会での規定）と称して、事実上の共産党一党独裁体制を維持しながら経済の自由化を急速におしすすめてきた。これによって、30年間(1978～2007年)を通して平均9.8％という類例のない高い経済成長率を実現したが、その反面、貧富の格差の拡大、都市・農村、沿岸部・中西部の経済の二極化、新疆ウイグル、チベットなど民族自治地区の衰退や漢族の浸透（漢化政策）、さらに官僚層の腐敗などさまざまな矛盾をうんだ。そうした矛盾は、政治体制の多元化を求める民主化運動や少数民族の分離独立運動となって爆発したが、共産党政権は、その都度、力ずくでこれを封じ多数の犠牲者を出すことも少なくなかった（89年の天安門事件、97年の新疆ウイグル地区の暴動、2008年のチベット・ラサでの僧侶・市民の抗議行動など）。中国の一党支配については、13億という、従来の国民国家とは桁外れに大規模な国民の社会統合の困難さを踏まえてこれを"必要悪"とする議論もある。だが、この点では、12億の人口を抱えるインドが独立後、まがりなりにも議会制民主主義と地方分権を維持し、なおかつ近年は目覚しい高度経済成長を実現している事実に注目する必要がある。いずれにしても、中国での共産党支配の正統性は、いまや革命

12　奥田宏司、「ワシントン・コンセンサスに対する日本政府の対応——アジア通貨危機のなかで」(『立命館国際研究』第17巻第2号、2004年10月)、2004年、15－16ページ。

や民主化よりも、「中華民族の偉大な復興」（中国共産党16回大会、2002年）に向けたナショナリズムの政策や言説によって確保され、このナショナリズムは、急速な軍備拡張や領土紛争などともあいまって、周辺諸国での「中国脅威論」に一定の信憑性を与えている。

　こうした中国が、その間の社会主義市場経済の達成をふまえてグローバル化に積極的に対応し始め、2001年にはWTOに加盟した。さらに2002年にはASEANと自由貿易地域の創設を含む「包括的経済協力枠組み協定」を締結し、中国とASEANという19億人の巨大市場が単一化に向けて動き出したのである。中国についで韓国も2003年にはFTAロードマップを策定してシンガポール（2006年発効）を皮切りにASEANとも交渉を開始した。

2　"脱亜"を超えて——岐路に立つ日本

　こうした動きに触発されて日本も、2002年1月、当時の小泉首相が東南アジア5カ国を歴訪して「東アジア・コミュニティ」構想を打ち出し、11月には「日本・ASEAN包括的経済連携構想」の推進に合意した。「東アジア・コミュニティ」構想は、ASEAN＋3にオーストラリア・ニュージーランドを加え、中国の主導権を牽制しつつ、EAEC以来のASEAN＋3の地域統合の枠組みを嫌う米国への配慮を滲ませる内容であった。2001年4月から5年5カ月に及んだ小泉政権期には、小泉首相の靖国神社参拝をはじめ、竹島（韓国側の呼称は独島）をめぐる領有権問題、扶桑社の歴史教科書問題など、中国や韓国との歴史や領土をめぐる軋轢が再燃した。東アジアの地域統合の動きも、中国・韓国・日本がそれぞれが別個にASEANと経済統合を深めるという形ですすみ、ASEANは、EAS（東アジア首脳会議、第一回2005年）の開催など引き続き地域統合の推進役となった。2008年、米国のリーマン・ショックに発して東アジアを巻き込んだ国際金融危機に際しては、チェンマイ・イニシアチブから出発した通貨・金融協力の枠組みが大いに役立った。

　その間、東アジア経済は「唯一日本が圧倒的な地位を誇った構造から、

中国を軸とした発展構造に大きく再編成」[13]され、2009年に発足した民主党政権が「東アジア共同体」構想を打ち出したのもそうした構造変化に対応した日本なりの生き残り戦略を物語っている。

だが、中国脅威論が日本で広く受容されていることにも窺えるように、「東アジア共同体」に対する日本国内のコンセンサスは確固としたものだとはいえない。これに対する反発も未だに根強い。東アジア経済研究では重鎮といえる渡辺利夫は、「東アジア共同体は、ASEAN＋3を舞台にした中国の地域的覇権主義」だと断じている。「中国はみずからの主導によって東アジア共同体を形成し、これによって日本の外交ベクトルを東アジアに向かわせ、そうして日米離間を謀りたいのだ」[14]というのである。こうした批判は、「村山談話」に象徴される歴史認識の到達点への巻き返しの潮流とも軌を一にしている。

そういう剥き出しのナショナリズムや国益論を前提とした潮流に対して、本書の松下論文（本書125ページ）で紹介されているように、市民社会の成長・拡大を基盤に、ナショナリズムを越えた市民社会同士の、いわば下からの「多元的・重層的地域協力関係の構築」による「東アジア共同体」の構想や取り組みも盛んである。この点では、自由・民主主義の価値観や似通った文化を共有し、高齢化や失業問題など都市中心の脱産業社会に特有の課題も共有している日本・韓国の市民社会の協力・共同が重要であろう。両国の市民社会が、歴史のいきさつを超えて、リージョナルな公共財づくりのよきモデルを提示できれば、中国の民主化や北朝鮮の変化にも一定の影響を及ぼしうるであろう。

一方、政財界や学界の有力メンバーを結集して2005年に設立された東アジア共同体評議会は、「日本の目指す共同体構想は、アメリカの東アジアへの関与、及び日米関係をさらに発展させるものでなければなら

---

13 平川均「地域協力時代」平川均・小林尚朗・森本晶文編『東アジア地域協力の共同設計』西田書店、2009年、28ページ。
14 渡辺利男「海洋勢力と大陸勢力——東アジア外交の基礎概念」『環太平洋ビジネス情報RIM』Vol.7 No.24、2007年、9ページ。

ない」と、東アジアの地域統合を掲げながらも伝統的な対米関係重視の姿勢を変えていない。中国への嫌悪を露骨に表明し東アジアの地域統合に反発する渡辺のような論者はさすがに多くないが、東アジア共同体評議会の対米関係重視のスタンスは、日本の政財界では広く共有された見方であるといえるかもしれない。

　だが、近代を通じてひたすら"脱亜"の道を歩んできた日本が、この期に及んでもなおアメリカとの関係を優先するのであれば、東アジアの国々はそういう日本を真の同伴者として迎え入れるであろうか。21世紀の日本がその軸足をアジアに移し、アジアの一員として共に新しい繁栄と共存の時代を築いていくことが出来るのかどうか──いま、日本は、明治維新以来ともいえる重大な岐路に立っている。

〈推薦文献〉
1　新井信一『歴史和解は可能か　東アジアでの対話を求めて』岩波書店、2006年
　　歴史問題をめぐる認識、政策、議論などを、日本、韓国、中国での動向を中心に検討し、歴史和解のために何が必要かを考えた本。
2　徐勝・中戸祐夫、『朝鮮半島の和解・協力10年──金大中・盧武鉉政権の対北朝鮮政策の評価』御茶の水書房、2009年
　　近年の東アジアの情勢を金大中・盧泰愚政権期（1998年〜2008年）の北朝鮮に対する和解・協力政策を軸に日米中など周辺国の動向も踏まえて多角的に検討した共同研究。
3　谷口誠『東アジア共同体　経済統合の行方と日本』岩波新書、2004年
　　外務官僚で国連やOECDの第一線で地域統合の問題に取り組んできた著者が東アジア共同体をめぐる取り組みの推移と問題点、さらにその可能性について提言した著書。
4　平川均・小林尚朗・森本晶文編『東アジア地域協力の共同設計』西田書店、2009年
　　明治大学軍縮平和研究所の「東アジアの地域協力」研究プロジェクトの成果。グローバル化時代の地域統合のあり方を東アジアを中心にさまざまな視点から検討されている。

15　伊藤憲一・田中明彦監修、『東アジア共同体と日本の針路』NHK出版、2005年、295ページ。

5 　劉傑・楊大慶・三谷博『国境を越える歴史認識―日中対話の試み』東京大学出版会、2006 年
　　日中戦争、南京事件、靖国参拝など日中の近現代史を形づくってきた出来事の解釈をめぐる日中間の溝と和解の問題を、日中の第一線の研究者が論じ問いかけた著書。

索引

〔ア行〕

愛国者法 9
アウグスティヌス 66
アクィナス、トマス 67
アクター（行為主体） 15, 65, 127, 130-132, 134, 140, 147, 199
悪の枢軸 262
アジア太平洋経済協力会議（APEC） 247
アジア通貨危機 23, 40, 42
アジア通貨基金（AMF）構想 40, 262
新しい教科書をつくる会 259
新しい公共空間 141
アナーキー 86, 88, 98
アパルトヘイト 70
アファーマティヴ・アクション（積極的差別是正措置） 153
アフガニスタン戦争 65, 66
アフリカ連合 97
アヘン戦争 215
アマゾン 52
アメリカ帝国 12, 13
暗黒大陸 56
安全保障理事会 14, 68, 74, 77, 92-94
アンタイド 224
安定成長協定（SGP） 179
安保闘争 255
イエズス会 61
異教 54
衣食住 51
イスラム 55
異端裁判 56
一般特恵関税制度 217
一夫多妻 51
「移民がいない日」 143, 159
「移民の国」 143, 145, 159
移住労働者の保護条約 155
移民労働者 13, 143, 146, 147, 256
イロクオ人 59
インカ人 59
インター・リージョナリズム 133
インディアス 52

ヴァッテル、エメール 5
ウィリアムズ、レイモンド 45
ウェストファリア条約 86, 89
ウェストファリア体制 5, 68
ヴォルテール 61
ウラニウム濃縮施設 261
衛正斥邪 250
英帝国特権関税制度 24
エスニシティ（ethnicity）150, 152, 155, 156, 160
エスニック・コミュニティ 151, 152
エスニック集団（ethnic group） 149, 150, 152, 157
エスノセントリズム（自民族中心主義） 47
越境犯罪 136
エマージング市場 39, 40, 42
『エミール』 61
エリート型民主主義 126
エンパワーメント 224
オイルショック（石油危機） 34, 170, 217, 221
黄金郷（エルドラド） 53
黄金時代 60
欧州共同体（EC） 170
欧州経済共同体（EEC: European Economic Community） 164
欧州石炭鉄鋼共同体（ECSC: European Coral and Steel Community） 164
欧州悲観主義（Europessimism） 171
欧州防衛共同体（EDC: European Defence Community） 167
欧州連合（EU） 23, 36, 38, 39, 96, 97, 120, 164, 173-176, 180, 181
沖縄戦 254
オクシデント 52
オクスフォード大英語辞典（Oxford English Dictionary） 48
オバマ大統領 69
オランダ人 67
『オリエンタリズム』 52
オルタ・グローバリゼーション 123

〔カ行〕

開化	45
改革開放	219, 260, 262, 263
外交の二重基準	11
外国人嫌悪（Xenophobia）	150
開発委員会（DAC）	222, 223
開発指標	209
開発独裁	258
化学兵器禁止機関	96
核拡散防止条約（NPT）	11, 261
核兵器	8, 11, 12, 65, 69, 76, 115, 117, 216, 260
家計調査	241
カタローニャ	60
――語	55
――人	60
桂・タフト協定	253
カトリック	55
ガバナンス	20, 220
貨幣欲	231
『ガリヴァー旅行記』	60
カリブ	53
――人	54
ガルトゥング	71
枯葉剤	117
為替管理	24, 27
為替レート	206
環境ガバナンス	120
環境経済学	104
環境社会学	104
環境法学	104
韓国併合	253
慣習	50
関税自主権	248
関税同盟	164
環太平洋戦略的経済連携協定（TPP）	41, 247
ガンディー	70
カント、イマヌエル	11
カンパ人	50
機関投資家	36
聞き書き	51
企業内国際分業	29
気候変動に関する政府間パネル（Intergovernmental Panel on Climate Change: IPCC）	107
気候変動問題	104, 105, 107, 109-111
気候変動枠組条約	110, 111
規制緩和	234
北大西洋条約機構（NATO）	167, 176
機能主義	91-93
キャッサバ芋	49
9・11事件	9, 261
教科書問題	257
共通だが差異のある責任	110, 218
共通農業政策（CAP）	168
京都議定書	13, 98, 99, 110
京都メカニズム	110
恐怖からの自由	71
教養	47
極右政党	150
巨人国	60
拒否権	14, 15, 78, 92, 93
ギリシャ語	55
キリスト教	211
棄老	51
義和団事件	252
近代工業化	210, 211, 213, 214, 217, 218, 224, 225
近代人	60
金玉均	250
キング、マーチン・ルーサー、ジュニア	70, 155
金融資産	241
金融通貨危機	262
空席危機	169
偶像崇拝	56
クエーカー教徒	70
クルド人	7
グロティウス、フーゴー	5, 68, 73
グローバル化	7-8, 13, 17-20, 85-102, 104, 107, 119, 123-128, 130-132, 136, 138-140, 144, 146, 150, 155, 157, 160, 239, 240, 247, 256, 259, 264,
グローバル・ガバナンス	20, 132, 135, 136
グローバル市民社会	17
グローバル・スタンダート	238
黒船	249
軍事環境問題	104
軍事基地	114

経済協力開発機構（OECD） 120, 148, 187, 223, 241
経済社会理事会 92
経済・通貨同盟（EMU） 173
啓蒙時代 57
ケチュア人 53
欠乏からの自由 71, 72
ケベック州 152
検閲制度 193
言語 55
言語帝国主義 55
原子力発電 106
犬頭人 52
言論・表現の自由 190, 220
権利 44
権力政治 98, 99, 101, 102
5・15事件 253
公害問題 105
江華島事件 250
高貴な未開人（noble savage） 59
高技能移民 147
甲午農民戦争 252
甲申政変 251
交戦権 73, 75
構造改革 233
構造調整政策 221
構造調整融資 221
構造的暴力（間接暴力） 71
　──論 71, 72
購買力平価 206
公民権運動 70
国権拡張政策 250
国語 49, 55
国際移民 144, -146, 148-150, 157, 160
　──の女性化（feminization） 148
国際機関 88, 89, 91-96, 99, 100, 101
国際刑事裁判所（ICC） 13
国際原子力機関（IAEA） 260
国際公共財 7, 21
国際貢献 257
国際人権規約 155
国際人権レジーム 155, 156
国際人道法 81-82
国際貿易機構（ITO） 27, 101

国際連合 15, 68, 74, 89, 91-93, 95, 147, 155, 164, 217
国際連合経済社会局 145
国際連盟 68, 74, 89-92
国際連盟規約 74, 89, 91
国際労働機関（ILO） 92, 94, 146
国内総生産（GDP） 109, 173, 179, 206-210, 219, 225, 229-231, 234-237, 239, 240, 243-245
『国富論』 61
国民国家 5, 13, 123, 133, 134, 144, 149, 156, 158, 160, 188, 189, 214, 248, 249, 252, 263
国民所得倍増計画 229
国民生活基礎調査 241
国連イラク・クウェート監視団（UNICOM） 80
国連開発計画（UNDP） 18, 71, 120, 261
国連開発の10年 217
国連教育科学文化機関（UNESCO） 92, 93
国連環境開発会議 110, 218
国連環境計画 107, 119, 120
国連軍 94
国連憲章 74-77, 79, 80, 92, 94
国連資源特別総会 217
国連貿易開発会議（UNCTAD） 34, 35, 217
心の豊かさ 230, 235
個人 44
5大国 92
国家 44
国家安全保障 114
古代人 60
子どもの権利条約 155
暦 54
コロンブス 52, 53, 211
婚姻制度 51
混血 157
コンディショナリティ 40, 221

〔サ行〕

サイード、エドワード 52
サミット（先進国首脳会議） 7
サパティスタ民族解放軍（EZLN） 140
サブプライム・ローン 37
サブ・リージョナル 136

参加型開発	222
参加型民主主義	127, 198
産業革命	36, 73, 107, 109, 73, 213-216, 225, 249
サンクト・ペテルブルク宣言	81
3C	230
30年戦争	4, 5, 86
三種の神器	230
サンフランシスコ講和条約	255
自衛権	75, 76
シェークスピア	54
ジェンダー	149, 158, 160
辞書	48
市場経済	35, 213
市場原理	233
自然	44
自然環境	51, 238
事前協議	115
自然法	5, 68
持続可能性	113, 131, 226
ジパング	52
シピーボ人	50
資本主義	23, 29, 127, 187, 188, 213-215, 218-220, 222, 225, 226, 253
市民社会組織（CSOs）	135
市民的アソシエーション	137
社会	44
社会主義	11, 25, 29, 35, 173, 218, 219, 222
——市場経済	263
社会サービス	243
社会的共通資本	237
社会発展（社会開発）	222
上海協力機構	11
自由	44
自由主義史観研究会	259
自由貿易協定（FTA）	17, 100, 101, 264
自由民主主義	154, 265
宗教裁判	56
十字軍	67, 211
習俗	50
住宅バブル	37
集団安全保障	74, 77, 90-93, 95
集団的自衛権	77
主権国家	5, 15, 18, 19, 68, 73, 180, 249
主権尊重	86
ジュネーブ法	82
ジュネーブ枠組合意	261
シューマン・プラン	164, 166
消極的平和	71
小人国	60
情報化社会	186, 187, 189
書簡体文学	57
喰人	53
——慣習	51
植民地	24-26, 29, 33, 45, 47, 60, 61, 68, 72, 73, 145, 150, 155, 214-217, 220, 252-254
——主義	47, 59
——体制	23, 29
攘夷	248
女性移民	148, 149, 158
『書物合戦』	60
ジョンソン、サミュエル	61
人為的な暴力（直接暴力）	71
進化	46
人権	220
新興工業経済地域（NIEs）	23, 34, 35, 219
新国際経済秩序（NIEO）	34, 35, 217
新自由主義	7, 36, 124, 130, 133, 138, 230, 232, 234, 242-244
——型グローバル化	123, 124
人種差別	70, 152, 155, 216
人種差別撤廃条約	155
人種主義（racism）	150, 151
人種暴動	150, 153
人道的介入	18
進歩	47
新宮沢構想	40, 262
スウィフト、ジョナサン	60
スカーフ	153, 156, 159
スコットランド啓蒙主義	61
スターリング地域	26, 27
頭脳流出	147
スペイン人	67
スミス、アダム	61
スミソニアン協定	28
西欧国家体系	5, 6
生活の仕方	50
生産性	233

272 索　引

生産優先主義	237
聖戦	67
正戦論	66, 68, 73
成長	47
成長の限界	244
制度化	94, 95, 97, 98
政府開発援助（ODA）	222-224
生物多様性	99, 106, 128
勢力均衡	5, 87-90
世界環境機関	119
世界気象機関	107
世界恐慌	24, 25, 218
世界銀行（IBRD）	15, 27, 29, 35, 36, 39, 92, 120, 221
世界金融恐慌	146
世界社会フォーラム（WSF）	138
──憲章	138
世界人権宣言	155
世界の果て	52
世界貿易機関（WTO）	23, 96, 99-101, 119, 135, 169, 264
世界保健機関（WHO）	92, 101
石油輸出国機構（OPEC）	217
積極的平和	71
絶対的な貧困	239
絶対的必要	235
先進国	7, 33, 34, 39, 108, 110, 111, 113, 130, 186, 205, 217, 218, 221-224, 226, 240, 256
先住民運動	140
先住民社会	56
先住民	53, 56, 57, 67, 140, 149, 152-155, 189, 212, 224
先制攻撃論	11
戦争	5, 63-65, 72
戦争違法化	90-92
戦争の民営化	10,12
戦争報道	192
専門機関	92-94
専門職移民	147
善良な未開人（bon sauvage）	59
洗練	45
相対貧困率	239, 241
相互依存	7,21
ソフト・パワー	199, 200

〔タ行〕

第一次世界大戦	89
退化論	60
大航海時代	52, 211
「第三世界」	155, 156
大正教養主義	47
大耳人	52
大足人	52
大東亜共栄圏	25, 253
第二次国連開発の10年	222
第二次世界大戦	6, 24, 25, 217, 225
代表制民主主義	128, 189
太平洋戦争	26, 254
タイラー、エドワード	46
大量破壊兵器	10, 12, 65, 76, 96, 195
多国間主義	133
多国籍企業	23, 28-30, 32, 34, 36
多国籍銀行	23, 29, 32
多国籍軍	94
タスマニア島民	58
脱亜	248, 250
タトゥ（tatoo）	59
タヒチ島	58
多文化共生	153, 154, 157, 160
多文化社会	149, 150, 154, 156-158, 160
多文化主義（multiculturalism）	14, 149, 152-157, 256
ダボス会議	138
多民族国家	44
多様性	50
タリバーン	66
単一欧州議定書（Single European Act: SEA）	171
単独主義外交	13
地域公共財	137
地域統合	97, 130, 136, 163, 181, 247, 259, 262-264, 266
地位協定	116
小さな政府論	232
チェロキー人	59
チェンマイ・イニシアチブ	40, 263
地球環境ガバナンス	120
地球環境ファシリティー	120

地球市民権	139
地球的問題群	8
中国脅威論	264
中ソ対立	260
超国家的統合	164
調査報道	200
直接投資	29, 30, 174, 220, 224
直接暴力	72
ちんぱんじん	52
通貨スワップ協定	263
帝国	13
帝国主義	215-217, 225, 253
「帝国の伴侶」(ネブリハ)	55
ディドロ、ドゥニ	59
出島	55
デリバティブ	36, 37
テロとの戦い	9
テロリズム (テロ)	65, 66
天安門事件	263
ドイツ問題	165
トウガラシ	53
東京大空襲	254
東京裁判	255
投資銀行	37
同時多発テロ	65, 66
灯台社	70
東南アジア諸国連合 (ASEAN)	35, 97, 262
東方の驚異	52
土地なし農民運動	140
特恵関税制度	26
図們江開発	261
トランスナショナリズム	157, 158
トリクルダウン	234
ドル危機	28
奴隷	56, 67, 212
──制	212
──貿易	212, 214

〔ナ行〕

内政干渉	86
ナイロビ・フォーラム	140
ナショナル・スタンダード	238
ナチス・ドイツ	253
生業	51
難民 (refugees)	4, 124, 147, 220
西インド	52
ニース条約	175
日英同盟	252
日米安全保障条約	78, 115, 255
日清戦争	252
2・26事件	253
日露戦争	252
日中共同声明	257
日本	70
日本国憲法	69, 254
ニュートン、アイザック	57
人間	52
人間の安全保障	18, 19, 71, 72, 176
年金改革	242

〔ハ行〕

パクスアメリカーナ	6
パクス・コンソーシャム (共同覇権体制)	6
ハーグ法	81-82
パシフィズム	69, 70
破綻国家	220
発展	46
発展段階説	61
発展途上国	7, 11, 15, 100, 207, 208, 210, 215, 217-220, 223, 225, 226
「パブリック・アクセス」	197
バルバロイ	51
半開	62
万国公法	249
万人の万人による戦争	68
ビア・カンペシーナ	140
非営利法人 (NPO)	16, 224
非核三原則	115
東アジア共同体	17, 247, 265
──構想	41, 97, 265
──評議会	265, 266
東アジア経済評議会 (EAEC)	262
東アジア首脳会議 (EAS)	264
東アジアの奇跡	40
東インド	52
光の世紀	57
非合法移民	143, 147, 148, 159
非国家的(行為)主体	15, 65, 85, 97, 130

非政府組織（NGO）　9, 16, 19, 20, 72, 85,
　　 97, 98, 118, 120, 131, 132, 136, 138, 140,
　　　　　　　　　　　　197, 199, 224, 258
非伝統的安全保障　　　　　　　　　130
人喰い（カニバリズム）　　　　　　 53
非人間　　　　　　　　　　　　　　 52
非暴力抵抗　　　　　　　　　　　　 70
標準語　　　　　　　　　　　　　　 55
ビリヤードモデル　　　　　　　　　4,6
ピルグリム・ファーザーズ　　　　　 67
広島・長崎　　　　　　　　　　　　 69
ピーロ人　　　　　　　　　　　　　 50
風習　　　　　　　　　　　　　　　 50
フォーラム・ショッピング　　　　　 99
ブーガンヴィル　　　　　　　　　　 58
不寛容　　　　　　　　　　　　　　 56
福澤諭吉　　　　　　　　　　　62, 250
福祉国家　　　　　　　　　　　20, 171
福田ドクトリン　　　　　　　　　　257
フセイン　　　　　　　　　　　　　 12
不戦条約　　　　　　　　　　74, 90, 91
扶桑社の歴史教科書問題　　　　　　264
ブッシュ政権　　　　　　　　　　　261
普天間基地代替施設建設問題　　　　114
不等価交換　　　　　　　　　　　　128
不平等条約　　　　　　　　　　　　248
プーフェンドルフ　　　　　　　　　 5
普仏戦争　　　　　　　　　　　　　251
プライベート・レジーム　　　　　　 97
プラザ合意　　　　　　　　　　　　257
プラハ演説　　　　　　　　　　　　 69
プランテーション　　　　　　　　　212
振替価格　　　　　　　　　　　　　 29
武力紛争法　　　　　　　　　　　81-82
ブルトン語　　　　　　　　　　　　 55
ブレトン・ウッズ会議　　　　　　26, 27
ブロック経済　　　　　　　　　　23-26
プロテスタント　　　　　　　　　　 55
文化　　　　　　　　　　　　　　　 44
文化人類学　　　　　　　　　　　　 48
文化相対主義　　　　　　　　　　46, 56
分権的ネットワーク　　　　　　　　140
分配政策　　　　　　　　　　　　　241
文明　　　　　　　　　　　　　　　 45
文明開化（civilization and enlightenment）　62
分離独立運動　　　　　　　　　　　263
米中和解　　　　　　　　　　　　　257
平和　　　　　　　　　　　　　　64, 72
平和維持活動（PKO）　　　　　78-81, 95
平和な心　　　　　　　　　　　　　 72
ベーシック・ヒューマン・ニーズ　　223
ヘッジファンド　　　　　　　　　36, 37
ベトナム戦争　　　28, 93, 117, 193, 220, 235
ペルシャ　　　　　　　　　　　　　 54
『ペルシャ人の手紙』　　　　　　　　 59
ヘルダー　　　　　　　　　　　　　 46
ヘルド、デイビッド　　　　　　　　 19
ヘロドトス　　　　　　　　　　　　 51
法化　　　　　　　　　　　　94, 95, 97, 98
包括的経済協力枠組み協定　　　　　264
牧畜文化　　　　　　　　　　　　　 49
ホッブス　　　　　　　　　　　　　 68
翻訳語　　　　　　　　　　　　　　 44

〔マ行〕

マーシャル・プラン　　　　　　　　166
マーストリヒト条約　　　　　38, 173, 175
マチゲンガ　　　　　　　　　　　　 49
マルタ会談　　　　　　　　　　　　 7
満州事変　　　　　　　　　　　　　253
未開人　　　　　　　　　　　　　　 56
水俣病　　　　　　　　　　　　　　104
ミレニアム開発目標　　　　　　　　223
民間軍事会社　　　　　　　　　　　 12
民主主義　　11, 12, 25, 124, 126-128, 138, 139,
　　　　　　　　　　171, 190, 200, 220, 253, 263
　——の民主化　　　　　　　　　　127
民主党政権　　　　　　　　　　　　243
民族　　　　　　　　　　　　　　　 44
　——紛争　　　　　　　　　　 7, 81, 83
無敵艦隊　　　　　　　　　　　　　 55
無頭人　　　　　　　　　　　　　　 52
村山談話　　　　　　　　　　　　　258
明治維新　　　　　　215, 249, 250, 252, 266
迷信　　　　　　　　　　　　　　　 56
名誉ある孤立　　　　　　　　　　　251
モア、トマス　　　　　　　　　　　 56
『盲人書簡』　　　　　　　　　　　　 60

モノカルチュア	33, 50, 216	ルソー、ジャン＝ジャック	59
物の豊かさ	230, 235	ルネサンス	54
モンテスキュー	59	冷戦	6, 210, 220
		——構造	23, 29
〔ヤ行〕		——体制	257
焼き畑	49	霊長類	52
靖国神社参拝	264	レヴィ＝ストロース、クロード	48
野蛮	51	レーガノミクス	35
——人	56, 216	レジーム	119, 120
ヤミナワ人	50	劣化ウラン弾	117
有効需要	233	連邦準備制度理事会 (FRB)	37
輸出指向工業化	23, 34, 219	『聾唖者書簡』	60
ユス・アド・ベルム	68	ろう文化	60
ユス・イン・ベロ	68	ローカリズム（地方主義）	18
『ユートピア』	56	ローカル・ガヴァナンス	128
輸入代替工業化	33, 34, 218	6カ国協議	262
輸入割当	24	盧溝橋事件	253
ユマニスム（人文主義）	55	ロック、ジョン	61
ユーロ	23, 38, 39, 163, 178-180	露仏同盟	251
吉田松陰	249	ロマ	44
ヨーロッパ憲法条約	175	ローマ条約	168, 175
ヨーロッパ人権条約	155		
		〔ワ行〕	
〔ラ行〕		ワシントン・コンセンサス	35, 36, 39, 40, 42
ラス・カサス	56, 67	湾岸戦争	257
ラセット、ブルース	11		
拉致問題	262	**〔欧文〕**	
ラテン語	45	ABM条約	13
ラフィトー	61	APEC →アジア太平洋経済協力会議	
リアリズム（政治的現実主義）	6	ASEAN →東南アジア諸国連合	
リージョナリズム（地域主義）	17, 18, 125,	ASEAN+3（日韓中）	247, 262
	130-135, 137	AU →アフリカ諸国連合	
リスボン条約	174-176	BRICs	23, 39
理性	57	CAP →共通農業政策	
理性的／感情的	58	EAEC →東アジア経済評議会	
理性なしの人（gente sin razon）	57	EAS →東アジア首脳会議	
リーマン・ショック	40, 264	EMS（欧州通貨制度）	172
リーマン・ブラザーズ	37	EMU →経済・通貨同盟	
琉球処分	250	EU →欧州連合	
『両インド史』	59	EURATOM（欧州原子力共同体）	168
領事裁判権	248	FTA →自由貿易協定	
良心的兵役拒否	70	GATT	23, 27, 29, 169
累積債務危機	221	GDP →国内総生産	
ルクセンブルクの妥協	169	IAEA →国際原子力機関	

IBRD →世界銀行
ICC →国際刑事裁判所
ILO →国際労働機関
IMF（国際通貨基金）　23, 27, 28, 35, 36, 39,
　　　　　　40, 92, 180, 207, 210, 221, 222, 262
IMF・GATT体制　　　24, 27, 29, 33, 34
IT革命　　　　　　　　　　　　　36, 37
ITO →国際貿易機構
NATO →北大西洋条約機構
NGO →非政府組織
NIEs →新興工業経済地域
NPO →非営利法人
NPT →核拡散防止条約
PIIGS　　　　　　　　　　　　　　39
PKO →平和維持活動

SGP →安定成長協定
TPP →環太平洋戦略的経済連携協定
TRIPs　　　　　　　　　　　　　101
UNCTAD →国連貿易開発会議
UNESCO →国連教育科学文化機関
UNICOM →国連イラク・クウェート監視団
UNDP →国連開発計画
WHO →世界保健機関
WSF →世界社会フォーラム
WTO →世界貿易機関
WTOシアトル閣僚会議　　　　　　135

執筆者紹介 （執筆順）

安藤　次男（あんどう　つぎお）
　　立命館大学国際関係学部特別任用教授（アメリカ政治）
　　『人間の安全保障』（共編著）東信堂（2004 年）
　　『グローバル世紀への挑戦』（共編著）文理閣（2010 年）

奥田　宏司（おくだ　ひろし）
　　立命館大学国際関係学部教授（国際金融論）
　　『ドル体制とユーロ、円』日本経済評論社（2002 年）
　　『円とドルの国際金融』ミネルヴァ書房（2007 年）

原　　毅彦（はら　たけひこ）
　　立命館大学国際関係学部教授（文化人類学）
　　『ラテンアメリカからの問いかけ』（共編著）人文書院（2000 年）
　　『複数の沖縄』（共編著）人文書院（2003 年）
　　「〈神話〉を見る、〈レヴィ＝ストロース〉を聴く」『現代思想』38-1（2010 年）

佐藤　　誠（さとう　まこと）
　　立命館大学国際関係学部教授（社会開発論ほか）
　　『越境するケア労働―日本・アジア・アフリカ』（編著）日本経済評論社（2010 年）
　　Protecting Human Security in a Post 9/11 World: Critical and Global Insights (co-ed.)
　　Palgrave Macmillan（2007 年）

西村　智朗（にしむら　ともあき）
　　立命館大学国際関係学部教授（国際法）
　　「グローバル化と環境規制―多数国間環境協定の現状と課題」『グローバル化と国家の変容（グローバル化の現代―現状と課題・第 1 巻）』御茶の水書房（2009 年）
　　「生物多様性条約における遺伝資源へのアクセス及び利益配分：現状と課題」『立命館大学国際関係論集』22 巻 3 号 133-152 頁（2010 年）

足立　研幾（あだち　けんき）
　　立命館大学国際関係学部准教授（国際政治学）
　　『オタワプロセス―対人地雷禁止レジームの形成』有信堂高文社（2004 年）
　　『レジーム間相互作用とグローバル・ガヴァナンス―通常兵器ガヴァナンスの発展と変容』有信堂高文社（2009 年）

大島　堅一（おおしま　けんいち）
　　立命館大学国際関係学部教授（環境経済学）
　　『再生可能エネルギーの政治経済学』東洋経済新報社（2010 年）
　　『環境の政治経済学』（共著）ミネルヴァ書房（2010 年）

松下　洌（まつした　きよし）
　立命館大学国際関係学部教授（途上国政治論・比較政治学）
　『途上国の試練と挑戦―新自由主義を超えて』ミネルヴァ書房（2007 年）
　『現代メキシコの国家と政治―グローバル化と市民社会の交差から』御茶の水書房（2010 年）

南川　文里（みなみかわ　ふみのり）
　立命館大学国際関係学部准教授（社会学・アメリカ研究）
　『「日系アメリカ人」の歴史社会学：エスニシティ、人種、ナショナリズム』彩流社（2007 年）
　『日系人の経験と国際移動：在外日本人・移民の近現代史』（共著）人文書院（2007 年）

益田　実（ますだ　みのる）
　立命館大学国際関係学部教授（イギリス政治外交）
　『戦後イギリス外交と対ヨーロッパ政策』ミネルヴァ書房（2008 年）
　『イギリスとヨーロッパ』（共著）勁草書房（2009 年）

星野　郁（ほしの　かおる）
　立命館大学国際関係学部教授（国際経済・EU 経済論）
　『ユーロで変革進む EU 経済と市場』東洋経済新報社（1998 年）
　『グローバル・エコノミー』（共著）有斐閣アルマ（2007 年）

清本　修身（きよもと　おさみ）
　立命館大学特任教授（情報論、ジャーナリズム論）
　『グローバル化を読み解くキーワード』（共著）平凡社（2003 年）
　「重大な岐路を迎えた EU 統合」『調研クォータリー』読売新聞社（2005 年）

岡田　滋行（おかだ　しげゆき）
　立命館大学国際関係学部教授（ジャーナリズム論）
　『アムリツァル　ネール・ガンジー王朝の崩壊』新評論（1991 年）
　『読売新聞社説集　英語で読み解く世界と日本』技術評論社（2006 年）

森岡　真史（もりおか　まさし）
　立命館大学国際関係学部教授（理論経済学・経済思想）
　『数量調整の経済理論』日本経済評論社（2005 年）
　「二月革命期におけるブルツクスの土地改革論」『ロシア東欧研究』第 36 号（2008 年）

高橋　伸彰（たかはし　のぶあき）
　立命館大学国際関係学部教授（日本経済論）
　『グローバル化と日本の課題』岩波書店（2005 年）
　『脱成長の地域再生』（共編著）NTT 出版（2010 年）

文　京洙（むん　ぎょんす）
　立命館大学国際関係学部教授（政治学・韓国現代史）
　『韓国現代史』岩波書店（2005 年）
　『済州島四・三事件―島（タムナ）のくにの死と再生の物語』平凡社（2008 年）

執筆分担（※印編集委員）

安藤　次男(1章)
※奥田　宏司(2章)
※原　毅彦(3章)
※佐藤　誠(4章1節)
西村　智朗(4章2節)
足立　研幾(5章)
大島　堅一(6章)
松下　冽(7章)
南川　文里(8章)
益田　実(9章1節、2節1)
星野　郁(9章2節2、3)
清本　修身(10章1、2節)
岡田　滋行(10章3節)
森岡　真史(11章)
高橋　伸彰(12章)
※文　京洙(13章)

Pour une éthique des relations internationales

エティック国際関係学

2011年3月31日　初版第1刷発行　　〔検印省略〕

＊定価はカバーに表示してあります

編者 © 奥田宏司・佐藤誠・原毅彦・文京洙　発行者　下田勝司　　印刷・製本　中央精版印刷

東京都文京区向丘1-20-6　郵便振替00110-6-37828

〒113-0023　TEL 03-3818-5521(代)　FAX 03-3818-5514
E-Mail tk203444@fsinet.or.jp

発行所　株式会社 東信堂

Published by TOSHINDO PUBLISHING CO.,LTD.
1-20-6,Mukougaoka, Bunkyo-ku, Tokyo, 113-0023, Japan

ISBN978-4-7989-0051-3 C3031　Copyright© H.Okuda, M. Sato T. Hara, M. GyongSu

東信堂

国際法新講〔上〕〔下〕	田畑茂二郎	上 二九〇〇円／下 二七〇〇円
ベーシック条約集（二〇一一年版）	編集代表 松井芳郎	二六〇〇円
ハンディ条約集	編集代表 松井芳郎	一六〇〇円
国際人権条約・宣言集〔第3版〕	編集代表 松井芳郎・薬師寺・坂元・小畑・徳川	三八〇〇円
国際経済条約・法令集〔第2版〕	編集代表 小室程夫・小寺彰	三五〇〇円
国際機構条約・資料集〔第2版〕	編集代表 香西茂・安藤仁介	三五〇〇円
判例国際法〔第2版〕	編集代表 松井芳郎	三八〇〇円
国際環境法の基本原則	松井芳郎	三八〇〇円
国際機構法の研究	中村道	八六〇〇円
国際立法—国際法の法源論	村瀬信也	六八〇〇円
エティック国際関係学	奥村宏司・佐藤誠編	二四〇〇円
宗教と人権—国際法の視点から	原毅彦・文京洙編	三五〇〇円
ワークアウト国際人権法—人権を理解するために	中坂・ベネデェック編／W.ベネデェック編 百合子訳	三〇〇〇円
難民問題と『連帯』—EUのダブリン・システムと地域保護プログラム	中坂恵美子	二八〇〇円
国際法から世界を見る—市民のための国際法入門〔第2版〕	松井芳郎	二八〇〇円
東京裁判、戦争責任、戦後責任	大沼保昭	二八〇〇円
国際法／はじめて学ぶ人のための〔新訂版〕	大沼保昭	三六〇〇円
国際法学の地平—歴史、理論、実証	中川淳司・寺谷広司編著	一二〇〇〇円
21世紀の国際法と共に歩んだ六〇年—学者として裁判官として	小田滋	六八〇〇円
21世紀の国際機構…課題と展望	位田隆一・安藤仁介編	七一四〇円
グローバル化する世界と法の課題—EUのダブリン・システムと地域保護プログラム	薬師寺・木棚・松井・山形編	八二〇〇円
国際社会の法構造—その歴史と現状	編集代表 香西茂之／編集 山手治之	五七〇〇円
現代国際社会における人権と平和の保障（21世紀国際社会における人権と平和）〔上・下巻〕	編集代表 香西茂之／編集 山手治之	六三〇〇円

〒113-0023 東京都文京区向丘1-20-6
TEL 03-3818-5521　FAX03-3818-5514　振替 00110-6-37828
Email tk203444@fsinet.or.jp　URL:http://www.toshindo-pub.com/

※定価：表示価格（本体）＋税

東信堂

スレブレニツァ —あるジェノサイドをめぐる考察	長有紀枝	三八〇〇円
2008年アメリカ大統領選挙 —オバマの勝利は何を意味するのか	吉野孝・前嶋和弘 編著	二〇〇〇円
オバマ政権はアメリカをどのように変えたのか —支持連合・政策成果・中間選挙	吉野孝・前嶋和弘 編著	二六〇〇円
政治学入門	内田満	一八〇〇円
政治の品位—日本政治の新しい夜明けはいつ来るか	内田満	二〇〇〇円
日本ガバナンス—「改革」と「先送り」の政治と経済	曽根泰教	二八〇〇円
「帝国」の国際政治学—冷戦後の国際システムとアメリカ	山本吉宣	四七〇〇円
国際開発協力の政治過程—国際規範の制度化とアメリカ対外援助政策の変容	小川裕子	四〇〇〇円
入門政治学—政治の思想・理論・実態	仲島陽一	二三〇〇円
解説 赤十字の基本原則—人道機関の理念と行動規範(第2版)	J・ピクテ／井上忠男 訳	一〇〇〇円
赤十字標章ハンドブック	井上忠男 編訳	六五〇〇円
医師・看護師の有事行動マニュアル—医療関係者の役割と権利義務	井上忠男	一二〇〇円
社会的責任の時代		
国際NGOが世界を変える—地球市民社会の黎明	功刀達朗	三二〇〇円
国連と地球市民社会の新しい地平	野村彰男 編著	三〇〇〇円
大杉榮の思想形成と「個人主義」	功刀達朗・毛利勝彦 編著	三四〇〇円
実践 マニフェスト改革	内田孟男 編著	二九〇〇円
実践 ザ・ローカル・マニフェスト	飛矢崎雅也	三二〇〇円
受動喫煙防止条例	松沢成文	一二三八円
	松沢成文	二三〇〇円
《現代臨床政治学シリーズ》	松沢成文	一八〇〇円
リーダーシップの政治学	石井貫太郎	一六〇〇円
アジアと日本の未来秩序	伊藤重行	一八〇〇円
象徴君主制憲法の20世紀的展開	下條芳明	二〇〇〇円
ネブラスカ州における一院制議会	藤本一美	一六〇〇円
ルソーの政治思想	根本俊雄	二〇〇〇円
海外直接投資の誘致政策—インディアナ州の地域経済開発	邊牟木廣海	一八〇〇円

〒113-0023 東京都文京区向丘1-20-6 TEL 03-3818-5521 FAX 03-3818-5514 振替 00110-6-37828
Email tk203444@fsinet.or.jp URL:http://www.toshindo-pub.com/

※定価：表示価格（本体）＋税

東信堂

〈シリーズ　社会学のアクチュアリティ：批判と創造　全12巻+2〉

クリティークとしての社会学——現代を批判的に見る眼	宇都宮京子編	一八〇〇円
都市社会とリスク——豊かな生活をもとめて	西原和久編	二〇〇〇円
言説分析の可能性——社会学的方法の迷宮から	佐野敏行編	二三〇〇円
グローバル化とアジア社会——ポストコロニアルの地平	浦野正樹編	二三〇〇円
公共政策の現実——社会的現実との格闘	枝野敏樹編	二二〇〇円
社会学のアリーナへ——21世紀社会を読み解く	友枝敏雄・重川卓樹・原野正直・吉津晃編	二二〇〇円

【地域社会学講座　全3巻】

地域社会学の視座と方法	似田貝香門監修	二五〇〇円
グローバリゼーション／ポスト・モダンと地域社会	古城利明監修	二五〇〇円
地域社会の政策とガバナンス	矢澤澄子監修	二七〇〇円

〈シリーズ世界の社会学・日本の社会学〉

タルコット・パーソンズ——最後の近代主義者	中野秀一郎	一八〇〇円
ゲオルグ・ジンメル——現代分化社会における個人と社会	居安正	一八〇〇円
ジョージ・H・ミード——社会的自我論のゆくえ	船津衛	一八〇〇円
アラン・トゥーレーヌ——新しい社会運動	杉山光信	一八〇〇円
アルフレッド・シュッツ——主観的意味空間と社会の運動学	森元孝	一八〇〇円
エミール・デュルケム——危機の時代の再建と社会学	中島道男	一八〇〇円
レイモン・アロン——時代を診断する亡命者	岩城完之	一八〇〇円
フェルディナンド・テンニエス——ゲマインシャフトとゲゼルシャフト	吉田浩	一八〇〇円
カール・マンハイム——アメリカ文化の内省的批判者	澤井敦	一八〇〇円
ロバート・リンド——「獄中ノート」と批判社会学の生成	園部雅久	一八〇〇円
アントニオ・グラムシ	鈴木富久	一八〇〇円
費孝通——民族自省の社会学	佐々木衞	一八〇〇円
奥井復太郎——都市社会学と生活論の創始者	藤本弘夫	一八〇〇円
新明正道——綜合社会学の探究	山本鎭雄	一八〇〇円
米田庄太郎——新総合社会学の先駆者——理論と政策の無媒介的統一	川合隆男	一八〇〇円
高田保馬——家族研究	北島滋	一八〇〇円
戸田貞三——実証社会学の軌跡	蓮見音彦	一八〇〇円
福武直——民主化とは基層の現実化を推進		一八〇〇円

〒113-0023　東京都文京区向丘1·20·6
TEL 03·3818·5521　FAX03·3818·5514　振替 00110·6·37828
Email tk203444@fsinet.or.jp　URL:http://www.toshindo-pub.com/

※定価：表示価格（本体）＋税